新时代背景下
西部地区职业教育的研究与探索

卢俊林 编

北京理工大学出版社
BEIJING INSTITUTE OF TECHNOLOGY PRESS

版权专有　侵权必究

图书在版编目（CIP）数据

新时代背景下西部地区职业教育的研究与探索 / 卢俊林编. —北京：北京理工大学出版社，2020.8

ISBN 978-7-5682-8870-5

Ⅰ.①新…　Ⅱ.①卢…　Ⅲ.①职业教育—教育研究—西北地区—文集②职业教育—教育研究—西南地区—文集　Ⅳ.①G719.2-53

中国版本图书馆CIP数据核字（2020）第144385号

出版发行 /	北京理工大学出版社有限责任公司
社　　址 /	北京市海淀区中关村南大街5号
邮　　编 /	100081
电　　话 /	（010）68914775（总编室）
	（010）82562903（教材售后服务热线）
	（010）68948351（其他图书服务热线）
网　　址 /	http://www.bitpress.com.cn
经　　销 /	全国各地新华书店
印　　刷 /	定州市新华印刷有限公司
开　　本 /	710毫米×1000毫米　1/16
印　　张 /	15
字　　数 /	230千字
版　　次 /	2020年8月第1版　2020年8月第1次印刷
定　　价 /	78.00元

责任编辑 / 陆世立
文案编辑 / 陆世立
责任校对 / 周瑞红
责任印制 / 边心超

图书出现印装质量问题，请拨打售后服务热线，本社负责调换

本书编委会

主　　　任：卢俊林
副　主　任：黄春荣　卢艺艺　钟芳晖　陈　刚
执行副主任：王显燕　梁　杰
委　　　员：黄信斌　侯　骏　农丽艳　刘春霞
　　　　　　方艳丹　唐金玉　余　柳　陈婷婷
　　　　　　梁凤梅　陆仁超　江美莲　甘文婷
　　　　　　杨伟燕　林　艳　黎梅芳　陈　静
　　　　　　李文轩　陆晓丹　陈小珍　陈　欣
　　　　　　李奕瑶　梁富晨　李　存　杨春容
　　　　　　刘烨烨

前 言

新时代职业教育蓬勃发展，广西物资学校立足"科研兴教，科研兴校"，以开展职业教育科学研究为先导，重视教育科研与教学实践的有机统一，充分发挥教育科研对教育改革创新发展的引擎作用。当前，教育科研正以"星星之火可以燎原"之势，改变着学校的教育教学观念，教育科研成为实现教育发展的舞台，成为学校提升教育教学质量的有力推手。

学校四十年风雨兼程，职教事业欣欣向荣。秉承"忠公勤勉正气和谐"的价值观，改革创新，艰难探索，凝聚智慧，值此建校四十周年之际，《新时代背景下西部地区职业教育的研究与探索》结集付梓，展示了四十年的教育教研成果，为建校四十周年庆典献上独具特色职业教育文化大餐。

《新时代背景下西部地区职业教育的研究与探索》共收录了广西物资学校及个别其他学校老师的教育科研作品 50 余篇，作品内容涉及专业建设、课程教学改革、教育教学管理等，凝聚了学校潜心研究教育教研心得，展示学校在职业教育道路上的严谨治学态度和孜孜以求的精神，体现了学校的专业水准和文化底蕴，抒写着学校对职业教育事业和职业教育对象的拳拳大爱。

积沙成塔，集腋成裘，集小流终成江海。我们将以此作品集为新起点，在更广的领域、更深的层面开展教育科研工作，打造职业教育品牌。也希望通过此作品集，搭建职业教育沟通交流平台，以达抛砖引玉之效果。因编纂水平有限，不足之处，请批评指正！

2020 年 6 月初

目 录

新时代背景下西部地区职业教育的研究与探索——广西物资学校教学成果奖选编	1
新时代背景下职业学校改革创新发展思路研究与实践——以广西物资学校内涵建设为例	11
职教改革新方案背景下电子商务专业群学生认识实习路径的创新研究与实践	19
中职学校汽车专业建设教学标准探究	25
广西中职物流专业课程改革初探	30
基于职业生涯规划理念的中职会计专业学生成长成才之浅析	34
中职高星级饭店运营与管理专业创新型人才培养的教学改革与思考	38
中职计算机网络技术专业课程体系建设和人才培养模式实践研究	44
关于中职电子商务专业市场营销课程的改革创新	50
职业院校市场营销专业学生思政教育中法律意识培养探析	55
在中职英语教学中营造愉悦高效课堂环境的思考	61
浅谈菜鸟驿站运营在中职快递实务教学中的实践运用	65
中职"计算机应用基础"智慧课堂教学模式应用研究	69
浅谈项目教学法在中职三维动画教学中的运用	73
中职学校气排球扣球技术教法的探讨	78
微建筑智能在中职建筑施工类课程中的运用	85
中华传统礼仪文化渗透中职德育课的实践探究	90
基于微课程理念的中职音乐教育方法探讨	93
探究微课在中职学前教育专业手工教学中的运用	97
基于翻转课堂模式下市场营销课程的教学方法研究	101
中职英语教学中信息技术应用手段辅助教学的研究	105
行为引导教学法在戏曲专业语文教学中的实践与探究	111
浅析刘三姐音乐文化融入中职音乐教学的实践与意义	116

CONTENTS

少数民族音乐教育在中职院校中的应用探析——以刘三姐音乐为例	122
浅谈将 BIM 技术融入中职建筑专业教学的必要性	127
工匠精神之责任教育的几点思考	131
中职学校书法课程教学有效性的探索与实践	136
新课标下案例教学法优化中职思政课堂探究——以"职业道德与法治"课堂为例	139
中职营销专业实践教学存在的问题及对策	143
新冠疫情背景下中等职业学校线上教学实践研究——以广西物资学校为例	148
中职学校教师信息技术应用能力校本培训模式探索	153
基于技能大赛的中等职业学校文化课教师的个人魅力塑造	160
基于中职学生顶岗实习精准化安全管理模式的构建——以广西物资学校为例	166
浅谈中职学校如何通过学生社团培育学生职业精神	173
基于提升职业学校教师专业素质的实践探析	176
中职学生实习安全管理方式探析	179
构建"健学""雅教"的中职班级管理新模式	184
中职学生的心理援助需求与现状探析——以广西物资学校为例	192
中职生顶岗实习管理对策和心理干预	196
浅谈中职学校班主任德育工作存在的问题和有效开展	199
浅谈中职集体宿舍卫生管理策略	204
职业院校经济法律教材编写的合理性分析	209
我国新能源汽车产业发展现状及对策研究	214
"新零售"环境下农产品销售途径的探究	218
中小物流企业资源整合的思考——以南宁市为例	222
浅析新型零售模式对传统物流行业的影响	230

新时代背景下西部地区职业教育的研究与探索
——广西物资学校教学成果奖选编

卢俊林

广西物资学校创建于1979年，经过四十年来的创新发展，已成为专业设置科学、特色鲜明突出、适应社会经济发展和就业市场需要、社会声誉较高、办学成绩突出、后续发展强劲的国家级重点中专，首批列入国家中等职业教育改革发展示范性学校。

四十年来，广西物资学校坚持社会主义办学方向，以立德树人为根本目标，立足广西，以创新育人为服务宗旨，科研能力突出，教学成果显著。2014年《中职学校汽车维修专业理论与实践一体化教学建设研究与实践》荣获首届职业教育国家级教学成果二等奖；2018年会计专业《实战引领，精准对接——面向小微企业中职会计专业人才培养模式改革与实践》荣获职业教育国家级教学成果二等奖；2019年《服务广西农村电商的品牌电子商务专业建设研究与实践》荣获职业教育自治区级教学成果特等奖，《四位一体、分岗分层的中职学校教师信息化教学能力培养模式研究与实践》《产教融合视域下"实战引领、信息化驱动、四阶递进"市场营销专业实践教学体系构建与实施》均荣获职业教育自治区级教学成果一等奖。

一、立足校园，融入社会，导入中华优秀传统文化

（一）立足校园，开展多种形式的具有中华传统文化特色的德育实践活动

中华民族五千年文明源远流长，中华文化博大精深。中国传统文化是中华民族的灵魂和脊梁，弘扬优秀传统文化，应从学生抓起，从根基抓起。夯实中华文明的基石，意义重大。一是自2014年开始，学校每年秋季举行隆重的传统拜师礼，教师及学生代表身着传统汉式礼服演绎传统拜师典礼，学子们向师者行拜师礼：一拜"师道尊崇立人立德"；二拜"传道授业教化解惑"；三拜"感念师恩天地为鉴"。师者赠礼学子：一敲手，劝勉学子奋发图强，努力读书，学好技能；二敲肩，希望学生树立远大志向，挑起重担；三敲身，让学子行为端正，做人做事有尺度。最后师者在学子们的额头正中央点上红痣，希望他们能够开启智慧，做一个聪明、好学的人。二是学校通过组织开展为期两天的全校性传统文化导入活动"立德树人从孝开始学会礼赞"，导入传统"孝文化"与"礼文化"，培养学生的感恩之心与礼敬

素养，旨在践行社会主义核心价值观，引导学生学会感恩父母、赞美他人，学会校园基本礼仪规范，培养良好品行。三是在学生中开展力行反思实践活动，培养学生良好的行为习惯。学校开展"中华优秀传统文化"教学活动，设计对应的德行个人力行记录表，要求学生每天总结自己哪些方面做得好，哪些事情做得不好，反省每天的得失，找出改进的具体措施，并填写力行表。此表作为学生平时考核的重要参考依据，促使学生高度重视力行、反思、修正。同时开展"写一封家书"活动，检验"孝道"教育的教学效果，并为学生提供一个向父母传递感恩之心的平台。四是开设"立人班"，解决少数学生在学习习惯与生活习惯存在的诸多问题，探索用优秀传统文化转化"后进学生"的新途径。五是开展以"弘扬中华优秀传统文化，践行社会主义核心价值观"为主题的德育成果汇报演出，用小品、情景剧、舞台剧、歌曲、诗朗诵、手语舞、太极表演等形式，展示师生学习中华优秀传统文化，努力践行社会主义核心价值观"的成果，体现师生在日常学习、生活中具有的爱国敬业、孝亲尊师、明礼诚信、团结友善等优良品质，唤起强烈的心灵情感共鸣，取得较好的效果。六是积极利用传统文化节日、纪念日等契机，举办经典诗文诵读大赛、"创意灯笼，点亮祝福"制作大赛、"学会生活煮导生活"中华厨艺大赛比赛等活动，加深学生对传统文化的认识和理解。同时以少数民族传统文化为载体，挖掘其中蕴含的德育资源，突出德育教育内容的本土化和民族性，把本地少数民族的一些有利于培养美德的传统礼仪和习俗教给学生，使学生养成良好的品德，并在全校开展民族团结知识竞赛，组织学生参加广西民族团结网络知识竞赛，取得较好效果。

（二）融入社会，组织师生参加社会实践活动，传承中华优秀传统文化

学校与广西中华传统道德文化促进会开展合作关系，积极参与促进会举办的适合中职生的活动。比如，具有壮族特色的"三月三女子成人礼"活动，每年9月的"孔子文化周"系列活动；与广西仁爱文化中心、广西孝道家园、广西孝地天下文化公司等机构开展贫困家庭走访一帮一活动，组织学生到敬老院、儿童福利院慰问并进行义务劳动；通过社会实践的平台，让学生走出校门，身体力行，拓宽德育教育的广度和深度，在实践中塑造良好的人格修养，在奉献中培养社会责任意识。通过组织学校学生参与和观摩活动，使热爱祖国的种子埋在每个学生的心灵深处，使社会主义核心价值观在祖国下一代的心田生根发芽，激发青年学生的责任意识和社会担当，努力做到寓民族团结教育于德育养成、于课堂教学、于社会实践、于第二课堂、于校园文化建设当中。

二、立足广西，开展壮族文化传承与创新

壮族不仅是我国人口最多的少数民族，也是一个具有悠久历史和灿烂文化的民

族,今天传承的壮族文化,很多是西瓯人、骆越人创造的,其中的稻种文化、大石铲文化、龙母文化、青铜文化、铜鼓文化、花山文化、红水河文化等,是中华民族宝贵的文化遗产。壮族人民在长期的生产和生活实践中形成自己的道德规范,即以重义轻利、尊长爱幼、爱劳动、讲诚实、守信用、忠厚淳朴为主要内容的壮族传统道德,是中华民族传统道德的重要内容。学校挖掘壮民族文化精髓,挑选出其中的壮族山歌、壮族成人礼、壮族体育项目等极具壮族文化特色的民俗文化活动进行系统的归类收集,完成三个项目的流程、方案、教案、教材、音频、视频、图片等的资源库建设,将三项壮族特色民俗活动融入日常教学和课外活动,让学生从初步认识壮族文化,到具体参与壮族民俗活动,使学生受到熏陶,在潜移默化中增加对广西优秀传统民族文化的认识和了解,增强民族自豪感。

三、精准对接,实战引领,面向小微企业,改革实践中职会计专业人才培养模式

(一)构建精准对接,实战引领,面向小微企业的中职会计专业人才培养模式

根据建构主义学习理论和教学过程最优化理论,从人才培养供给侧结构性改革入手,结合中职生的学情、素质特质、知识结构、就业空间等实际状况。融合小微企业会计人才需求侧要求,精准定位,以培养小微企业财务人员为目标,与企业深度合作,构建精准对接,实战引领,面向小微企业中职会计专业人才培养模式。精准对接小微企业会计岗位群一专多能、通才型人才需求,实现了人才培养供给侧和产业需求侧结构要素全方位融合,这种培养模式示意如图1所示。

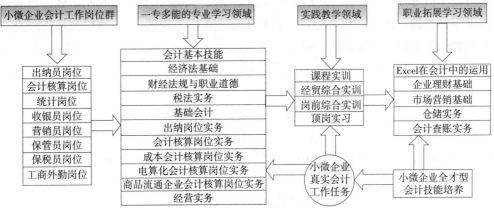

图1 精准对接,实战引领,面向小微企业中职会计专业人才培养模式示意

（二）构建小微企业一专多能实战型靶向的中职会计专业课程体系

依据小微企业会计岗位群出纳、会计、报税、收银、统计、工商外勤、仓管、营销员等岗位职能需求，进行课程的重新整合，按照小微企业会计岗位群一人多岗，各岗位应知应会、够用适用的原则，遵照"从简单到复杂，从单一到综合"的认知规律，对内容进行解构和重构。在小微企业会计普适型课程体系的基础上，突出商贸行业会计专业方向特色；创新设置经营实务、经贸实训等实践课程，拓展企业理财、仓储实务等内容，满足小微企业一人多岗、一专多能的会计职能需求。引入小微企业真实会计任务到课堂，使会计专业教学内容与小微企业技能型会计人才需求相一致，具体课程体系示意如图2所示。

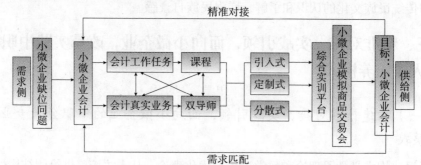

图2　一专多能实战型靶向的中职会计专业课程体系示意

（三）创建"双导师、双平台、一体化"教学模式

"双导师"，即企业专家和专业教师共同承担教学任务，导师既是教师，也是企业员工。"双平台"一是指虚拟实训教学平台，即网中网、用友、金蝶等会计网络仿真虚拟实践教学平台、实战型模拟商品交易会实训平台。二是指实体公司实训教学平台，即校内会计服务公司和校外实体企业实习基地。"一体化"是指理论与实践教学一体化，具体如图3所示。

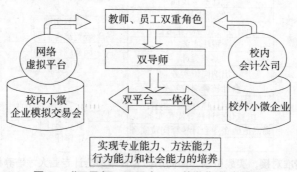

图3　"双导师、双平台、一体化"教学模式

（四）建立了真账实训引领的"三式一会"中职会计专业实训模式

"三式一会"即"引入式、定制式、分散式"三种校企合作形式和"实战型模拟商品交易会"交替实训实习模式，具体如图4所示。

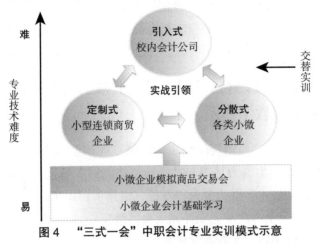

图4　"三式一会"中职会计专业实训模式示意

实战型模拟商品交易会上，各专业的几百名学生组成50多家商贸公司，设银行、运输公司、商业代理公司，完全模拟真实的企业业务票据流，由学生按照业务岗位完成合同谈判、协议签订、商品购进销售、账务处理、编制财务报表等流程。

四、立足服务广西农村电商，建设品牌电子商务专业

广西政府从2011年开始逐步重视农村电商环境建设，借力发展农村经济，2015年大力发展农村电商。我校电商专业依托学校主管部门广西物资集团的优势，以服务区域经济为己任，联合同行学校借力"互联网+"电商企业的平台技术和商业模式，整合各方面资源力量，助力广西农产品上行、农村电商培训，助力脱贫攻坚，为区域经济发展贡献力量。主要是构建"农商结合、校企共育、项目引领"的人才培养模式，培养农商型品牌学生；建立以农村电商为特色的课程体系，打造品牌课程；锤炼亦师亦商"农商型"双师，打造品牌师资队伍；以农产品电商运营项目为线索，建设示范特色电商品牌实训基地；助推广西农村电商精准扶贫，建立智慧农商品牌电商服务中心；建设广西农产品电商产业链全流程实训大平台，塑造品牌电子商务专业群。通过6年的研究实践，解决了职业教育服务地方经济发展和技能技术人才需求能力不足的问题；开展"基于微信平台的混合式农村电商培训模式"的实践，完成了200多期21 272人次的农村电商培训，实现了近1 000人次的电商脱贫，30个农产品品牌孵化，31个农产品网店群，累计农产品销量达到120万元；解决电商专业产教融合校企合作深入不够、持续性差的问题，通过利用真实平台与

真实项目开展教学与培训,促进教师带领学生开展农产品电商运营,在为企业带来效益、为学生与农民输出技能的同时,也实现了亦师亦商"农商型"双师教师的锤炼;解决电商专业传统教学模式与新技术、新要求之间不匹配的问题,建立电子商务教学资源库,实现 PC 网页、APP、微信同步的混合式教学,完成了一体化设计、结构化课程、颗粒化资源的建设,整合农村电商优质资源,建设农村电商立体案例库,建设职业能力递进、创业能力拓展资源,打造共享、开放、动态的资源服务平台。

五、立足产教深度融合,构建"实战引领、信息化驱动、四阶递进"市场营销专业实践教学体系

2007 年开始至今,广西物资学校市场营销专业团队致力于实践教学体系建设的研究,就中职营销学生能力培养与社会岗位技能需求衔接、"教师+技师"能力蜕变、学生"理论+技术"能力提升等专题,组建项目团队,先后向广西教育厅和学校申请项目 13 个,全部获准立项并完成项目研究。

(1) 构建"四阶递进"实践教学体系。即依托产教融合、政校企协同育人新平台,实战引领,通过"学生→学徒→员工→主管"四阶递进的岗位技能需求,重构中职营销专业实践教学体系,提高了学生的实践能力。

(2) 深度开展产教融合,搭建一批"实战型"生产性实训基地。与北京华联综合超市股份有限公司、上海热风时尚企业发展有限公司等多家企业进行深度校企合作,涉及零售、房地产、服装、汽车等多个行业,以开发岗位技能实操训练的校企联动育人教学模块为载体,完成协同育人任务。

(3) 嵌入信息化手段,开发"互联网+教育"的慕课(MOOC)平台。通过将实践课程的重难点和营销实践工作流程制作成微课视频、Flash 动画等形式,利用 VBSE 虚拟商业环境实训沙盘等 5 个交互式软件,实现师生线上线下、课前课后反复技能训练。

(4) 形成专业教师+企业工匠"师带徒"双导师实践培养模式,提升了教师实践能力,校企互聘教师,"双师型"比例达 100%。依托生产性实训基地,专业教师、学生深入企业岗位,面对真实市场、产品、顾客,提升师生营销技能。

(5) 构建学生互评、校企共评、以赛促评、奖赏并进的实践教学评价机制。即学生撰写实践材料,自我评价,小组长、教师、企业师傅三方共评。并引进竞赛机制,通过评定优秀实习生等措施进行正向激励,使学生充满自信心和荣誉感,积极参与实践教学活动。制定营业员岗位能力考核标准,完成营业员职业技能鉴定 1 348 人;培养优秀毕业生 176 人。

六、立足教师信息化教学能力提升，构建"四位一体，分岗分层"校本培训模式

长期以来，中等职业学校的教师信息化教学能力培养，未充分考虑教师学科背景、职业岗位、年龄结构、信息技术基础、发展愿景等师情差异，未精准对接岗位实际需要，存在学用脱节等问题。此外，学校缺乏教师信息化教学能力培训的整体规划，缺乏教师信息化能力标准，培训目标模糊、内容泛化，教师信息技术的认识不足，兴趣不浓。加之中职学校教师任务繁多，不仅承担课程教学任务，还承担着班主任管理、第二课堂活动指导等工作，投入信息技术学习的时间有限，影响学习提升的内生动力。因此，从立足投入低、针对性强、覆盖面广、有效性高的中职学校校本培训出发，通过对中职学校教师岗位及教师发展需求的调研、分析，将教师岗位分为公共基础课教师、专业课教师和实训指导教师三类，并根据教师的能力基础、发展愿景，分岗分层开发教师信息化能力标准，以及配套培训课程标准、教材、微课、课件等教学资源。坚持以教师为中心，围绕岗位需求和学校实际，采用覆盖面广、针对性强、灵活度高、效果显著的"四维度、双驱动"的校本培训体系，构建以学习培训、实践应用、课题研究、教学大赛为主线的"四位一体，分岗分层"的中职教师信息化教学能力校本培训模式，实现全员性培训，全面提升教师的信息化教学水平。

（一）构建"四位一体，分岗分层"的中职教师信息化教学能力校本培训模式

以提升中职学校教师信息化教学能力为目标，借鉴教师资格认定制度和职称评审制度的分类方式，将教师岗位细分为公共基础课教师、专业课教师、实训指导教师。结合学科背景、年龄结构、信息技术应用能力基础、发展愿景差异，培训基本应用层次和骨干示范层次教师。构建"四位一体，分岗分层"的中职教师信息化教学能力校本培训模式。该模式定位精准，灵活多元，优势明显，中职高校优势互补、资源共享、共赢发展。对高校而言，可获得来自中职学校一手的数据，为其师资培养研究提供素材和案例；对中职学校来说，获得科学专业的培训指导，降低走弯路的风险，快速获得信息化能力提升，实现学校教学和教师专业发展具体如图5所示。

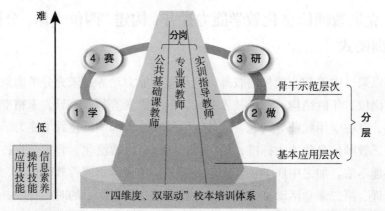

图5 "四位一体,分岗分层"的中职教师信息化教学能力校本培训模式示意

（二）制定分岗分层的《广西物资学校教师信息技术应用能力标准》

借鉴教师资格认定制度和职称评审制度,结合学校教师岗位特点,将教师细分为公共基础课教师、专业课教师、实训指导教师三类。根据教师学科背景、年龄结构、发展愿景的差异,分为两个培养层次:基本应用层和骨干示范层。围绕三岗两层的岗位工作要求,广西物资学校电子信息技术专业名师工作室联合具有信息化教学研究实力的南宁师范大学成立名师团队,以教育信息化2.0发展趋势及《中小学教师信息技术应用能力标准》《中等职业学校教师专业标准（试行）》为基础,深入行业企业调研,梳理中职教师信息化能力关键指标,结合师情学情,共同开发制定面向岗位需求的《广西物资学校教师信息技术应用能力标准》。

（三）精准对接信息技术应用能力标准,建设中职学校教师信息化教学能力校本培训课程体系

借鉴教师资格认定制度和职称评审制度,结合学校教师岗位特点及能力要求,将教师细分为公共基础课教师、专业课教师、实训指导教师三类教师岗。对照《广西物资学校教师信息技术应用能力标准》,围绕各岗位基本应用层次、骨干示范层次的信息化教学能力要求,技能按照够用、适用、发展的原则,遵照"从简单到复杂,从单一到综合,从整体到局部"的认知规律,对内容进行解构和重构。从信息素养、操作技能、应用技能三个模块,构建"三岗两层"的中职学校教师信息技术应用能力培训课程体系。培训过程中,结合成人学习的共同特征,采用任务驱动的模块化方式实施,具体如图6所示。

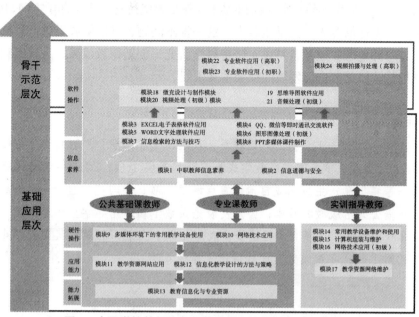

图6 中职学校教师信息化教学能力培训课程体系示意

（四）构建"四维度、双驱动"教师信息化教学能力校本培训体系

以信息化教学为抓手，构建了以功能、层次、时空、方式这四个维度为整个系统的支撑要件，从上至下（领导到教师）、从里到外（激活教师学习动力）双驱动，学做研赛合一的教师信息化教学能力校本培训体系。从教师信息化教学能力的三个课程模块出发，将培训内容分为两个层次，各个层次在场所、时间、方式等培训要素上相互交叉、互为融合，具体如图7所示。

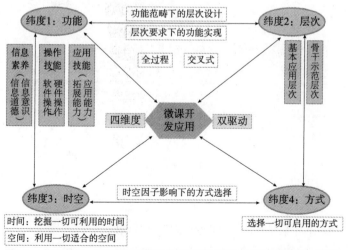

图7 "四维度、双驱动"教师信息化教学能力校本培训体系示意

四十年，职教道路不平凡。我们的责任，就是要坚持社会主义办学方向，围绕"培养什么人、怎样培养人、为谁培养人"这一根本问题，继续解放思想，坚持改革创新，立足西部地区职业教育特色，坚持科学研究，创新职教成果，为国家和社会培养一批批德智体美劳全面发展的社会主义工匠。

【作者简介】

卢俊林（1987—），男，广西桂林，硕士研究生毕业，广西物资学校校长、党委副书记。2018年参与国家级教学成果奖获二等奖1项；2019年参与区级教学成果奖获一等奖1项；主持完成自治区重点课题1项；参与完成自治区级课题9项；主编、参编公开出版教材5本；公开发表论文数十篇；指导学生参加全区"文明风采"竞赛获奖5次；荣获自治区国资委表彰1次；荣获广西物资集团表彰4次；荣获学校表彰1次；年度绩效考评获得优秀等级4次。

新时代背景下职业学校改革创新发展思路研究与实践
——以广西物资学校内涵建设为例

卢俊林

2020年是全面建成小康社会和"十三五"收官之年，正逢广西物资学校建校四十周年，为深入贯彻落实党的十九届四中全会、全国教育大会精神，进一步适应新形势，深化改革，科学筹划，突出内涵建设，立德树人，全面提升学校治理能力现代化水平，以建设五星级学校为目标，推动学校向特色鲜明的职业院校发展，我校在新时代背景下，提出改革创新发展思路，即改革创新发展"四个年"建设。

一、当前学校发展现状

广西物资学校创建于1979年，经过四十年的创新发展，已成为一所中等职业教育与高等函授教育并存、学历教育和非学历教育并举、适应社会经济发展和就业市场需要、办学特色鲜明、社会声誉较高、办学成绩突出、持续发展强劲、在改革发展和建设中起示范作用的国家级重点中职学校，首批列入国家中等职业教育改革发展示范性学校。但是在发展过程中，学校进入瓶颈，2018年仅获自治区教育厅认定四星级中等职业学校。主要问题有五个。一是党的建设依然薄弱，未能与教学业务有机融合，"一支部一品牌，一党员一旗帜"建设目标任重道远。二是意识形态工作抓得不够主动、系统，在讲好学校好故事、传播学校好声音上，缺乏久久为功的韧劲。三是立德树人工作抓得不够实，课程思政体制机制未通畅。四是薪酬分配和绩效考核方法不够科学，激励不充分，职工积极性不高。五是教学实训用房、学生宿舍还不能满足办学发展的需要，专任教师和管理队伍人员缺口较大、结构不尽合理、能力素质有待提升等。对照星级学校认定标准，学校在生均教学及教辅行政办公用房面积、生师比、"双师型"教师比例、校企共建实训基地、集团化办学、制度建设、教学诊断与改进等方面与五星级学校要求存在差距。新时代背景下，学校提出改革创新发展"四个年"建设，优化内部治理，提升学校办学实力，实现新发展。

二、新时代背景下学校改革发展的总体要求

开展改革发展"四个年"建设工作，要以习近平新时代中国特色社会主义思想

为指导，全面贯彻落实党的十九大和十九届二中、三中、四中全会精神，坚持社会主义办学方向不动摇，践行社会主义核心价值观，完善学校治理体系，提升学校治理能力现代化水平，培养新时代"四有"好老师，培育高素质产业"工匠"，实现五星级学校和特色鲜明职业院校发展目标。

三、新时代背景下学校改革发展重点建设内容

改革发展"四个年"分别是"立德树人年""能力提升年""品牌建设年""制度建设年"。

（一）"立德树人年"建设要求

立德树人作为教育的根本任务，要融入学校思想道德教育、文化知识教育、社会实践教育各环节，不断提高学生思想水平、政治觉悟、道德品质、文化素养，把学生培养成德才兼备、全面发展的新时代社会主义建设者和接班人。贯彻落实《关于加强和改进新时代师德师风建设的意见》（以下简称《意见》）精神，加强教师队伍思想政治工作，提升教师职业道德素养，将师德师风建设要求贯穿教师管理全过程，提高教师地位、保护教师权利，营造全校尊师重教氛围，让教师安心从教、热心从教、舒心从教、静心从教，造就一批有理想信念、有道德情操、有扎实学识、有仁爱之心的"四有"好老师。

1. 坚持党的全面领导，坚定社会主义办学方向，牢牢掌握意识形态工作领导权，形成开阔视野，强化战略思维，强化担当意识

构建党委领导、书记负责、中层参与、思政教师骨干领衔、班主任主体的"五级分层"思政课建设体系。学校党委会议、党政联席会每学期至少召开1次专题会议，研究思政课建设工作，会议决议要及时落实。学校党委书记或校长每学年到思想政治理论课教研部门开现场办公会至少1次，听取思政课教学工作汇报，解决实际问题。学校主要领导和分管领导每学期到堂听思政课1次以上。学校党委书记、校长每学期至少给学生讲授1次思政课，学校领导班子其他成员每学期至少给学生讲授2次思政课，党支部、党政、纪检、人事、团委、学工等部门主要领导每学期至少给学生讲授3次思政课，班主任每学期至少给学生讲授4次思政课，思政课教师建设一批学生真心喜爱、终身受益、毕生难忘的精品思政理论课。为了提升全体教师的思想政治素质和职业道德，引导教师带头践行社会主义核心价值观，学校党委每年定期开展全体教师的师德师风培训工作，由学校领导班子给全体教师上思政课，加强我校教师师德师风建设。

2. 牢固树立新发展理念，全面贯彻党的教育方针，落实立德树人根本任务

加快建设一支政治要强、情怀要深、思维要新、视野要广、自律要严、人格要

正、结构合理的专兼职思政理论课教师队伍。思政课教师必须坚持正确的政治方向，对马克思主义真学真懂真信真用，深入学习、坚定信仰、积极传播、模范践行党的创新理论，在事关政治原则、政治立场和政治方向问题上与党中央保持一致；必须热爱思想政治理论教育事业，具有良好的思想品德，有扎实、系统的马克思主义理论学科基础理论和相应的教学水平、科研能力。专职思政理论课教师原则上应是中共党员，并具备马克思主义理论相关学科背景、本科以上学历。兼职思政理论课教师应具有本科以上学历和相关专业背景。校内调配部分具有从事思政理论课教学经历，具备较强思政理论课科研能力的优秀党务纪检工作者或辅导员担任思政理论课专职教师；聘请部分校领导、党政或纪检干部、党支部委员和辅导员，德高望重的退休教师，兄弟院校、省委党校、社科院等知名学者或马克思主义理论学科专家担任兼职教师。严格思政课课堂教学聘任制度，完善思政课堂教学退出机制。

3. 重视统一设置学校思政课程，学生通过学科学习逐步形成正确价值观念、必备品格和关键能力，主要包括政治认同、职业精神、法治意识、健全人格和公共参与的核心素养

课程教学以理论教学为主导、实践教学为拓展，理论与实践相结合培养人才；加强理论教学在课堂教学中的主导地位，坚持正确的政治方向，强化思政课价值引领功能，并贯穿于思政课课前、课中、课后各环节；实践教学作为课堂教学的延伸拓展，重在帮助学生巩固课堂学习效果，深化对教学重点难点问题以及理论热点问题的理解和掌握；坚持增强学生对思政课的获得感，促进思政课教学有虚有实、有棱有角、有情有义、有滋有味。思政课程由基础模块和拓展模块两部分构成。基础模块是各专业学生的必修课程，包括中国特色社会主义、心理健康与职业生涯、哲学与人生、职业道德与法治四部分内容。拓展模块为选修课程，是必修课程的拓展和补充。选修课程除对学生进行时事政策教育外，还应根据国家形势发展、区域经济和行业发展状况，结合学校德育工作、学生社会实践、专业学习、顶岗实习的需要，进行法律与职业教育，国家安全教育，民族团结进步教育，中华优秀传统文化、革命文化、社会主义先进文化教育，文明礼仪教育，就业创业创新教育，廉洁教育，艾滋病预防教育，毒品预防教育等。基础模块四部分内容按顺序依次开设，安排在一、二年级的四个学期，第一学期开设中国特色社会主义，第二学期开设心理健康与职业生涯，第三学期开设哲学与人生，第四学期开设职业道德与法治。每个学期按照18周、36学时进行教学安排，每周2学时，总学时为144学时。

4. 坚持立德树人，加强思想引领，打通课程思政机制障碍，使学科体系、教学体系、教材体系、管理体系都围绕这个目标来设计，教师围绕这个目标来教，学生围绕这个目标来学，聚焦聚力、取得实效

专业人才培养目标、课程标准、考核体系等要融入思政元素，组织学习相关思政理论、讨论和挖掘本专业教学中的思政元素、安排观摩思政元素融入专业课程的教学、组织师生撰写和思想素养相关的各类案例（故事）；教师在教学设计、签到点名、专业讲授、规章讲解、教师提问、小组讨论、小组发言、发言点评、布置作业、收缴作业、点评作业、单元总结、学情分析、教师身教、顶岗实习等教学环节中，可灵活嵌入相关思政故事；挖掘思政元素与教学要求存在联系、与教学环节可以贯通的"潜在"平台，如讲解专业规章与法治思维的关联、专业项目推进过程和物质运动理论的关联等；专业教师从个人阅历、知识结构、育人思考实际出发，创造性地推出教学规章中没有的育人载体和方法。

5. 人才培养一定是育人和育才相统一的过程，而育人是本，应建立健全人才培养体制机制

构建"三全育人"大格局，建立网上网下正向互动的工作格局，促进网上网下的衔接整合，推进学校、社会、家庭一体化育人；将校园志愿服务、专业服务实践活动、校园社团服务、校园文化活动等内容遴选为思想政治理论课实践教学内容，促进思想政治理论课教育教学与第二课堂实践育人相结合，实现"三全育人"的教育效能；建立校园实践教学基地，充分利用国旗升旗台、新时代文明实践所、廉政教育基地、图书馆视听室、多功能厅、读者作品展览区等多个实践场所开展实践教学，达到多方位合力育人的效果。

（二）"能力提升年"建设要求

"能力提升年"主要工作在于学校治理能力、教师发展能力的全面提升两个方面。

1. 学校治理能力提升

这主要是如何分配与实现党委、行政、学术、服务、管理、监督等方面的权责问题，实现利益相关方职、权、责、利的有机统一和良性发展。制定学校章程，建立学校依法治校总纲领；设立教学等委员会，确保各种委员会在专项领域的主导地位，保障其权利和职责，充分发挥委员会"参谋部""咨询团""指导组""推动队"作用，落实专家治校；制定学校"十四五"发展规划纲要，为学校发展找准定位、明确方向；修订"三重一大"制度和议事规则，理顺决策权限关系；研究产教融合发展机制，积极参与行业企业，牵头组建职教集团，提高学校服务地方经济的能力；加快智慧校园建设步伐，发挥大数据和人工智能技术运用效能，提升校园治理效能；扎实推进教学诊断与改进工作，促进人才培养质量提升。

2. 教师发展能力提升

百年大计，教育为本；教育大计，教师为本。要从战略和全局高度充分认识教师工作的极端重要性，把全面加强教师队伍建设作为一项重大政治任务和根本性民生工程切实抓紧抓好。确定教师专业发展规划和管理制度，有计划补足师资队伍，有条件聘请高精尖人才充实到教师队伍中。把党的政治建设摆在首位，选优配强教师党支部书记，注重选拔党性强、业务精、有威信、肯奉献的优秀党员教师担任教师党支部书记，定期开展教师党支部书记轮训。健全专业（学科）带头人建设，推进同质专业整合一体的专业群建设力度，打造一流名师团队。建立产教融合校企合作资源库，定期安排优秀教师到企业挂职锻炼，实现校企互聘师资，打造一流双师型教师队伍。建立双导师育人机制，实现"专+兼"（专职班主任+兼职思政班主任）培养。建立"名师+骨干+新教师"梯队人才成才机制，有效运用国培、区培、校培等培训资源，促进青年人才快速成长。建立行政管理人员工作业绩与教师工作业绩互通互认制度，为教师职称、职务晋升打通障碍，激发教职工积极性。

（三）"品牌建设年"建设要求

学校品牌维度包括知名度、信誉度和美誉度，落脚点就是通过专业建设、师资队伍建设不断提高学生培养质量，为学生创造价值。

1. 打造党支部品牌

制定《标准化党支部创建标准》，强化支部阵地建设，设立专门的党员活动室，完善学习宣传阵地，力求功能齐全、设施完备，各支部活动阵地既做到整齐划一，又各有特色，不断创新载体和形式，力求工作有创新、有特色、有实效，如"党员先锋岗""防疫一线党旗飘""亮身份、树形象、显作用"等活动，彰显支部特色。

2. 打造专业群品牌

确定专业群建设规划和实施方案，对应区域中一个支柱产业的产业链或相关技术（服务）领域，整合学校现有专业，组建相应的专业群，形成集群式专业结构。围绕专业群建设目标调整现有的资源，包括教学组织、师资队伍、实验（训）基础设施、教学资源等，完善专业群人才培养模式、课程体系，开发专业群课程平台。同时，要打破制度壁垒，形成校内外、群内外共建共享各类资源的体制机制。

3. 打造名师品牌

确定名教师发展指标方案，打造一批拥有先进的职业教育理念、厚实的专业素养、较深刻的学术思想、较强的专业实践能力、较高的教科研水平、独到的教育教学策略和风格的学校教育教学领军人才，带动学校师资队伍整体水平。名师培养依托名师工作坊（室），要完成主持地厅级以上课题、教科研成果，出版专著、教材、教学案例集、教学设计集和教改论文集。主持或主要参与的项目获得国家级教学成果、自治区级教学成果奖，并在全校开展示范教学研讨课，让教师和学生直接受益。

（四）"制度建设年"建设要求

"制度建设年"主要梳理学校的各项规章制度，包括但不限于管理制度、管理办法、实施细则、规范、规程、要求、通知等，初步构建学校制度体系。

1. 完善党务管理制度

这包括党委会议事规则、党支部标准化建设制度、党员发展规定等。

2. 完善行政管理制度

这包括党政联席会议事规则、涉密文件传阅管理规定、文书档案管理办法、中层干部基本规范与要求等。

3. 完善招生就业管理制度

这包括学生实习管理规定、实习工作考核办法、教学实习管理规定、招生工作实施方案、校企合作管理办法等。

4. 完善资产财务管理制度

这包括财务预算编制和执行、决算管理制度、财务报销管理制度、差旅管理办法、培训费管理办法、资产采购及管理办法等。

5. 完善教学运行管理制度

这包括教材管理规定、校本教材开发与认定管理办法、名师工作坊建设与管理办法、双师型教师培养和管理办法、以老带新师资培养管理办法等。

6. 完善人事管理制度

这包括职工请假制度，教职工加班及补助管理规定、慰问教职工管理规定、绩效工资基本方案、教职工先进个人考评与奖励办法、非实名编制人员管理制度、工作责任事故认定与处理办法、人才引进办法、培养管理办法、干部提拔及任免规定、专业技术人员聘任管理制度等。

7. 完善后勤管理制度

这包括公务用车管理办法、公车节假日封存管理制度、食品安全管理规定，食品安全事故处置规定等。

8. 安全生产管理制度

这包括安全生产宣传教育、安全生产隐患治理、安全生产事故管理、安全生产应急管理等方面规范。

四、新时代背景下学校改革发展的价值和意义

扎实开展学校改革发展"四个年"建设工作，将在党的领导、思想建设、专业建设、人才队伍建设、管理体制现代化、产教融合校企合作和中高职衔接协同发展等方面取得实效。

（一）突出学校全面从严治党核心地位，学校将牢牢掌握意识形态的领导权

要从党内政治生活管起，围绕坚持党的政治路线、思想路线、组织路线、群众路线，坚持和完善民主集中制，修订好《广西物资学校"三重一大"事项集体决策制度实施办法》《广西物资学校党委会议事规则》《广西物资学校党政联席会议议事规则》。扎实抓好基层党支部建设工作，制定《标准化党支部创建标准》，设立党员活动室，开展基层党支部评星定级活动，按"一支部一品牌、一党员一旗帜"建设目标，打造党支部战斗堡垒，发挥党员模范作用，弘扬正气，砥砺奋进。以夯实社会主义核心价值观为学校意识形态有力抓手，形成树新风讲正气言奉献价值导向，转化师生员工的情感认同和行为习惯，将师生员工思想统一到学校发展大局上来。

（二）突出学校"立德树人年"建设发展引领地位，将培养师德师风过硬的教师队伍，培育高素质产业工匠人才

学校贯彻落实《关于加强和改进新时代师德师风建设的意见》精神，通过投入15万元经费加强师德师风建设，提升教师思想政治素质，深化教师理想信念教育，树立师德典范，形成榜样在身边、人人可学可做的局面，造就一批政治认同、思想认同、理论认同、情感认同的教师队伍。同时构建"五级分层"思政课师资建设体系，打通课程思政机制障碍，促进思想政治理论课教育教学与第二课堂实践育人相结合，实现"三全育人"的教育效能，不断提高学生思想水平、政治觉悟、道德品质、文化素养，把学生培养成德才兼备、全面发展的新时代社会主义建设者和接班人。

（三）突出学校"能力提升年"建设发展引擎地位，将大幅度提升学校治理能力和教师发展能力

学校通过完善治理体制机制，通过科学严谨编制学校"十四五"发展规划，进一步明晰学校发展思路、发展目标、工作任务，充分激发教师活力，实现全面发展提升。投入178万元经费用于基础设施条件建设，加快智慧校园建设步伐，美化改造校园环境、校园文化建设和消防设备设施维护；投入376万元经费开展数字校园建设，实现校园数据同步，资源共享；投入25万元经费开发人事管理系统，提高学校人事管理工作的规范性和高效性。提升教师发展能力，要从战略和全局高度充分认识教师工作的重要性，采用增编、聘用、兼职、校校合作、校企合作等方式，增加专任教师，将专任教师的师生比控制在1∶18；建立"名师+骨干+新教师"梯队人才成才机制，投入76万元经费用于师资培训，促进青年人才快速成长；建立双导师育人机制，实现建立"专+兼"（专职班主任+兼职思政班主任）培养机制，建立产教融合校企合作资源库，实现校企互聘师资，打造一流双师型教师队伍，促

进教师专业能力的全面提升。

（四）突出学校"品牌建设年"建设发展效应地位，将实现学校党支部品牌、专业品牌和名师品牌建设

学校根据《教育部关于职业院校专业人才培养方案制订与实施工作的指导意见》精神，滚动修订人才培养方案，培养一流工匠；加强课程资源建设，开展课题申报、结题工作，培育区级、国家级教学成果奖，产出一流成果；强化实践实训教学，实施电商、会计、物流专业群发展研究基地研究项目，实施广西独弦琴京族文化传承创新职业教育基地建设项目，实施广西中职学校教师信息化培训基地建设项目，打造一流平台；突出教学团队建设，确定并实施《农丽艳名师工作坊三年规划方案》《陈静思政名师工作坊三年规划方案》，开展"双师型"教师认定申报和职称认定申报工作，造就一流大师；增强专业内涵建设，实施物流、电商品牌专业建设项目，实施现代学徒制试点单位建设项目，实施1+X证书制度试点项目，打造一流专业。通过服务地方经济、社会发展，培育和强化特色优势，增强学校核心竞争力，使学校品牌建设有根基、立得住。

（五）突出学校"制度建设年"建设发展保障地位，将完善学校内部管理体制机制

学校投入40万元经费开展制度建设工作，完善党务管理制度、行政管理制度、招生就业管理制度、资产财务管理、教学运行管理制度、人事管理制度、后勤保障管理制度和安全生产管理制度，形成师生共同遵守的规章、条例、规则、办法，理顺学校治理环节关系，把学校各项工作都纳入科学化、规范化、制度化管理的轨道上，促进学校各项教育事业持续、有序、健康发展，全面提升学校治理能力和治理水平现代化。

【作者简介】

卢俊林（1987—），男，广西桂林，硕士研究生毕业，广西物资学校校长、党委副书记。2018年参与国家级教学成果奖获二等奖1项；2019年参与区级教学成果奖获一等奖1项；主持完成自治区重点课题1项；参与完成自治区级课题9项；主编、参编公开出版教材5本；公开发表论文数十篇；指导学生参加全区"文明风采"竞赛获奖5次；荣获自治区国资委表彰1次；荣获广西物资集团表彰4次；荣获学校表彰1次；年度绩效考评获得优秀等级4次。

职教改革新方案背景下电子商务专业群学生认识实习路径的创新研究与实践

冷玉芳

【摘要】 本文在电子商务专业群学生认识实习现状分析的基础上，论述了开展基于工作过程知识竞赛的电子商务专业群学生认识实习的目的、路径与意义，并提供实践成果的数据分析，为职业院校开展电子商务专业群学生认识实习提供了一条可行的创新性路径。

【关键词】 认识实习；工作过程知识竞赛；电子商务专业群

工作过程知识竞赛是广西水利电力职业技术学院副院长蒋文沛教授设计组织开展的一项易于推广的大型职业认知活动，目前活动已推广到三十多所职业院校，深受师生欢迎。该活动通过竞赛的方式，指导学生充分利用互联网、国家颁布的各项标准等各类资源认识职业、认识岗位群、认识岗位、认识岗位任务，指导学生通过自主探究职业标准、专业教学标准、岗位任务、专业课程标准等材料，通过信息化手段收集岗位对应的工作过程知识，并进行信息处理，最后呈现工作认知文本，并进行汇演，学生通过初赛熟悉工作过程知识，通过复赛进一步完成职业认知，成为认知实习的好办法，同时也为职业规划打下坚实基础。

职业院校认识实习在教育部等五部门印发的《职业学校学生实习管理规定》中有明确的规定。认识实习是指学生由职业学校组织到实习单位参观、观摩和体验，形成对实习单位和相关岗位的初步认识的活动，是职业院校重要的教学环节。合理的认识实习能够帮助学生树立正确的职业认识与职业目标。

本文以广西物资学校为例，提出基于工作过程知识竞赛的电子商务专业群学生认识实习路径，探究基于工作过程知识竞赛的电子商务专业群学生认识实习的意义，并提供实践成果的数据分析。广西物资学校电商专业群的学生经历工作过程知识竞赛后，从对电子商务岗位群较为陌生，到能够认识相关岗位、了解各岗位的工作任务与工作过程，进而找到自己心仪的岗位，明确职业目标，克服了信息处理、学习内生动力、团队合作等方面的困难，最后，每一个团队紧张而又自信地展示出自己对职业的认识成果，展示出自己对心仪岗位的向往，让所有的专业老师感到非常欣慰。

一、电子商务专业群学生认识实习现状分析

一般来说，认识实习安排在一年级开展，跟岗实习安排在二年级开展，顶岗实习安排在三年级开展。然而实际状况是，多数职业院校一年级学生的认识实习和二年级学生的跟岗实习都是一片空白，因为实践起来难度很大，大批学生出校门活动存在安全风险；若集中观摩，则效果不佳；若分散观摩，则需要较大的人力与物力；且短期的实习，虽可以覆盖岗位群，但难以明晰各岗位的主要工作。因此，如何在足不出户的情况下认识实习是当前推进电子商务专业群学生认识实习的瓶颈。

另一方面，电子商务专业群所包含的专业大多数为经贸类，例如广西物资学校电子商务专业群包含了电子商务专业、电子商务专业跨境电子商务方向、电子商务专业网络营销方向、物流管理专业、市场营销专业，专业间有相似之处，以往学生都是分开开展认识实习，专业群的学生对专业之间的差别了解甚少，甚至根本不了解，非常不利于专业群的建设与发展，也不利于学生就业。

二、开展基于工作过程知识竞赛的电子商务专业群学生认识实习的目的

认识实习的目的是让学生深刻认识自己的专业，了解专业相关的岗位，也是让学生进一步了解社会、了解自己，亦是培养学生理论联系实际、分析和解决问题的能力和社会活动能力。而开展工作过程知识竞赛的目的也是如此，帮助学生增强学生内生动力、丰富学生职业认识、提高学生团队合作与交流能力、提高学生信息收集与处理能力，为学生职业规划打下良好的基础。

三、开展基于工作过程知识竞赛的电子商务专业群学生认识实习的路径

开展基于工作过程知识竞赛的电子商务专业群学生认识实习分三大步：第一步是初赛，亦是新生入学教育，初赛完成职业（岗位）认知文本（包含本专业培养目标、专业面向的主要就业岗位、专业岗位群对应的主要工作任务、主要工作任务分析、参赛收获、参考资料）的撰写与答辩PPT的制作；第二步是决赛，亦是第一学期期末认识实习，复赛优化文本与PPT，要求学生开展实地调研后增加各个岗位的视频解说；第三步是竞赛成果的运用，亦是职业规划设计，要求每个学生根据前两步成果撰写职业规划并进行现场比赛。三大步共有8个具体内容，路径如图1所示。

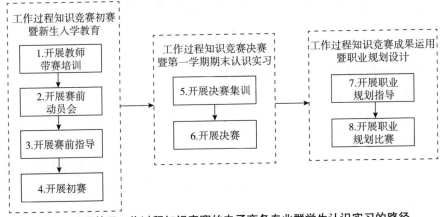

图 1 开展基于工作过程知识竞赛的电子商务专业群学生认识实习的路径

1. 开展教师带赛培训，提高教师指导水平

指导教师的水平决定学生竞赛的效果，指导教师越熟悉竞赛，就越能胜任学生竞赛的指导工作。学生竞赛的效果与指导教师的水平密切相关。开展教师带赛培训的内容包括学习竞赛方案，模拟竞赛，完善竞赛方案。指导教师必须参加一次模拟竞赛，否则无法了解学生竞赛中出现的问题。

2. 开展赛前动员会，帮助学生全面了解竞赛

中职学生畏惧考试、比赛，因此赛前给学生做全面的解答，能够让学生积极参赛。开展赛前动员会的内容包括介绍竞赛方案，鼓励学生参赛，解答学生疑惑。这里的重点是做好安抚，告知学生参加竞赛的目的是让自己深入认识所选的专业，不要过于在意竞赛的结果。

3. 开展赛前指导，全面提高学生信心

中职学生缺乏信心，容易出现拒绝比赛或者半途而废的现象，初赛前需要开展耐心的全面指导工作，提供具体的资料，提供可以参考的填写模板，解除学生的担忧，提高学生的信心。开展赛前指导的内容包括分组、开展团建，讲解比赛要求，提供职业标准、专业教学标准、岗位任务、专业课程标准等材料，指导学生完成工作过程知识文本与答辩PPT。

4. 开展初赛，提供学生展示的机会

初赛要求所有学生上台，利用答辩PPT对小组完成的职业（岗位）认知文本的内容进行讲解，教师作为评委应给予学生正面引导，帮助学生建立展示自己的信心。开展初赛的内容包括各个小组上台演示文本与PPT、评委点评、颁奖、欣赏比赛过程视频。

5. 开展决赛集训，实地调研丰富学生职业认识

决赛集训以班级为基本单位，在初赛的基础上，开展实地调研，到专业相关的

企业进行了解,做出各个岗位的工作任务视频,以班级为单位进行作品的修改与优化。开展决赛集训的内容包括企业参观调研、优化文本与 PPT、岗位视频制作、模拟决赛等。

6. **开展决赛,提供范本深刻认识岗位**

决赛以班级或专业为单位进行竞争,通过各个竞争小组的讲解与示范,让专业群里各个专业的学生看到更具体、更直观、更清晰的岗位任务,提升对职业的认识,也能够对专业群各个专业进行深入的了解。决赛的内容包括各班代表团队上台演示文本与 PPT、播放岗位认知视频、评委点评,根据得分与表现情况评出冠亚季军、最佳职业意识奖、最佳设计奖、最佳团队合作奖、最佳人气奖、最具潜质奖、最有创意奖、最勤奋奖、最具耐心奖等。

7. **进行职业规划指导,帮助学生树立学习目标**

职业规划是指学生对职业生涯乃至人生进行持续的、系统的计划。学生经过工作过程知识竞赛,对职业有了深入的了解,可进一步利用竞赛的成果,帮助学生树立职业学习的目标。这个环节的内容主要是撰写职业规划,明确职业目标并设计合理的实施路径与计划。

8. **开展职业规划比赛,为认识实习画上句号**

开展职业规划比赛是为了让学生相互促进,进一步树立学习奋斗的目标,提升学生学习的内生动力。清晰的职业规划,也会帮助学生更好地步入社会,更好地成长。职业规划比赛的内容包括展示职业规划内容与答辩。此外,也可以组织学生参加教育部或教育厅组织的职业生涯规划的相关比赛。

四、基于工作过程知识竞赛的电子商务专业群学生认识实习的意义

1. **增强学生学习的内生动力**

学习内生动力是学生学习的初始动力,也是最深层次的动力,这种动力可以促进学生主体进行自我教育、自我管理、自我发展。中职学生在漫长的基础教育里,学习的内生动力可能会渐渐磨灭,学习的渴望不强。而在竞赛中,指导老师只是旁观者,学生是实施者,学生小组经过自身的努力不断完善成果,并且呈现出突破性成果,可给他们带来巨大的成就感。由于经历长时间且多次比赛,这些成就感具有一定的持续作用,逐步内化为学生的内生动力。另外,学生经过竞赛对未来的就业岗位逐渐熟悉,知道自己需要付出什么样的努力,努力完成什么样的学习才能够达到目标,原来的迷茫变成目标清晰,也使内生动力不断增强。学习的内生动力帮助学生更好地成长,最终全面提高新生入学教育的效果与专业教学效果。

2. 提高学生信息收集与处理能力

信息处理能力作为当今社会职业生涯的核心能力，不仅仅是技术层面的打字输入、上网查询信息以及多媒体使用等与计算机相关的能力，还应该具备在信息意识层面上的感受、观察、判断、洞察和创造信息、应用信息解决问题并最终变成生产力的能力。在竞赛中，学生需要从网络里找出与岗位相关的知识，从庞大的信息源中梳理出有用的信息并加以运用，其信息收集与处理的能力在潜移默化中得到提高。另外，学生在决赛中要做出岗位描述的视频，这对学生来说又是一次挑战，也是一次机会，他们要再进行一次信息的收集与处理，并产出新的成果，学生的能力再次得到提高。在大数据时代，学生的信息处理能力包含了学生对信息搜索、分析与处理的方法和策略，基于工作过程知识竞赛的电子商务专业群学生认识实习能够很好地提升该能力。

3. 提高学生团队合作能力

现代职场对合作能力、沟通能力非常重视，高素质技能型、应用型人才是否具有这些本领，关系到他们未来的发展。而合作能力、沟通能力与社会心理、社会交往、经济合作效率等方面息息相关，在职场中有效沟通才能谋求到合作与支持，亦是实现自我、丰富自我、超越自我的途径。在竞赛中，学生以小组为单位完成任务，由于时间的限制，倒逼学生小组分工合作，必须沟通交流才能完成任务，学生在这样的环境下自然而然地完成分工合作与沟通交流。随着职业教育的深度改革，职业院校也非常重视培养学生团队合作能力与有效沟通能力，基于工作过程知识竞赛的电子商务专业群学生认识实习不失为一个好方法。

4. 帮助学生完成职业规划

职业规划对学生最大的帮助是让学生拥有明确的学习与奋斗目标，因此可以通过制订职业规划来帮助学生确定职业发展目标，挖掘自我潜能，增强个人实力。电子商务专业群学生完成基于工作过程知识竞赛的认识实习后，对电子商务专业和行业有了比较深刻和全面的认识，他们会自发性地对自己的未来有所规划，此时是促使学生进行职业规划最好的时机，在竞赛的基础上让学生进一步了解自己、评估自己、找出自己的优劣势，正确树立目标，合理制订计划，使自己的才能得到发挥。另外，由于职业规划的自我评估环节需要一定的职业认识，对岗位有了具体的了解后才能够更准确地开展自我评估，因此职业规划是最后一步，亦是竞赛成果的运用，在学生完成初赛与决赛并有了一段时间的学习后才进行。这个时候，学生对自己和专业学习都有比较清晰的认识，能够设计出更适用的职业规划，以鞭策自己学习。

五、基于工作过程知识竞赛的电子商务专业群学生认识实习的实践成果评价

以广西物资学校电子商务专业群参加过工作过程竞赛的学生为研究对象,共发放电子问卷 286 份,回收有效问卷 261 份。问卷共包含 5 大类问题,具体情况如下。

第一类问题:竞赛前,你的专业学习目标明确吗?15.33% 的学生表示明确,40.23% 的学生表示比较明确,31.8% 的学生表示一般,12.64% 的学生表示不明确;竞赛后,你的专业学习目标明确了吗?37.55% 的学生表示明确,54.41% 的学生表示比较明确,6.51% 的学生表示一般,1.53% 的学生表示不明确。

第二类问题:竞赛前,你对电子商务专业就业岗位了解吗?9.19% 的学生表示很了解,10.73% 的学生表示比较了解,65.52% 的学生表示了解一点,14.56% 的学生表示不了解;竞赛后,你对电子商务专业就业岗位了解了吗?25.67% 的学生表示很了解,53.26% 的学生表示比较了解,19.16% 的学生表示了解一点,1.91% 的学生表示不了解。

第三类问题:参加竞赛,你觉得有收获吗?68.97% 的学生表示很有收获,19.92% 的学生表示比较有收获,9.96% 的学生表示收获不大,1.15% 的学生表示没有收获。

第四类问题:经过竞赛,你最想从事的岗位是哪个?50.19% 的学生选择网店运营,11.88% 的学生选择网络营销,9.2% 的学生选择新媒体运营,12.26% 的学生选择网络美工,1.15% 的学生选择网站建设,13.79% 的学生选择网络客服,1.53% 的学生选择都不喜欢。

第五类问题:对于竞赛,你还有什么建议吗?有希望多办几次,多多发展这类竞赛,以后要磨炼自己,提高沟通能力等。

从以上数据可以看出,学生参加竞赛后对学习目标更加明确,对岗位的了解更加深刻,绝大多数的学生有所收获,最重要的是能够明确自己的奋斗目标,明晰自己要在哪个岗位上付出更多的努力,老师也可以根据学生的兴趣调整课程计划,针对学生的兴趣教学。另外,学生对比赛的整体意见是支持的,是接受的,对学生的学习有很大的帮助。总体来说,基于工作过程知识竞赛的电子商务专业群学生认识实习除了能够圆满完成教育部对职业学校学生认识实习的要求,还能增强学生学习的内生动力、提高学生信息收集与处理能力、提高学生的团队合作能力、帮助学生完成职业规划。

【作者介绍】

冷玉芳,广西物资学校财经教研室副主任,教育硕士,电子商务专业高级讲师,广西国际电商中心特聘讲师。研究方向:电子商务专业建设。

中职学校汽车专业建设教学标准探究

莫 军

近年来，教育部积极推进职业教育标准体系建设，先后发布了包括专业目录、专业教学标准、公共基础课程标准、顶岗实习标准及教学仪器设备装备规范等在内的职业教育国家教学标准，与中等职业学校设置标准、教师专业标准、校长专业标准、高等职业学校设置标准等共同组成了较为完善的国家职业教育标准体系，涵盖学校设置、专业教学、教师队伍及学生实习等各方面，为依法治教、规范办学奠定了基础。

一、国内外职业教育教学标准体系建设概况

（一）国外概况

严格地说，国外并无专业教学标准这一概念。但是如果把专业教学标准的核心功能理解为对职业教育教学内容的总体描述与规定，那么国际上与之功能和性质接近的文本普遍存在。而对职业教育教学内容进行标准化建设，是 20 世纪 90 年代以来西方发达国家职业教育发展的共同趋势。

英国国家职业资格证书体系（NVQ）建设其实也是国家层面的职业教育专业教学标准建设，因为职业资格证书是必须用课程模块形式来表达的，在建立起职业资格证书体系的同时，也就建立起了职业教育国家专业教学标准体系。

德国的专业教学标准最为成熟，其早已成熟的《职业培训条例》其实就是双元制中企业培训这一侧的专业教学标准。1996 年 5 月 9 日，德国文教部长联席会议颁布了新的《职业学校职业专业教育框架教学计划编制指南》，开启了学习领域课程开发，这是对双元制中学校这一侧专业教学标准的完善，它的开发使德国最终形成了完整的专业教学标准体系。

美国职业教育教学标准体系建设源于 20 世纪 80 年代的标准构建热潮。《国家在危急之中》发表后，各州纷纷开发了学术课程内容标准。在一系列法案的推动下，至 2006 年年底，共 31 个已建立州层面的中等职业教育教学标准体系，其他各州则或者正在建立中，或者已经有了地方标准。研究发现，教学标准的实施大大提高了学生对职业课程的选择。

（二）国内概况

在国内，以习近平同志为核心的党中央高度重视职业教育改革发展工作，把职业教育摆在了前所未有的突出位置，促进了职业教育跨越式的发展。目前，全国共有职业院校1.23万所，年招生930.78万人，在校生2 680.21万人，中职、高职教育分别占我国高中阶段教育和高等教育的"半壁江山"。全国职业院校共开设近千个专业、近10万个专业点，基本覆盖了国民经济各领域，具备了大规模培养高素质劳动者和技术技能人才的能力。

面对产业转型升级、新一轮科技革命和产业革命等的新要求，服务中国制造2025等战略，加快构建现代职业教育体系，实现职业教育现代化，我国职业教育发展的重点逐渐转移到内涵发展和质量提升上来，进一步增强服务经济社会发展的支撑力以适应产业转型升级需要，进一步增强服务人的全面发展的吸引力以适应提高人才培养质量的需要。

经过多年持续建设，我国职业教育领域基本形成了以专业目录、专业教学标准、课程教学标准、顶岗实习标准及专业仪器设备装备规范5个部分构成的国家教学标准体系。目前建设成果包括：2个专业目录，即《中等职业学校专业目录》及其设置管理办法和《高等职业学校专业目录》及其设置管理办法；230个中职专业教学标准和410个高职专业教学标准；9门中职公共基础课教学大纲和9门中职大类专业基础课教学大纲；70个职业学校专业（类）顶岗实习标准和9个专业仪器设备装备规范等。近年来，高职专业教学标准、顶岗实习标准、仪器设备装备规范等从无到有，填补了我国职业教育史上的空白；中职专业目录、中职专业教学标准等已经历一轮或几轮的修订，逐步建立起随产业发展动态调整的机制。可以说，具有中国特色、较系统的职业教育国家教学标准体系框架基本形成。

二、中职学校适用的专业教学标准分类

中职学校适用的专业教学标准可以从学校、专业、课程、教师及学生等层面来划分。

（1）学校层面。从学校层面考虑，中职学校适用的专业教学标准有《教育部关于印发〈中等职业学校设置标准〉的通知》（教职成〔2010〕12号）、《教育部关于印发〈中等职业学校管理规程〉的通知》（教职成〔2010〕6号）及《中等职业学校校长专业标准》（教师〔2015〕2号）等。

（2）专业层面。从专业层面考虑，中职学校适用的专业教学标准有《中等职业学校专业目录》（2010年修订）、《中等职业学校专业目录》（2019年增补专业）、《中等职业学校专业教学标准》及《职业院校专业实训教学条件建设标准（职业学校专

业仪器设备装备规范）》（教职成函〔2018〕8号）等。

（3）课程层面。从课程层面考虑，中职学校适用的专业教学标准有《中等职业学校公共基础课程教学大纲》和《中等职业学校大类专业基础课程教学大纲》。

（4）教师层面。从教师层面考虑，中职学校适用的专业教学标准有《中等职业学校教师专业标准（试行）》（教师〔2013〕12号）和《中等职业学校教师职业道德规范》（教职成〔2000〕4号）。

（5）学生层面。从学生层面考虑，中职学校适用的专业教学标准有《职业学校专业（类）顶岗实习标准》。

三、中职学校汽车运用与维修专业建设适用的专业教学标准解读

专业建设一般从人才培养模式与课程体系改革、师资队伍建设、创新体制机制与多元合作等方面开展。专业建设适用的教学标准也应按这三大建设内容分类选用，这里以中职汽车运用与维修专业建设为例，解读其适用的专业教学标准。需要说明的是，这其中只包括国家和教育部颁布的标准和规范，不包括学校自定的校内标准。

（一）人才培养模式与课程体系改革

1. 人才培养模式改革是专业建设的顶层设计

2019年，教育部发布了《教育部关于职业院校专业人才培养方案制订与实施工作的指导意见》（教职成〔2019〕13号）的通知，这是一个规范性文件，规定了职业院校专业人才培养方案体例框架和基本要求。在形成专业人才培养方案前要进行专业论证和岗位职业能力调研，以汽车运用与维修专业为例，适用的标准和规范还应包括：《国民经济行业分类》（GB/T 4754—2017）、《中华人民共和国国家职业分类大典》、《机动车维修从业人员从业资格条件》（GB/T 21338—2008）（后更名为《机动车岗位人员技术要求》）、《机动车维修技术人员从业资格培训技术要求》（JT/T 698—2007）（后更名为《机动车维修服务企业岗位培训技术要求》）。

在《机动车维修从业人员从业资格条件》中，将机动车岗位分为12个工作岗位：机动车维修企业负责人岗位、机动车维修技术负责人岗位、机动车维修质量检验员岗位、机修人员岗位、电器维修人员岗位、钣金（车身修复）人员岗位、涂漆（车身涂装）人员岗位、车辆技术评估人员岗位、机动车维修业务员岗位、机动车维修价格核算员岗位、清洁能源汽车岗位及配件管理岗位。该标准规定了每个工作岗位的岗位职责、基本条件、专业知识及专业技能要求等，从而为创新汽车运用与维修专业人才培养模式提供了明确的方向和可靠的依据。

2. 课程体系改革是专业建设的核心工作

以汽车运用与维修专业为例，适用课程体系改革的标准有《中等职业学校汽车

运用与维修专业教学标准（试行）》《中等职业学校公共基础课程教学大纲》及《中等职业学校大类专业基础课程教学大纲》等。《中等职业学校汽车运用与维修专业教学标准（试行）》规定了专业课程设置及要求，将课程分为公共基础课和专业技能课。公共基础课包括德育、文化、体育与健康、公共艺术、历史，以及其他自然科学和人文科学类基础课；专业技能课包括专业核心课、专业（技能）方向课及专业选修课；实训实习是专业技能课教学的重要内容，含校内外实训、顶岗实习等多种形式。

2012年3月，人力资源和社会保障部办公厅发布了《一体化课程开发技术规程（试行）》（人社厅发〔2012〕30号），可作为专业课程开发的指导性文件。此规程包含了一体化课程概念与开发原则、一体化课程内容结构与方案编写体例及一体化课程开发程序等内容。该规程对于我们开发专业课程、建立专业教学资源库有很好的指导作用。

2019年，教育部等四部门印发《关于在院校实施"学历证书若干职业技能等级证书"制度试点方案》的通知（教职成〔2019〕6号），其中，汽车运用与维修（含智能新能源汽车）职业技能领域职业技能等级标准包含了汽车运用与维修职业技能证书模块11项、智能新能源汽车职业技能证书模块5项。通过"1+X"证书模块课程的改革，实现"双证"融通，深化复合型技术技能人才培养培训模式改革，推进学历证书与职业等级证书的有机衔接，提升职业教育质量和学生就业能力，为服务现代制造业、现代服务业、现代农业发展和职业教育现代化提供制度保障与人才支持。

（二）师资队伍建设

师资队伍建设是专业建设的关键。适用汽车运用与维修专业师资队伍建设的标准有《中等职业学校教师专业标准（试行）》（教师〔2013〕12号）和《中等职业学校教师职业道德规范》（教职成〔2000〕4号）。《中等职业学校教师专业标准（试行）》（教师〔2013〕12号）在专业理念与师德、专业知识及专业能力等方面对教师提出了具体的规范和要求。《中等职业学校教师职业道德规范》（教职成〔2000〕4号）要求教师热爱职业教育、关心爱护学生、刻苦钻研业务、善于团结协作、自觉为人师表。师资队伍建设可以将上述两个标准作为对教师的"底线"要求，对标开展各级各类的教师培训，以标准为引领，切实提高专业教师队伍整体水平。

（三）创新体制机制与多元合作

创新体制机制与多元合作是专业建设的基础和保障。适用汽车运用与维修专业创新体制机制与多元合作建设的标准和规范有《职业学校校企合作促进办法》（教职成〔2018〕1号）、《汽车运用与维修专业顶岗实习标准》及《汽车运用与维修类相关专业实训教学条件建设标准》等。《汽车运用与维修专业顶岗实习标准》明确了实习目标与任务、内容与要求、考核与评价标准，为培养学生良好职业道德，强化学生实践能力和职业技能，提高综合职业能力提供了基本依据。《汽车运用与维修类相关专业实训教学条件建设标准》对汽车运用与维修类相关专业实验、实训用仪器设备装备提出了规范化的要求，为加快专业建设标准化建设步伐，提高专业的服务能力提供了专业的依据。

以专业教学标准为引领，不断提升专业教学质量，是汽车运用与维修专业建设的总体思路。以专业教学标准为主线，建立汽车运用与维修专业建设各要素标准链，构造专业教学质量控制体系，为人才培养的专业化、规范化提供有力保障。

【作者简介】

莫军，广西物资学校汽车专业教师，广西教学名师，硕士研究生学历，高级讲师、工程师。研究方向：汽车专业职业教育。

广西中职物流专业课程改革初探

黎 聪

【摘要】 广西为加快西部陆海新通道建设,出台了各种政策文件,使得广西物流行业发展迅猛,但广西物流人才缺口较大,中职物流毕业生不能适应企业具体的岗位要求,因此,要加强以就业为导向的专业建设,为提高学生职业能力,必须以职业能力为本位对职业教育物流管理专业课程进行改革研究。

【关键词】 中职;物流专业;课程改革;就业

一、改革背景

广西物流"十三五"规划指出:到"十三五"末,全区物流业增加值超过2 200亿元,年均增长11%以上。据广西物流与采购联合会统计,截至2018年年底,广西从事物流活动的规模企业法人单位数有4 000多家,广西各类型物流从业人员总数超过140万人。未来五年,广西物流企业数量预计将超1万家,从业人数将稳定在180万人左右规模,从业人员缺口为40万。通过对广西不同类型的物流企业进行调查,发现企业从院校招聘的毕业生占员工的比例约为50%,加上每年自然增长率1%,并考虑广西物流行业从业人员的专业性人才比例不高,需要进行转型升级和自行调整,据此预测,未来五年,广西物流行业对院校毕业生的需求数量为30万人。每年平均需求4万人。

对广西36所中等职业学校物流管理类专业招生情况进行的调查显示,目前,广西中等职业学校物流管理类毕业生每年的总数量约为3 500人。未来五年,广西物流行业来源于中等职业学校的毕业生需求数量约为7.4万人,人才缺口为5.9万人。

很多中职学校在设置物流专业课程的时候只是照搬高职院校课程设置的方式,而忽视了中职学校学生与高等院校学生之间的差别和培养人才的定位差别,对中职学校培养的物流人才没有明确的定位。很多中职学校知道在培养人才的时候应该更加重视技能,所以会招聘懂得企业物流的流程、有相关的岗位工作经验的教师,可是这些教师却缺乏教学工作的相关经验。有丰富教学经验的教师却缺乏实际的工作经验,对物流的岗位需求不是很清楚,在编写教学计划的时候都是借鉴高职学校物流专业的教学计划,这造成了理论与实际的脱节。

二、改革理念

当前职业教育的办学方向就是以就业为导向，以能力为目标，面向市场、面向技术应用，培养综合素质优良的高级技能型人才，这也就确立中职学校物流管理专业的课程理念。

1. 将其课程内容由以学科理论知识为中心，改为以技能操作知识为核心

中职物流管理教育教学内容实用化和综合化，主要培养高素质的操作型劳动者，增强实践性课时，培养学生的思维能力、信息传递能力、分析与解决问题的能力、动手能力，如开设"物资编码与识别技术""物流商品养护技术""物流配送实务"等实践性比较强的课程。除一般性的讲述外，还需要在校内实习基地、模拟实验室或校外实训基地进行实践性实习，在完成实践教学任务的同时，培养学生的实际操作能力，以适应企业的需求。

2. 课程改革必须对行业特点进行分析，以满足企业界对人才的要求

以就业为导向，以新的职业能力内涵为目标，构建系统化的课程模式，从而使中等职业学校物流人才培养的效果与市场需求相吻合。

3. 改革应该秉承实践性、职业性原则

人才培养的高素质技能型目标决定了课程开发应当遵循实践性和职业性原则，强调学生技能的培养。

4. 改革应该遵循开放性原则

课程开发不能闭门造车，在校企合作的基础上，最大限度调动社会资源和各方力量参与到课程开发中。每学期及暑假期间，组织学生进厂顶岗实习、实训，在一线技术人员及工人的指导下，全方位地参与物流企业的现场管理，真正做到产教结合、工学结合，达到培养目标，以体现课程开发适应社会的要求。

三、改革内容

1. 重新整合物流专业课程体系

课程的整合，要根据物流专业的标准来分析各个单元的理论知识与技能的要求，然后再对知识进行综合分析。课程内容的整合要得到新的课程清单、课程包含的各种知识点以及课程考核的要点。要根据专业的特点综合培养人才，构建中职物流专业的课程体系，根据这些逻辑关系来确定教学内容。物流专业有很多就业岗位，针对不同的就业岗位，可以在课程体系中设置相应的课程，因材施教，根据学生的潜力来设置教学体系。核心课程的建设，主要包括课程教学模式的改革以及教学内容的改革。教学模式的改革主要是根据学生的上课地点来确定教学方案，聘请物流企业中有经验的工作人员以及学校的专业教师来授课，学生的考核方式可以参

考学校和企业结合的方式。教学内容的改革要求摈弃传统的教学理念,围绕岗位技能的培养目标来设计,把岗位的相关学习内容整合到教学内容当中,提升学生的专业技能。

2. 物流实训课程的改革

开展物流专业的实训课程,主要是为了增强学生的动手操作能力,让学生在实习之前有一个认识。物流专业在开展实训的教学活动时,很多教师比较困惑,不知道如何开展,下面来介绍一些开展实训课程的方法。

开展实训课程可以模拟一个物流企业,企业的经营范围包括物资的储存、运输、配送等,还可以设定仓库以及货场的类型。在这个模拟的环境中,学生要能够把数据填入表格当中,比如制定手工单据录入的填写标准。模拟各种情境,以发现物流各环节应注意的问题,比如,在生产单位运送到仓库的时候由于运输的问题,导致货物受损,这不是仓储单位造成的,所以在入库之前要进行严格的检查,把受损的货物挑拣出来,并且要及时通知生产单位。通过实训活动的教学课程设置,引导学生把基础知识与专业知识整合起来,把零散的知识串联在一起,成为有机的整体;还要引导学生提升自己的素质和能力,把理论与实践更好地结合起来。在建设方法上,由于实训课程有针对性,所以中职学校要能够与物流企业共同开发物流的实训课程,做好课程的改革。可以请企业有经验的工作人员参与实训课程方案的确定及修改;要派本院校的专职教师到企业去学习,收集企业中的各种数据,并且请企业的工作人员进行指导。在教学方式上,学生才是学习的主体,学生要能够自主探究,还要合作学习,教师和学生合作,学生之间也要进行合作。教师要摈弃传统的灌输式教学,通过创设情景等教学方式来吸引学生的注意力,激发学生的学习兴趣,提高教学效果。

一支业务精良的师资队伍才能更好地开展物流教学,所以,教师要能及时了解到物流教育的动态,把最新的物流理论引入教学中。要加大人才的引进,为教师提供好的机会,创造条件来让教师共同进步。要由专家来进行引领的工作,专业的研究人员是物流教学不能缺少的因素,离开了他们的参与,学校的科研水平就很难进步,从而导致平庸化。学校要积极地给予支持以及指导。要加强国际的交流,把国外的先进教学理念引入物流专业的教学中,加强教师的交流力度,可以与国外的一些大学进行合作,向他们学习一些经验,也可以与国外的一些研究机构联系,从而共同进步。加强与企业之间的合作关系,要把产、学、研结合起来,共同开展案例的研究工作。学校可以派教师到企业去参观和实习,也可以通过参加中国物流学术年会等行业会议,及时了解我国的物流科研水平。在这个过程中可以借鉴其他企业和研究单位的经验,可以把他们的物流案例直接拿来引用。

总之,课程改革,有利于学生职业能力的培养;有利于教师专业智慧的发挥;

可以缩短企业对新进毕业生的培训时间，降低人员成本；有利于学校专业培养目标的实现。中职物流专业课程体系的开发还应结合校内外实训基地建设，以保证课程实施的开放性、实践性与职业性要求，并最终提高学生的职业技能和整体素质，实现中职物流专业人才的培养目标。

【作者简介】

黎聪，广西物资学校物流教研室副主任，高级讲师，多年从事物流专业的教育教学研究工作。研究方向：物流专业校企合作及人才培养模式改革。

基于职业生涯规划理念的中职会计专业学生成长成才之浅析

张秋霞

【摘要】随着中等职业教育入校门槛的降低，各中职学校的生源质量下降，部分中职学生不重视自身专业水平及实践动手能力的提高，毕业生对口就业率低，造成中等职业教育的大量资源浪费。本文以中职会计专业为例，浅析在职业生涯规划理念的指引下，中职生明确目标，强化文化知识及动手能力，可以成长为技能型人才。

【关键词】职业生涯规划；中等职业教育；会计专业学生

一、中职学校学生现状

（一）生源质量下降

中等职教以前包含三个层面，一是中专，二是职高，三是技工校，其中，中专学生生源是最好的，师资力量也是最强的。在计划经济体制下，中专每年计划招生数少，学生分配与大专生分配一样，统一由政府人事部门进行，学生就业去向大多是政府部门。随着市场经济不断深入，普通高校快速发展，高等职教蓬勃兴起，中专教育降到了与职高、技工校一个层面，即所谓中职教育。表1为广西中等职业教育学生情况分析。

表1 广西中等职业教育学生情况分析

单位：人

年份	招生数	初中毕业	应届毕业生	在校学生数	毕业生数	获得职业资格证书
2006	209 808	205 063	196 146	460 389	102 070	66 941
2007	237 020	229 573	208 333	540 551	114 824	75 014
2008	248 976	239 952	212 337	585 715	131 577	85 546
2009	274 911	252 781	167 666	628 888	147 542	97 540
2010	380 908	330 410	176 430	809 508	163 557	108 486

注：该表数据来自2007—2011年国家统计局《统计年鉴》

从表1的统计数据可以看到，从2006年至2010年，中等职业教育规模扩大，招生人数逐年攀升，但是在生源中达到初中毕业的人数由 2006 年的 97.73% 降到 2010 年的 86.74%，进校门槛越来越低，到现在几乎已经没有了进校门槛。中专生源的文化素质大不如前，生源素质出现了巨大落差。

（二）专业水平低，实践动手能力弱

中专生在专业选择上，一般是以家长意愿为主，家长认为，学会计、当会计是坐办公室，因而不考虑子女意愿、学习基础及市场需求，一窝蜂报读会计专业。有的学生对该专业并不喜欢，加上本身学习基础差，学习上既吃力又缺乏动力，甚至产生厌倦心理，不愿意学习，更加不愿意动手实践，导致专业水平低，实践动手能力弱。

（三）对口就业率低

因会计这个职业的特殊性，很多大型企业只招收大专院校毕业生，中小型企业要么认为中专生专业能力过弱，要么只让亲朋好友担任财务岗位。据不完全数据统计，中专生就业时，真正专业对口的不到 15%。这样，既造成了中专会计专业教育资源的极大浪费，又使大部分会计专业毕业生在学习上、就业上均有挫折感，极不利于人才培养。

二、职业生涯规划的优势

所谓的职业生涯规划是指个人和组织相结合，在对一个人职业生涯的主客观条件进行测定、分析、总结、研究的基础上，对自己的兴趣、爱好、能力、特长、经历及不足等各方面进行综合分析与权衡，结合时代特点，根据自己的职业倾向，确定最佳的职业奋斗目标，并为实现这一目标做出行之有效的安排。

做好职业生涯规划应该分析三个方面的情况：自己适合从事哪些职业或者工作；自己所在专业能否培养自己这方面的能力；在自己适合从事的职业中，哪些是社会发展迫切需要的。在综合考虑上述三个方面的因素后，还需考虑五个问题：我是谁？我想干什么？我能干什么？环境支持或允许我干什么？自己最终的职业目标是什么？

职业生涯规划以既有的成就为基础，确立人生的方向，提供奋斗的策略。突破生活的格线，塑造清新充实的自我；准确评价个人特点和强项；评估个人目标和现状的差距；准确定位职业方向；重新认识自身的价值并使其增值；发现新的职业机遇，增强职业竞争力；将个人、事业与家庭联系起来。有效的职业生涯规划会引导学生正确认识自身的个性特质和潜在的资源优势，帮助学生重新对自己的价值进行定位并使其持续增值，通过对自己的综合优势与劣势进行对比分析，从而树立明确的职业发展目标与职业理想；帮助学生进行前瞻性与实际性相结合的职业定位，搜索有潜力的就业机会，使学生学会运用科学的方法培养综合技能，不断增强职业竞争力。

三、中等职业教育会计专业教学改革现状

近年来，在行动导向教学法的指引下，各中职学校陆续开展了教学改革。以我校会计专业为例，在人才培养模式上，注重以市场需求为导向，以会计岗位模块教学为中心，突出实践操作技能培养的"公司式"人才培养模式。"公司式"人才培养模式，要求按照公司内部会计及相关岗位要求，规定岗位职责、权限划分及审批程序，明确各岗位会计基础工作规范、财务流程及票据传递程序，进行全方位模拟实践。同时，按照岗位模块组织教学，使学生明晰岗位设置并掌握各岗位应具备的专业知识和业务技能，使理论教学与实践教学有机结合，统一校企人才培养知识体系和评价标准，使学生真正具有企业所要求的实际操作技能，从而实现零距离就业的目标。在课程设置上，通过对会计岗位的分析，以会计岗位所需要的知识和能力为基础构建课程和教学内容，形成一个个适应实际工作需要的知识和能力模块，它完全打破了学科体系，课程与职业活动紧密相连，体现出很强的职业性和针对性，有利于学生实际操作技能的培养。在师资队伍建设上，骨干教师下企业锻炼，培养双师型教师，聘请企业兼职教师等，让教学更贴近企业需求，企业进入课堂，让学生专业实践能力更强。此外，还营造"双平台"教学模式，改变传统教学模式，教学贴近实际，帮助学生更好地学习和进入职业人状态。

四、中职会计专业学生成长成才

（一）重拾信心，勇于锻炼自己

让学生在心理辅导老师的帮助下认识自己，虽然小学、初中成绩不尽如人意，自己也未必获得过老师的肯定，但是让他们明白，那些只是过去，到了中专就应该有新的开始，鼓励他们重新找回自信，发掘自己的优点，积极参加学校组织的社团活动，在完成课业的前提下，勇于锻炼自己。

（二）职业生涯规划清晰，有坚定的决心

专业教师在学生进校后进行专业教育，分析会计专业，明确会计专业的具体岗位及岗位特性、岗位要求，让学生对会计专业有具体的了解，并且通过教师的介绍让学生找准自己将来要从事的工作岗位，制订详细清晰的职业生涯规划，明确在校期间每个阶段的目标和任务。通过职业生涯规划的制订，学生有信心、有目标，不再像无头苍蝇般整天无所事事。每个阶段都有小目标，鼓励学生积极向上，互相激

励，树立坚定的决心。

（三）认真学习，打牢专业基础

相信站在广西中职学校教育教学改革前沿的学校，相信老牌的会计专业，相信专业教师。在职业生涯规划的指引下，在专业教师的帮助下，完成一个个小目标，不懈怠，认真学习，夯实专业基础。把提高自己的技能作为目标，争做技能型人才。

（四）勤于实操，增强动手能力

勤于动手，培养点钞、珠算、翰林提等会计专业基本技能，充分利用教学"双平台"，敢于进入"企业"学习，发现问题及时更正，德技兼强。

（五）善于总结和寻求帮助，助己成才

会计专业的课业是相当重的，课业的学习环环相扣，会计职业也要求我们具有较全面的专业知识，因而对会计专业的学生提出了较高的要求。两年的课程涵盖了基础会计、财务岗位会计、商业会计、成本会计、会计电算化等多门专业课程，内容繁多，有相似有不同，要求学生善于总结归纳，遇到不懂的、迷糊的问题善于寻求教师的帮助，让自己更快地成长成才。

总之，中职学生不能再进行听之任之的放羊式教育，特别是在校仅两年时间但是课业又相对繁重的会计专业学生，应该从进校开始就制订职业生涯规划，明确努力的目标，不断完成阶段性任务，提高专业知识和实操能力，努力成为德技兼强的技能型人才，为服务当地经济发展而努力。

【作者简介】

张秋霞，讲师、会计师、经济师。研究方向：财务会计教学。

中职高星级饭店运营与管理专业
创新型人才培养的教学改革与思考

陆 晶

【摘要】 一直以来,职业教育培养了大批一线人才,相对于专业知识,各学校也逐渐将更多的注意力放到职业道德、服务意识等素养方面,加强校企合作,积极引导学生就业,以确保学生就业后可发挥自身价值,为社会提供优质服务。随着旅游行业的迅速发展,高星级饭店所需要的人才数量越来越多。虽然高星级饭店运营与管理专业起步早,但在教学方面仍需总结以往经验,不断改进,不断创新,切实培养更多高素质人才,以适应社会发展的需求。

【关键词】 中职学校;运营管理专业;校企合作;人才需求

随着科技发展,人民生活水平直线提高,随之而来的是人们工作逐渐繁忙,生活各方面问题导致精神压力增大,很多人期盼假期到来,能与家人或朋友相约旅游放松。旅游行业兴起使市场对运营及管理高星级饭店的人才需求增大,除了基础的服务技能,服务人员也必须具备足够的素质。中职学校一直是一线人才的培养基地,在高星级饭店运营与管理专业人才的培养过程中,传统的教学方式明显不适用于快速培养高端的运营和服务管理人员,这就要求学校打破现状,不断创新人才培养模式,进行科学而有效的教学改革,为社会培养出更多实用型人才,从而促进职业教育的可持续发展。

一、高星级饭店运营与管理专业的从业特征

高星级饭店运营与管理专业的学生在经过学校学习教育后,自身能力普遍会有所提升。但目前学生就业形势依然不容乐观,要让学生实现及时又高效的就业,就必须明确现在相关企业对专业人才的需求点。

首先,企业需要中职学校走出来的实习生和毕业生。一般饭店企业招收的员工大都是社会人员,相对于专业学校培养的学生来说,社会人员没有在校三年的学习和培训过程,专业知识储备缺乏,素质较低。由于饭店行业的基层工作十分辛苦,目前普遍认为饭店工作工资不高,待遇也不能满足自身需求,而且工作时还要付出更多汗水和时间,因此大学生大都抗拒这方面的工作,毕业后即使失业,也不打算

考虑从事这方面工作。而有的大学生被吸引来参加工作，也不能坚持下去，中途会处于基层工作辛苦、不能胜任等多方面原因而离职，导致此行业人才流失严重。随着旅游业发展，饭店运营与管理方面人力资源十分紧缺，在这种情况下，饭店更加需要与中职学校互相联系、加强合作，从而招收足够的实习生和毕业生，以利于企业可持续发展。

其次，企业更加看中员工的人文精神和综合素质。相关研究结果显示，现在企业除了要求在职人员拥有高学历且熟悉岗位操作技术之外，更加希望进入企业的实习生和毕业生具有良好的职业道德，不怕苦、不怕累的顽强毅力和认真负责的工作态度。企业需要的不只是具体到某一个岗位、能熟练操作的员工，毕竟技术方面通过岗前培训就能基本掌握，员工具备的精神品质和内在素养是企业更加看重的，这是一些企业的心声。相应地，学校在教学过程中也不能只把重点放在教授学生专业技能方面，如何提升学生的职业道德和吃苦耐劳的精神才是更应该考虑的问题。

再次，与一般行业相比，高星级饭店对应的客户更加随机，不是固定的群体，服务的最终目的是让客户感到出行舒适，能切身感受到饭店提供的优质服务。想要成功运营高星级饭店并进行良好的管理，必须脚踏实地，从基层工作做起。高星级饭店运营与管理专业在教学过程中，务必警醒学生"从基层做起"，只有这样，才能在第一时间接触客户，充分掌握第一手资料，了解客户的真正需求，在服务的过程中使自身得到足够的锤炼，并积累充足的服务经验及技巧。同时，"从基层做起"，能熟悉基层员工的工作内容和各部门之间的协作方式，了解企业整体如何运作，从而有利于学生与基层员工换位思考，深度剖析自身职责，后续如果真正进入管理层，遇到事情就不会慌乱，才能游刃有余地处理。

二、中职高星级饭店运营与管理专业人才培养现状

（一）教学规模不大

与计算机、电子商务等专业相比，中职高星级饭店运营与管理专业萌芽早，有一定的发展历史，是相对传统的专业，这也给许多学生及家长造成了误解，认为酒店行业门槛低，入行十分方便，就算没有进入学校进行系统学习，寻找这方面工作也是轻轻松松的事情，无须浪费三年时间，这种固定思维也直接导致校内许多学生丧失自主学习的动力，消极完成学习任务。当前，一方面，由于市场对高星级饭店运营与管理人才的需求逐步增长，未经过专业培养，直接从业的社会人员根本无法满足高星级饭店对员工的要求，而另一方面，中职高星级饭店运营与管理专业本身规模较小，教学模式相对单一，能完全胜任高星级饭店运营与管理工作的专业人才

少之又少，导致市场需求与稀缺的、可利用的人才之间的矛盾日益明显。

（二）教学模式有缺陷

国内的许多中职学校的教学模式依然是"2+1"模式。这种模式考虑到了市场需求。"2+1"模式中，"2"指入学后的前两学年，学生必须在校内学习，按照教育部相关要求完成最基本的学习任务，同时按照岗位需求，掌握对应的理论知识和最基本的专业技能。"1"是强调在校的最后一学年，学生要去对应的企业培训、学习，开始工作。这是一种既有理论学习又有实践训练的教学模式，受益的是所有中职学生。但这种教学模式不是没有缺陷的，中职学校设置的学习时间为三年，基础文化课程学习时间只有短短的两年，而进入中职学校的学生自身掌握的基础知识相对薄弱，加之学习时间短，容易造成学生学习的理论知识不扎实，在日后投入实际工作，无法自如地将理论知识运用到实际工作中。第三年实习工作时，由于刚从学校走出来，很可能无法快速适应新环境，再加上学生普遍刚成年，即使参与工作，也是缺乏社会经验的新人，缺乏强大的抗压能力，面对突发情况很可能无法应对，导致学生产生挫败感，甚至最后一蹶不振，导致实习目的大打折扣，效果也微乎其微。因此，中职高星级饭店运营与管理专业的，教学模式仍需积极创新。

（三）师资力量缺乏

对于中职学校而言，要培养出优秀人才，除了教学设施、教学方式等，师资力量也要足够强大。中职高星级饭店运营与管理专业的老师大多是在高等院校经过几年教育的专业学生，他们拥有过人的教学能力和丰富的学科基础，但是其中大部分人从来没有相关企业的实践经验，在教给学生动手实践的技巧时，显得力不从心，教学效果自然也受到很大影响。为了培养更加符合社会需求的专业人才，许多学校开始尝试招聘实训教师，要求实训教师具备充足的实际经验，以更好地指导学生完成实训教学。但是在这个人才稀缺的年代，真正的需求往往得不到满足，这又导致了学校的实训教学无法达到预期设想。"2+1"模式培养人才是多年教学过程积累的有效成果，其确实有效。现如今，这种三年制的教学管理模式，需要校内理论教学的教师和校外指导学生实际工作的教师积极配合，然而满足条件的"双师"教学团队还停留在不成熟的阶段。

（四）教学评价体系不完善

完善的教学评价体系能多角度评价学生的学习方式和学习效果，从而为日后学生的自我完善提供可能。到现在为止，教学评价体系不完善，也在一定程度上影响了中职高星级饭店运营与管理专业的教学效果。虽说教育行业教学评价方面普遍不够完善，但对于中职学校而言，一线人才输出至关重要，因此高星级饭店运营与管理专业务必要重视教学方面的改革。除了要将传统、单一的评价方式调整为多维度的、丰富的评价方式，同时还要注意创新教师的授课方式。只有综合评价学生的言与行，才能发现教学中的漏洞，发现学生的问题和闪光点，在第一时间采取合理有效的方式进行改良，从而培养更多的可造之才。

三、中职高星级饭店运营与管理专业创新型人才培养路径

（一）培养复合技能型人才

众所周知，职业教育是以个人就业的意愿为基础、与现阶段工作岗位需要相统一的教育，是社会发展的产物。一直以来，职业教育培养了大批一线工作者，其在提高人才数量、提升人才质量等方面做出了很多努力，越来越多的高素质人才走上一线岗位，为社会发展需要添砖加瓦。当今社会掌握技术是关键，人有了看家本领，才有底气展示自己。但单独精通技术、不懂人情世故，也不适合在社会生存。除了基本的知识和技术，崇高的道德素养也是每位职场人必须具备的。在社会发展进程中，需要更多文武兼备的复合型人才。中职高星级饭店运营与管理专业培养的重点需要改变，除了要求学生明确自身职责，做到脑中有服务，掌握各种基本服务技能，用自己的技能服务社会外，还要引导学生提升情商，学会与人交往，从而达到良好的沟通效果，同时学会组织管理，以确保日后从事高星级饭店的运营与管理工作时能收放自如。

（二）以就业为主的教学理念

很多学生和家长对高星级饭店运营与管理专业有偏见，课程也不够吸引学生，在这种情况下，教学理念就必须做出改变。组织教学时，教师要始终树立以就业为主的教学理念，不能只把精力放在课本上，或者直接根据以往经验进行讲解、说明。就业方面，教师需要及时更新数据，从而了解市场动向，及时掌握企业的岗位设置、用人原则等，便于学生根据自身情况调整状态，积极准备，从而进行职业规划。学校要给学生提供更多的实习机会，也可以邀请优秀的企业人士来校讲学，或者请往届优秀学生返校，分享工作经验等，这也利于对应岗位课程的讲解，最终达到提升学生专业素养的目的。

（三）建设专业教学资源库

中职高星级饭店运营与管理专业教学资源方面也要创新。计算机普及后，教师教学方式有了很大改变。课上的课件要求及时更新与开发；课下为督促学生自主学习，还应构建平台以方便学生自主学习；学校应建设更为专业的网络资源库，将上

课用到的教材、辅导资料、教学用具等有效结合起来,提升课程的灵活性和趣味性,让知识不只出现在书本上。对课程体系的整改、开发,一定要以国家设置的职业规范为基准,针对典型案例,合理进行补充和优化,以响应国家鼓励的创新号召。

(四)校企共建实训实习基地

学生不了解企业的需求,盲目就业;企业不了解学生的素质,不敢无故用人,这是目前导致学生就业困难的一个原因,而校企共育的教学模式能从根本上解决这个问题,因此加强学校与企业的合作是职业教育的必然选择。所谓校企共育的教学模式,就是企业将自身的岗位需求告知学校,学校将企业的意愿传达给在校学生,并按照企业的需求安排课程;校内专业教师与来自企业的兼职教师共同组织教学,企业为毕业学生提供实训、实习和就业的机会,学校为企业输送已受过学校和企业共同教育的人才。校企共育充分体现了学校和企业间的资源共享,将学生、学校和企业联系起来,同时满足了三者的需求。在中职高星级饭店运营与管理专业的教学中,校企共育的教学模式能加快实践教育的步伐,符合教育发展的需求。如果校企联合起来共同建设服务学生的实训实习基地,学生实训、跟岗、顶岗实习就更方便,学生实践能力的提升也更快速。若学校尝试与更多的相关企业合作,比如,这个教学阶段让学生在第一家企业实习,另一教学阶段换到第二家企业实习,就更有利于学生提高适应能力、实际工作能力,更能促进学生全面发展。总而言之,努力促进学校与企业之间的合作,让学生在实际工作中提升自身能力,从而迅速融入工作环境,这既是学校的教学、育人目标,也是对学生负责的表现。

(五)完善教学评价体系

评价一个人可以从很多方面考虑,对学校而言,评价学生也必须掌握多个角度。中职高星级饭店运营与管理专业在现实教学过程中,必须以就业为着力点,结合企业的岗位需求,制订教学目标,同时教学手段、教学模式要顺应社会发展,及时革新,为学生合理设置课程内容,教授学生掌握通用技能,潜移默化地渗透职业精神和责任意识,从而有效提高学生的专业素养和职业道德。进行教学评价时,教师可以提出真实案例,让学生模拟现实职场,融入角色,按照工作流程自由发挥,模拟结束后教师对学生的行为举止、工作态度和实际工作效果等进行有效评价,顺利完成的及时提出表扬,增强学生自信心,对于行为违规或操作有失误的地方,教师及时提出、指正,学生也可做出相应回复,最后让学生总结后续工作中可能遇到的问题和应对措施。教师可在学生阐述过程中适时补充,告知学生自己的建议,让学生遇到类似的问题时有应对的能力,能够尽快做出反应和处理。

四、结束语

为适应现代社会对中职高星级饭店运营与管理专业人才的需求，引导学生积极就业，各中职学校要认清就业形势，树立"以促进学生高效就业为主"的教学理念，教学过程中针对存在的问题，及时予以修整，积极建设专业教学资源库，注意建设实用的实训实习基地，完善教学评价体系，同时加强校企合作，为社会培养出更多复合技能型人才。

【作者简介】

陆晶，讲师，广西物资学校商务与艺术教研室教师。研究方向：中职教育，市场营销，酒店管理。

中职计算机网络技术专业课程体系建设和人才培养模式实践研究

罗桂莲

【摘要】 本文分析了中职计算机网络技术专业的人才培养目标，提出从职业岗位群出发建设中职计算机网络技术专业课程体系，确立产学研结合和"工程"方式教学的人才培养模式。

【关键词】 课程体系；产学研结合；"工程"方式教学

随着国家信息化进程的加快，信息技术高速发展，网络技术已变得至关重要。但目前掌握网络技术的专业人才较缺乏，因此，我校于 2010 年 8 月开始招收中职计算机网络技术专业的学生，以加强网络技术专业人才培养。全球信息产业的飞速发展要求中职计算机网络技术专业人才培养目标不断重新定位，课程体系也需要不断改革和更新以适应人才培养目标的变化。

一、计算机网络技术岗位需求分析

1. 全国网络信息类人才的需求量分析

目前主要有以下几个方面，导致社会对网络人才有较大需求。

一是政府机关上网工程的实施造就了对网络人才的巨大需求。保守估计，每个政府机关需要的网络和网站管理、维护人员按照 2 人计算，从业人员约 2 万人；未来从业总需求将不少于 30 万人。

二是企业上网需求量猛增。目前全国已有企业网站百万个以上，按照每个企业网站 1 人计算，从业人员约百万人，目前企业上网总数不足全部企业的 5%，与国外相比还有相当大的差距，企业网站还将大幅增长，未来从事企业信息化工作的专职人才需求将不少于千万人。

三是现有媒体的网站和商业、专业性质网站对专业人才的渴求更是迫切，网站的发展需要更加专业的人才。

因此，网络技术类的人才，将会伴随网络技术的广泛应用而增加。

2. 广西网络技术人才的分析

广西经济社会发展正处于关键时期，北部湾经济区建设早已提出，把我区建设成国际区域经济合作新高地、中国沿海经济发展新一极的战略目标已经确定，IT行业也要适应这样的变化。然而实现软件工业化生产，必须拥有大批从事基础工作的网络技术管理员，广西中职学校设置的网络技术专业较多，但是现有的网络技术专业不能真正根据市场的变化和需求培养网络技术人才，因此很多领域网络技术职位空缺。另外，现阶段广西网络技术管理人才培养主要集中在普通高校，传统的精英教育和学历教育培养了专家，却不能满足社会对基础人才和高科技产业第一线技术工人的需求。因而，培养大批量的网络技术技术人才已成为当务之急。

3. 网络技术岗位需求

地方经济的发展和区域的市场、行业、职业、技术的要求决定了职业岗位群，职业岗位群又决定了专业人才的培养目标，培养目标决定了本专业课程体系建设改革的方向。因此，我校在2014年组织计算机网络技术专业的教师对南宁市网络技术人才需求较大的3家IT企业进行调研，了解用人单位对本专业毕业生知识、技能和素质的要求，及时对网络技术专业的人才培养目标和培养模式进行调整，并加强了专业建设的步伐和课程体系建设。

网络技术专业要以本地区社会需求为主，培养目标针对相关岗位形成的岗位群，力求培养出的人才与职业岗位群相吻合，有较强的适应性和就业灵活度。主要培养能在计算机、通信、电子信息、电子商务、电子金融、电子政务、电子防务等IT企业、政府机关等部门从事与网络技术有关的应用和管理方面工作的人才。学生定位为能担任网络硬件设备与安全产品营销员、网络管理员、网络安全管理员等不同角色。网络技术专业主要岗位群如表1所示。

表1 网络技术专业主要岗位群

序号	岗位名称	岗位说明	能力构成要素
1	网络硬件设备与安全产品营销员	能根据网络设计方案选配网络硬件设备；能安装及调试常用网络设备；能检测硬件常见故障，并进行相关处理；能比较熟练地使用常用的安全产品；能对网络安全产品进行升级维护	计算机基础、办公软件应用、计算机硬件组装与维护、计算机网络管理、病毒理论与防范
2	网络管理员	能设计和组建中小型局域网；能正确安装和配置网络终端设备的软、硬件；能完成网络设备（交换机、路由器）的配置；能定位和排除常见网络故障；能设计和实施网络安全策略	局域网组网、TCP/IP协议及应用、网络操作系统、网络设备调试、网页设计

续表

序号	岗位名称	岗位说明	能力构成要素
3	网络安全管理员	具有使用防病毒系统、补丁系统、反间谍件系统、IPS系统、内容保护系统、证书管理系统等安全基础设施的能力；具有安装多种网络设备、安全硬件产品的能力；具有建立账号、权限管理流程的能力；具有全面的安全知识体系，良好的安全理念，对安全问题十分敏感，能够参与方案的制订并推动其实施；具备基本的攻击和防御的能力	企业网规划与设计、计算机网络管理、防火墙技术、网络安全基础、病毒理论与防范

二、网络技术专业的培养目标

我校在网络技术专业建设过程中，深刻认识到中等职业教育全面提高教学质量的重要性和紧迫性，转变了教育教学思想观念，加强素质教育，强化职业道德，以就业为导向，以网络与网络技术管理岗位群的人才需求规格为依据，服务区域经济和社会发展，培养网络与网络技术管理职业岗位群的高素质技能型人才。

明确专业的培养目标，以工学结合为切入点，改革网络技术专业的人才培养模式；以项目为载体，按照网络与网络技术管理职业岗位群的要求，构建网络技术专业的课程体系；坚持与行业企业合作，加大课程建设与改革的力度，将企业的岗位任职要求纳入教学计划，建设校、区、国家级的精品课程；突出实践能力培养，增强学生的职业能力，加强素质教育，强化职业道德，以就业为导向，走校企合作之路，加强实训、实习基地建设；同时注重教师队伍的"双师"结构，加强专兼结合的专业教学团队建设，按项目的生产过程组织教学，力争教材体现操作过程，实训体现生产过程，学习体现工作过程；以市场需求为导向，面向网络与网络技术管理职业岗位群，体现行业特点、地区特点，发挥校企结合的优势，适时调整专业方向，加强专业核心课程建设，打造素质优良、业务精干的专业教学团队，走"办一个专业，建一个实体，创一个基地，育一批人才"的专业建设之路，使网络技术专业的人才培养紧扣市场经济发展的节奏，实现与时俱进。

三、网络技术专业的课程体系建设

1. 网络技术专业课程体系设置

网络技术专业课程体系包括专业基本素质课程、专业核心课程、专业综合技能课程、专业拓展课程，由必修课程和选修课程组成。必修课程覆盖知识体系中的全部核心知识单元以及部分选修知识单元。课程可以按知识单元设置，以一至两个知识单元构成一门课程，还可以从各知识单元中抽出相关的知识点组成课程，但最后形成的课程体系应覆盖应用方向和设计方向。计算机操作、计算机维护、计算机网络管理、网页网站维护和网络技术管理等模块的核心知识单元，如图1所示。

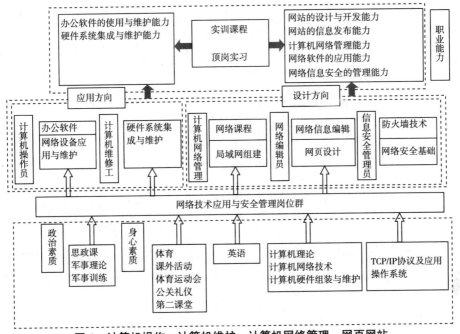

图1 计算机操作、计算机维护、计算机网络管理、网页网站维护和网络技术管理等模块的核心知识单元

2. 模块层次分析

将网络技术专业人才培养过程分为计算机操作、计算机维护、计算机网络管理、网页网站维护和网络技术管理等模块，模块间的联系是密切的，具体地说，安全产品营销员、网络管理员、网络安全管理员都应具备检测黑客入侵、预防病毒扩散的能力，但掌握的程度有差别，深度也不一样，体现在所学课程的项目开发中。

（1）计算机操作。办公软件和办公外设的应用与维护。

（2）计算机维护。硬件系统集成与维护。

（3）计算机网络管理。在外语应用、资料查阅、交流沟通、设备使用和组网等方面的能力强。

（4）网页网站维护。在静态网页和动态网页的制作、配置网络路由和交换、网站编辑和数据维护等方面的能力强。

（5）网络技术管理。在规划网络安全、设置网络、检测黑客入侵、预防病毒扩散等方面的能力强。

根据专业培养目标以及人才培养规格的要求，以就业为导向、以能力为本位，对网络技术专业的知识、能力、素质结构分解如表2所示。

表 2　知识、能力、素质结构分解

序号	职业能力	专项能力	能力要素	主干课程设置	能力测评
1	基本素质	政治思想素质	热爱祖国，树立正确的世界观和人生观；具备市场经济基本知识；具备较强的责任心、事业心；遵纪守法	思想道德修养和法律基础、毛邓理论及"三个代表"	考核合格
		身体素质	掌握科学锻炼身体的基本技能	体育与健康	
		外语应用能力	具有一定的英文水平，掌握一定的专业词汇，能够较熟练地阅读和翻译专业英文资料，基本能浏览英文网站	公共英语	参加英语应用能力考试
2	专业基础	计算机基础知识	掌握计算机的基本操作知识，文字处理的基本知识，计算机的组装、调试与维护	计算机基础、计算机硬件组装与维护	考核合格
		计算机网络基础知识	掌握计算机网络的基本知识，以及大、中、小型局域网的组网技术；掌握TCP/IP协议的应用	局域网组网、TCP/IP协议及应用	
		数据库应用能力	掌握数据库应用系统的设计	数据库技术	
3	网络技术专业能力	网络技术应用能力	掌握网络操作系统的基本原理，企业网的规划与设计，计算机网络的管理，常用网络设备的设置与使用	网络操作系统、企业网规划与设计、网络设备调试	考核合格
		网络技术攻防能力	掌握防火墙的基本知识及配置；了解病毒的基本理论及病毒的防范	网络安全基础	
4	公关协调能力	公共关系能力	组织内外公共关系，策划与组织各种公关活动	礼仪、应用文写作	考核合格
		团队协作能力	具备公平竞争、团结协作的精神	职业人生与就业指导	

3. 网络技术专业课程体系结构特点

（1）课程体系中能力模块的形成由市场需求和职业岗位群决定。课程设置紧密结合市场发展需要和地方经济特点，为区域经济服务。

（2）实践技能和理论知识有机融合，职业能力的培养贯穿始终。根据专业人才培养的能力形成课程链，彻底打破三段式的课程模式，学生从入学开始就接触职业内容，实践与理论并行，在学习期间增加职业体验和职业能力训练。

（3）职业技术能力与职业关键能力的培养紧密结合，通过以行动为导向的面向企业工作过程的项目实训课程的设计，使学生既具有实际工作能力，又学会与人合作、不断创新，能实现迅速上岗，同时具备职业可持续发展能力。

四、网络技术专业人才培养模式

1. 产学研结合

网络技术专业人才培养走产学结合的模式，专业课程的教学面向职业岗位群，通过专业课程的学习，使学生具有较强的实际操作能力。要实现产学结合，使教学与就业实现零距离对接，专业教师必须积极与企业进行合作，共同开展横向课题的研究。

2."工程"方式教学

中职计算机人才培养目标，按照"阶段"和"工程"的方式展开。"阶段"可以划分为三个台阶：第一台阶为素质扩展、专业入门；第二台阶为夯实专业基础、技能岗位考证；第三台阶为项目开发、顶岗上岗。"工程"方式的教学关键在于任务驱动。通过网络技术课程体系的架构和教材的整合，课程间的联系比较紧密，任课教师必须了解所任课程的前导课程和后续课程，明确知道本课程是工程中的哪一部分以及本课程的基础、重点和难点在哪里，然后采用任务驱动的方法开展教学。"工程"方式的教学重点在于强调自主学习。根据课程体系架构下的综合工程质量考核方法，教师引入门，学生从被动学习转为主动学习，特别是安全工具软件的应用和深入学习，应充分运用第二课堂，调动学生的学习积极性，模拟安全企业来开展项目工程。"工程"方式的教学效果在于工程考核。网络技术课程体系架构中每一门课程的最终的目的是要完成此门课程的应用，按应用模块来测验学生的动手能力，以工程质量考核的模式取代传统的考试模式，完成真正意义地从就业培训到就职就业的转变。

通过对我校 2015 级网络技术专业的试行，课程体系和结构的改革与实践收到了一定效果。调查显示，学生的学习目的更加明确，学习积极性明显提高，对技术的应用能力和职业综合能力得到了加强。特别是学生较早地接触了技能和实践课程的学习，为学生对职业岗位变动适应性的增强和持续发展奠下了坚实的基础。随着实践的发展和研究的深入，我们将培养更多适应社会、企业需求的高技能高素质网络技术人才。

【作者简介】

罗桂莲，高级讲师，高级"双师"，广西物资学校计算机网络技术专业带头人，广西人工智能学会理事。研究方向：计算机网络技术和物联网应用技术。

关于中职电子商务专业市场营销课程的改革创新

陆 晶

【摘要】 随着网络时代的到来，各大院校逐步推出了电子商务这门学科。电子商务学科的出现是顺应时代的发展，是对传统市场营销模式的改革和创新。菲利普·科特勒说："市场营销是个人和企业通过创造并同别人交换产品和价值，以获得需求满足的活动过程。"因此，在网络时代下的电子商务脱离不了市场营销，市场营销也离不开电子商务模式的运营，两者相辅相成，相互影响。本文从中职学校角度阐析为了培育当代电子商务专业市场营销型人才，在教育教学上的课程改革与创新。

【关键词】 中职教育；电子商务；市场营销；改革创新

随着经济的快速发展，社会对人才需求的增加，企业和公司所需的电子商务专业市场营销型人才标准，由传统单一技能转向高素质复合型技能。所以，中职学校在培养人才上，应随着市场企业的需求而改变。市场营销是市场经济中热门且重要的课程，具有综合性、实践性、管理性、创新性等特点。学习电子商务专业市场营销课程，对学生以后的就业及创业发挥着不同于其他学科的作用。中职学校在教育教学模式上，应"以生为本"，一切以学生为中心，在新课改的背景下，结合理论知识，着力培养学生教学实践型技能，为社会企业提供复合型高素质人才。

一、"以生为本"前提下的课程改革

当前，我国中职教育理念是"以服务为宗旨，以就业为导向，以能力为本位"，在新课改的背景下，教师要树立"以生为本"的教学理念，全面发展学生。而电子商务专业市场营销课程，也随着时代的发展发生变革，改变传统的理论教学，更加注重课程的实践性，并对教学模式的改进，培养符合当前社会经济发展的复合型高素质人才。

（一）课程改革的背景分析

1. 学生就业背景

在网络时代的环境下，每年各大院校及高职高校对电子商务专业进行扩招，直接影响了中职学校毕业学生的就业率。而市场营销是电子商务专业必学课程，为面对严峻的就业形势，提高中职学生的社会竞争力，需对其教学课程、教学模式进行改革和创新。

据调研表明，目前我国人才市场的总体供求不平衡。往年反馈，有的企业觉得电子商务专业市场营销型人才在工作中发挥不了太大的作用，这是因为学生专业理论知识不能与实践相结合。这间接影响了学生的就业率，导致就业率低下。因此，在中职教育教学中，对于电子商务专业市场营销课程，应跟随市场变化进行改革创新，对课程的教学内容和教学模式进行变革。对中职毕业生开展就业教育，引导对学生树立正确的职业观。

2. 社会所需的电子商务专业市场营销型人才标准发生变化

现代企业和公司所需电子商务专业市场营销型人才是结合网络与实体的复合型高素质人才，能运用网络通过生产者对消费者产生的营销环节，实现营销目标。电子商务建立在传统的市场营销基础上，实现线上和线下的销售。随着科技的迅猛发展，人们的生活方式发生着改变。网络时代的到来对传统的市场营销模式和营销技能产生了巨大的影响，破除了地域限制和时间限制，节约了产品销售成本，大大减少了中间环节，满足消费者并提高了企业的市场竞争力。所以，在中职教育教学中，电子商务专业市场营销课程，应随着时代经济的变革和企业所需人才标准的变化而改变，培养符合社会型、经济发展型的实践应用营销人才。

（二）课程改革的目标分析

1. 改变传统市场营销教学理念

在市场营销课程的传统教学中，教师在课堂上注重理论知识的传授，忽视对市场营销的实践运用能力。随着时代的发展，中职教学的电子商务专业市场营销课程，明确规定了培养实践应用型复合高素质人才。其教学内容侧重点也转变成专业知识、专业技能塑造。教学方法结合实践原则，让学生参与教学互动，在课堂中体验可能遇到的营销问题，并运用所学的专业知识，学会分析问题、解决问题，进一步培养学生的思维能力和创新能力。

2. 改变传统市场营销课程教学体系

电子商务专业市场营销教学课程体系由重理论转变为理论与实践相结合的教学体系。在中职教育中，可建立一支既精通理论又会实践运用，能传授知识还能动手操作的高素养教师队伍。教师队伍的建立，对学生课程教学有很大的影响。市场营销教学课程体系，应将学校与企业相结合，理论知识与实践操作相结合，专业知识、技能培训与模拟上岗、实践运用相结合，创建科学合理、开放的电子商务专业市场营销型课程教学体系。

3. 改变传统市场营销课堂考核体系

电子商务专业市场营销的教学课堂考核体系，由重理论的单一考核转变成多元化专业知识、技能与专业素养的考核。考核标准改变，课堂教学模式也由单一、枯燥变为多元、有趣，其课堂考核体系具有开放性，以学生的专业技能为主要考核标准，参考多种考核模式，制定理论与实践相结合、传统与创新相结合的课堂考核制度。全面系统考核，评价方式要公平合理。特别注重对学生的营销实践运用能力、创造创新能力的考核，以及学生专业课程的职业道德和工作敬业精神的考核。

4. 确立"以生为本"的教学改革

教育是一个国家发展的根本，是社会进步、经济发展的物质基础。随着国家对教育越来越重视，在中职教学中，电子商务专业市场营销课程应"以生为本"，一切以学生发展为中心，努力培养适合市场经济的复合型人才。在中职学校创建素质教育、创新教育及特色教育，培养学生市场营销的管理、实践、服务等综合能力。电子商务专业市场营销课程，是实战性很强的学科，应按岗位要求，基于社会经济的发展和学生自身个体的发展而制订人才培养计划。

在传统的教育教学过程中，往往以教师为主导，教师在课堂上一味地灌输知识，以教师的思维和逻辑为主。基于这种模式的教学方式，使学生的学习成果不太理想，对知识的吸收和理解有一定的障碍。随着教育改革不断深入，应由以教师为主导的教学模式转变成以学生为主导的教学模式。教学理念的改革和模式的转变，使学生在中职教育中学习事半功倍。在电子商务专业市场营销课程学习中，由传统的单一的灌输知识转向理论与实践相结合的教学模式，例如校内模拟训练与校外工作实习相结合的教学方式。

在教学中，教师应培养学生市场营销知识的实际应用能力，在企业运营中，能用所学的知识解决实际遇到的营销问题。其日常的教学内容包含市场调研、分析、定位、预测、管理、消费者行为分析及营销环境分析、营销策略及思想演变等。还应培养学生对新市场营销知识及新思想、新理念的可持续学习能力，其包含产品的营销、客户关系维护及追踪管理等内容；学生在实际市场营销环境中的适应能力、应变能力及创新能力；在不同的环境下制订合适的营销方案，在复杂的环境下对营销的突发状况随机应变，对固有环境下的营销有创新行为；在日后工作中与客户、同事、竞争对手的人际交往和语言沟通能力；学生的公关意识及处理危机突发状况的能力。

（三）课程改革的意义

电子商务专业市场营销课程改革后，中职教育是不管在教学上还是在人才培养上，比传统教学向社会输送的人才都更具有优势。坚持"以生为本"的课程改革，在人才培养上，中职教育满足了目前市场经济对学生专业综合技能的需求，提升了学生专业知识的市场竞争力，同时也提高了学生的就业率。电子商务专业市场营销课程的创新、研究与实践，改进教师的教学模式，激发了学生的学习兴趣，提升了学生的学习能力；市场营销的实践教学，提高了学生的营销操作能力，拉近了学校与社会、实践与理论之间的距离。让学生更好地适应社会环境，成为更专业、更全面、高素质的复合型技能人才。

二、以培养能力为目标的教学方法创新

（一）引入能够激发兴趣、激活思维、提高学生参与度的情境教学

孔子曾说："知之者不如好之者，好之者不如乐之者。"由此可见，兴趣对于学习发挥着不可忽略的影响。兴趣是指人们对事物的探究热情，是人们内心的好奇心和求知欲。兴趣是动机产生的主观能动性，能使人对事物的认知和理解达到最好的记忆状态，可以说兴趣的培养和激发，对学生的学习非常重要。

在电子商务专业市场营销课程中，假如学生把学习市场营销知识当成一种趣味的探索过程，由被动学习变成主动学习，教师的教学成果质量会显著提高；反之，假如学生把学习市场营销知识当成一项任务、一种负担，对学习丝毫不感兴趣，教师的教学成果质量会很差。总之，在教师教学过程中，如何激发学生学习兴趣、提高学生的学习动力，是首要考虑的问题。

在网络时代下，电子商务专业市场营销课程具有极强的操作性和实践性。学好市场营销课程，对学生以后的就业及发展有着重要作用。教师在教学过程中，可采用情境教学方法，根据真实案例或生活实例，设定合理的场景情节，让学生进行角色扮演，激发学生的学习兴趣，自主、积极地参与，学会独立或团队协作方式处理营销过程中遇到的问题，加深对理论知识的理解，通晓市场运营法则、掌握营销管理策略，提升营销实践操作能力。例如，"超市乳制品营销"把学生10人组成一个小组，2~3人扮演售卖员，其他人扮演顾客。营销人员根据产品的属性和市场规律，确定产品价格。在顾客购买咨询过程中，做好引导性消费，如"买二送一""买满50元送杯子"等。对只问不买的顾客做好微笑服务，提升顾客对产品的信任度，为下次的购买打下基础。扮演结束后，学生对乳制品营销过程中遇到的问题进行分析总结，知道哪方面做得好，哪方面需要改进，了解团队合作在营销中的作用，对营销策略和产品市场分析有更清晰的认知。让学生在参与营销过程中，激发对市场营销的学习兴趣，使学生对市场营销建立正确的营销理念，方便学生以后更好地适应社会。又如，针对"海尔家电走进农村"营销项目，教师在教学课堂上可以让学生扮演产品经理、区域执行经理、市场调研人员、广告推广、文案策划、销售人员等不同角色，发表不同的扮演角色的营销观点和策划，讨论"根据农村市场调研哪些家电适合推销""电视、冰箱、洗衣机等家用电器价位是多少""通过哪些平台和渠道推广家电下乡的活动""网络销售和线下实体售卖分别采用什么营销方案"等问题。这样能够激发学生的学习兴趣，激活学生的营销思维，使其积极地参与到营

销情境教学活动中,提高学生的营销能力。

(二)组织开展提高学生实践能力的案例教学

案例教学法是指在中职教育教学中,教师在电子商务专业市场营销课程中,引用国内外经典的营销事件,描述与分析营销活动场景,组织学生对案例进行研究讨论,对营销过程中的问题进行思考与判断,进而提高学生的实践能力。学生经常接触案例教学,可以很好地理解市场营销理论知识,并学以致用。同时还能激发学生学习兴趣,调动学习积极性,提高营销实战经验。案例教学法不同于其他教学方式,其教学特点具有直观性、针对性和探究性。案例教学也可以说是一种启发式教学,通过案例分析激发学生对营销知识的求知欲,激发学生营销思维,使其由被动学习转为主动学习,进而提高电子商务专业市场营销课程教学的质量,因此,在中职教育教学中,教师在电子商务专业市场营销课程日常备课中,要结合教学内容和学生特征,有选择性地挑选一些适合的、优质的营销案例。只有高质量的营销案例才能在教学课堂上发挥教学效果,低质量的案例不利于教师教学,也不利于学生对营销知识的掌握和理解。教师在案例择优挑选后,对学生的营销方向上做好思维引导。例如,汉服产业的市场分析、汉服的市场分布情况和影响销售的因素,都需要教师引导学生思考,汉服的包装、汉服的品质、汉服的售后及管理部门的运营,都需要重点关注。

又如"宝洁公司沐浴产品激爽的营销"。2002 年 6 月,宝洁公司花费 10 亿元推广沐浴产品激爽,其主打产品理念是"新奇和刺激",市场占有率一直保持在 3%左右,但竞争接连失败,于 2005 年 7 月退出市场。教师在课堂上引导学生思考"10亿元广告推广为何没用""产品激爽的退市是什么原因导致的"等。通过对案例的分析探讨,发现激爽的退市,是因为广告理念的超前性。当下人们对沐浴产品的理解是清洁除菌,而新奇和刺激不被消费者所理解。由此可见,社会文化环境影响着产品营销的成败。

三、结束语

社会和企业对电子商务专业市场营销所需人才的标准不断提高,学校作为连接学生与社会的桥梁,课程改革方向应随着经济发展的方向逐步改革创新,同时对教学理念和教学方法进行改革创新,全方位培养市场营销复合型高素质人才,进而推动符合社会市场经济的营销型人才培养。

【作者简介】

陆晶,讲师,广西物资学校商务与艺术教研室教师。研究方向:中职教育,市场营销,酒店管理。

职业院校市场营销专业学生思政教育中法律意识培养探析

梁 杰

【摘要】 市场经济是法治经济，市场营销专业人才培养面向市场经济需求，市场营销专业学生在日常生活、学习、实训、实习中需要加强法律意识培养，使其养成守法用法、依法竞争的法律理念。笔者以某职业院校市场营销专业学生为蓝本，试图对职业院校思政教育过程中法律意识培养提出思考路径，以达抛砖引玉之效。

【关键字】 市场营销；思政教育；法律意识

职业院校学生的道德水准是衡量学校思政的重要标准，道德行为养成和学生的日常生活、学习、实训、实习活动密不可分。法律在职业院校市场营销专业学生道德的养成中起到原则和底线的作用。法律知识扎实、法制观念强的毕业生，其道德水准一般也高，职业技能和就业创业能力也就相应地比较强，就业和创业比较顺利、稳定。

一、弄清几点问题

（一）市场营销专业学生特性

（1）学生具有很强的沟通交流能力，容易冲动。

（2）家庭有较多与商业相关的背景关系，较为了解市场特点，有着良好的商业价值意识。

（3）学生选择市场营销专业具有盲目性，遵循父母安排等因素多，自我选择能力差，容易受外界因素影响，是非辨别能力差。

（4）存在单亲、留守儿童等多重因素家庭，叛逆，抗拒性较强。

（5）多数学生文化基础比较差，自我学习能力薄弱。

（6）学生动手能力较强，偏爱技能，分析事物能力较欠缺。

（7）不爱关注时事新闻。

（8）规则意识欠缺，违纪学生较其他专业多。

（9）较少接触法律意识熏陶，缺少用法律思维分析问题的能力。

（二）职业院校学校法制教育基本情况

市场经济的发展证明，市场经济是法治经济。现代化的市场经济实践要求有现代法治观念和伦理精神的支撑，需要有与之相应的思想教育理念和运作体系。然而在市场经济条件下，我们的思想政治教育还是沿用计划经济时代的那一套教育模式，而没有及时转变思路，转变到与市场经济相适应的公民法治意识和道德水平上来。职业院校虽然开设职业道德与法律等课程，但仍然存在诸多缺陷：（1）具备法科教育背景的师资力量严重不足，法律教学水平参差不齐；（2）法制课程设置混乱，有些学校忽略法律教育，只重视专业技能，将法律课程取消；（3）学校层面对法治教育重视程度不足，没有良性法律宣传平台；（4）在学校管理层面，人治思想渗透在诸多方面，行政命令氛围过度浓郁，缺乏法治管理校园的氛围，对学生法治教育达不到示范效果。

（三）法律意识教育对职业院校市场营销专业学生的意义

1. 职业院校市场营销专业学生法律意识培养是他们综合素质构建的需要。

1995年，国家教委、司法部等联合发布的《关于加强学校法制教育的意见》明确指出：学校法制教育是学校思政教育的重要内容，是对学生进行社会主义民主法制教育，培养学生树立社会主义法制意识，增强法制观念的重要途径，是实现依法治国的百年大计。这就为学生的素质教育提出了明确要求。职业院校学生正处在世界观、人生观、价值观形成的关键时期，对社会的真实生活还有很多不成熟的看法，职业院校学生只有树立正确的法律观，增强其法制意识，学会从法律的角度去认识社会和体验人生，才能适应社会主义现代化建设的要求。

2. 职业院校市场营销专业学生法律意识培养是贯彻教育方针、实现职业教育培养目标的要求

目前我国职业教育的目标是"知识、技能、做人"的教育。我们只有把教学和管理有机地结合起来，相辅相成，才能提高学生的综合素质。此外，培育职业院校学生的法律意识是发展社会主义市场经济的需要，社会主义市场经济是以法制为基础构造的市场经济。职业院校学生思想需要加强法律意识的培养，提高其法律素质促进其全面成才。

3. 职业院校市场营销专业学生法律意识培养是职业生涯依法经营的需要

根据职业教育的特点、职业院校教育的定位以及市场需要和学生素质，职业院校市场营销专业培养目标锁定为商品营业员、推销员等从事一线营销工作的人员，其往往直接接触经济生活的真实方面，容易触碰法律红线。因此，学生具备法律意识，懂得合同法律、劳动法律、商业犯罪等法律知识，容易在职业生涯中依法经营。

4. 法律教育对职业院校市场营销专业学生职业道德行为具有养成的作用

职业院校法律教育不仅向学生传授法律知识，更重要的是通过对法律知识的学习找到隐藏在具体法律条文中的法律的价值取向和内在的法律精神，将法律知识、法律情感、法律意志内化为法律信仰，转化为自觉的行为。

5. 法律教育对职业院校市场营销专业学生创业起到基础作用

职业院校市场营销专业毕业生在就业几年后，部分会自己创业，而任何想绕过法律创业的行为都是不允许的。职业院校学生想创业，除了积累一定的管理经验、资金、技术条件外，一个更为重要的因素是对创办企业所涉及的法律法规的了解。学好合同法、公司法、合伙企业法、税法等，在日后的创业活动中不容易触碰法律红线。

（四）市场营销专业学生进行法律意识教育的条件

从我校市场营销专业角度思考，目前该专业共7个班（平均每班50人），人数较多。该群体法律意识增强，有利于激发全校师生法律思维。专业教师中具有法律科班研究生学历教师1名，也有具备丰富法律实务经验的教师2名，新培养能够承担法律教学任务的教师2名；行政兼教师中可以承担法律课程的教师有7名。较强的法律师资结构，可以保证有效开展法制教育，培养学生法律意识。市场营销专业教学中，校企合作紧密，学生有真实的市场环境，有利于培育学生合法竞争的意识。

二、法律意识培养的路径思考

1. 符合市场营销专业人才培养需求的"渐进式"法律课程设置

市场营销专业在法治经济条件下，需要一批充满活力、懂得专业技能、从事一线营销业务的人才，这就决定了其必然会与市场规制的法律相联系，中职学生年纪较小，难以理解枯燥的法律条文。因此，职业道德与法律课程开设在一年级第一学期，通过简易法律案例引导，培养学生学习法律的兴趣。一年级第二学期，根据学生的基础能力开设经济法课程，重点讲解市场主体法律制度、市场秩序法律制度、劳动与社会保障法律制度等，让同学们全面了解公司、合伙等经济主体，依法竞争，同时保障劳动者权益。二年级第一学期，开设税法课程，重点陈述增值税、企业所得税、个人所得税、消费税等税种，学生通过认知税种，学会计算应纳税费、了解报税流程、懂得发票的填制等。二年级第二学期，根据学生现有法律知识结构，设置法律专题课程，主要以实务案例为引子，模拟法庭，学习法律诉讼、仲裁方式，让学生懂得用合法手段保障经营权益。

2. 在市场营销专业实训中加入法律因素

市场营销专业为培养学生技能，创设性地开设实训课程，并在实训课程加入法律因素,让学生在实训中保持法治经济的理念。

(1) 在 ERP 企业沙盘模拟经营实训中,学生通过规划本公司经营方案,做好经营预算,同时了解其他公司的经营情况,分析市场需求,研究广告费用的投放,抢夺订单,争取利润最大化,并在经营中使本公司获胜。这过程,必须不断教育学生要合法竞争、有序竞争;不能窃取他人商业秘密,不能用违法手段开展竞争;同时注意贷款按时还本付息;按订单交货,否则就需要承担违约责任等。通过实训过程,学生不断内化经济法律知识,有利于学生树立公平合法竞争的意识。

(2) 在经贸实训中,学生需要自主办理公司注册登记手续、办理贷款、从事采购和销售业务,签订购销合同,办理运输手续等。在该实训中,需要告之学生签订合同的方式,注意合同风险规避,不能进行合同诈骗等。

(3) 在市场营销综合技能实训中,学生依托生产性实训基地,在真实的环境中全面认识销售技能、客户关系处理等内容,加入法律教育措施,经营者要正当竞争,反对垄断行为,保护消费者合法权益,维护食品安全,不进行虚假广告宣传,欺诈消费者等。

(4) 在创业实务暨展销会实训中,学生真实设立店铺,进行门店设置,进行店铺和产品宣传,登账报税,进行商品采购等。实训中必须对学生进行不得暗中吃回扣、不能登记假账、不能进行虚假宣传等法律教育,让学生树立遵循市场秩序、公平合法竞争的意识。

3. 发挥法律课堂教学主阵地作用,坚持对职业院校市场营销专业学生全程法制教育

学生对法律知识的学习和掌握主要是法律课堂。因此,一是选派法律科班出身、具有法律专业知识和丰富实践经验、思想品德高尚的思政教师担任法律课教学。二是保证法律知识的课堂教学质量。保证法律教学的课时充足,教务处、教研组要定时检查任课教师的教案和作业批改、考试评卷、成绩评定情况,法律课成绩不及格的学生不能就业,法律课教师每学期要上一至两次的公开课和示范课,确保课堂教学质量。三是安排学生到当地法庭参加庭审旁听,理解并自觉守法。四是其他基础课和专业课教学应穿插法律知识教学,教师在授课时应不失时机地穿插法律知识教学,形成对学生进行全程法律知识教育的良好习惯并形成制度,使教学活动有法律教育的氛围。

4. 坚持"四结合"教学,使法律意识成为市场营销专业学生职业能力的一部分

一是结合案例教学,根据不同章节内容有针对性地选择与专业相关的案例教学,可以选择专题案例、模拟法庭案例等。二是结合当地的案例和与学生有关的案例教学,学生对本地案例印象深刻,教学效果应该比较好。三是根据教学目的,结合学生需要选择案例教学。四是结合心理健康教育,从源头上遏制违法犯罪苗头。通过"四结合"教学法，增强学生的法制观念，使学生学法、知法、守法和用法，从而促进学生职业道德的养成。

5. 发挥市场营销协会在法律教育中的作用

协会是专业学生开展兴趣活动的组织，利用3.15消费者权益保护日或宪法日等法治宣传契机，引导协会同学开展普法宣传活动。

（1）可以和其他学校法律组织开展普法宣传，收集和解答校园法律问题。

（2）以协会名义，邀请学长学姐现身说法，谈谈其在就业中遇到的法律问题和解决措施等。

（3）制作法律宣传展板，悬挂在校园内，进行法律宣传教育。

（4）组织专业同学观看法律电影、视频等，并撰写读后感等。

（5）开展以法律为主体的正文比赛，引导同学知法、守法。

（6）开展以法律为主体的辩论赛，在辩论中去伪存真。协会通过系列活动，向同学们宣传法治精神，传递遵纪守法、诚信经营的理念。

6. 开展法律主题讲座，树立法律信念

利用第二课堂时间，每学期组织学生聆听法律讲座，结合最新的社会形式，了解法律如何调和社会矛盾等，通过最新法律问题探讨，引导同学用法律途径维护自身合法权益。

7. 在市场营销班级定期开展以法律为主题的班会活动

市场营销专业学生处于青春期，身心健康发展离不开法律规范，因此针对网络诈骗、交通安全、同学关系等进行法律主题班会活动，让同学们认清违法现象和手段，规范自身行为，守法用法。

8. 做到法制教育和企业文化零距离

根据学生就业需要，选派法律课教师下到企业，与企业管理人员联合撰写法制教育校本教材，让学生提前了解企业文化，了解企业的管理制度，了解就业所需要的法律知识。同时，邀请企业的领导到学校举行就业法制讲座，让学生树立在就业时如法制观念不强就有可能被淘汰的观念。

9. 家校共建

密切沟通学生家长，在法律意识培养中，增强家庭的影响作用，避免学生在校受法律教育氛围熏陶、放假回家又恢复原状，不利于其法律意识的培养。

三、效果评价

基于法治经济条件，结合市场营销专业人才培养需求，多年实施的全方位学生法律意识培养，至少达到以下几个效果：

（1）新生第一学期出现较多违纪乱象，通过法律教育后，在往后的职业院校学习生活中逐渐减少，以至没有违法行为发生。

（2）在生产性实训过程中，学生在处理顾客问题时，使用法律思维解决问题的频率高。

（3）顶岗实习期间，学生注重自身权益保护，守法用法，不触碰法律红线。

【作者简介】

梁杰，高级讲师、高级双师，广西物流学院商学院负责人。研究方向：民商法学、职业教育。

在中职英语教学中营造愉悦高效课堂环境的思考

刘春霞

【摘要】英语作为一门交际语言,需要有良好的生态氛围。英语教学各环节应充分体现伙伴关系,体现灵活性、激励性和整体性,在融洽愉悦的课堂环境中,形成师生平等交流、相互合作的教学氛围。在中职英语教学实践中,通过怎样的英语语境、评价激励及教学方法才能营造轻松愉悦高效的课堂环境,是中职英语教学的一大难题。

【关键词】中职英语、愉悦高效、课堂环境

英语是一种语言,语言学习是在一定的语境中发生的,脱离了一定的语境,语言就难以恰当地表达,难以发挥其进行交际活动的本质作用。由于英语是一种外语,英语学习的语境同母语相比有天壤之别,因此营造良好的英语教学环境与教学氛围就显得尤为重要。目前,中职英语长期以来受应试教育以及生源素质欠佳的影响,英语能力不强,大部分学生欠缺学习热情,中职英语教学处于学生能读、会写、不会说,甚至不会读、不会写、不会说的被动局面,所以中职英语教学中如何营造轻松愉悦的课堂气氛和把握好评价尺度,激发学生英语学习的积极性,让学生愿意说、想说,并全面提升学生的综合素质,是英语教学中的一个重要课题。综观中职英语英语教学的各方面,影响英语教学效果有诸多因素,除了已固定的因素外,在课堂上教师的人格魅力,教师对学生的学习评价、知识消化难易程度及学习成果过程中的监督在中职英语教学中起到很大的作用。英语课堂中老师的言行举止、语音语调,同学氛围,甚至教室周边环境都会起润物细无声的作用。英语教学环境和教学氛围对学生的英语学习潜移默化地产生影响。那么怎样评价和鼓励以激发学生学习的积极性、以何种方式确定适合现阶段中职生的水平教学模式,才能营造轻松愉悦高效的课堂环境?笔者结合二十多年的英语教学经验,总结出以下几点。

1. 教师凭借过硬的业务能力和良好的个性魅力,营造轻松的课堂气氛

教师的形象和鼓励引导直接影响学生的情绪,可以激发学生说话和表现的欲望。良好的教师形象和个性魅力(言谈举止)会牢牢地吸引学生,迅速激活学生的大脑细胞,使他们的大脑皮层始终处于兴奋状态,他们会很自然地加以模仿。作为教师,平时在不断提高自身素质的同时,必须不断吸纳新的知识,更新自身的知识结构。

还要多钻研教材，结合学生的实际情况精心设计教材，设计语言情景。在教学中要坚持大部分时间用英语授课，从简单的课堂指令、表扬到知识讲解，都要注重英语的现场表达沟通，这对英语课堂氛围营造起着潜移默化的作用。

2. 优化教学手段，寓教于乐，人人开口说

中职生有好奇心又活泼好动，爱唱爱跳。教师应根据学生的这些特点组织游戏活动，让他们在轻松愉悦的环境里摆脱英语的生涩感，从而自然大方地讲英语，逐渐提高语言组织的能力。例如，课堂开始就可以每个学生发一张纸，限定2分钟，让学生去认识自己的同学，获取对方信息，积极鼓励学生在有限的时间内比赛，看谁最有潜质做记者，评出第一名。这种交际性游戏可以使学生在比较轻松自然的气氛中进行各种语言操练，改变了课堂教学的节奏，强调了课堂教学内容，帮助那些在严肃氛围的课堂学习中感到胆怯的学生也能主动参与，促使学生主动学习，驱除恐惧心理，保持旺盛的学习热情和进取心。

3. 根据知识难易程度，分阶段自选

格局知识难易程度，分阶段自选，例如，在对单词掌握的要求上，进行分阶段自由选择。一个单元的单词有30~50个，其中有些单词是熟悉的，有些是见过但一时记不起来的，有些是词根学过的，有些是新单词。要求学生在学习单词的开始、教授过程中及单元学习结束时，在全部单词中挑选自己已经掌握的单词打钩。学生就很容易看到自己的进步和学习成果。老师对标注的成果进行点评、鼓励，对于每个单元的阶段性巩固很有帮助。

知识吸收消化测评套餐式，给予不同层次的学生不同的要求，在教学中对于后进生强调自我管理与自我进步。例如，在单词记忆默写任务上，在全部单词中教师指定5~10重要必须掌握的做三角号标注，有能力的学生可以自由选择多标注几个，鼓励高标准要求的同时确保后进生能有目标，不会因为难度太大而被吓到。

4. 好奇是最好的老师和引路人

学生的求知欲望很强，因此，教师在教学中要设法让学生在学习中取得一定的成就，使其产生一些成就感。而这种成就感往往在日常生活或具体的交际情境中才能获得。在教句型时，除了按照课文内容进行操练以外，还可创设一些情景，进行有意义的操练或具体运用。例如，教"What color is it?"这一句型，在巩固性操练时，教师先将自己手中握着的物品名称告诉学生，把手放在背后，向学生提问："What color is it？ Guess！"，可使学生集中思想，他们会很自然地说："Is it green？"教师就回答："No，it isn't."或"You are right."。学生在成功欲望的支配下，对句型运用熟练，概念也深刻，课堂教学效果相当显著。

5. 把握好评价尺度，重视阶段性教学成果的分阶段评价，并跟进激励

由于评价在教学中具有目标导向、动机激励和反馈调控等功能，因而在中职英

语教学中，采用科学合理的评价方式来评价学生的英语学习，对提高教学效果、促进教师和学生的共同发展具有重要意义。口语教学的目的是促使学生在各种模拟情景中进行语言实践，从而实现在真实情景中用英语进行交际。评价学生口语表达的好坏也不能以某一标准答案来衡量。在教学中，笔者经常有意识地引导学生积极发言，鼓励学生尽可能多说，允许他们自由发挥，鼓励学生大胆出错又改错，在实际课堂中很有效。教师评价标准对学生有很强的导向作用，在口语教学中，教师要注意以下几点。①创造轻松、愉快的课堂气氛，把微笑带入课堂，激发学生参与交际训练。②因势利导，鼓励学生表达。比如，因为怕出错学生不敢开口时，教师要不失时机地加以鼓励；讲究纠错方法，使学生乐于接受，又不失面子。③帮助学生树立信心。缺乏信心的原因很多，如基础差、学习受到挫折等。

例如，在背诵课文的要求上，可以每单元选定简单和难度大的课文作为备选，根据不同难度定出一个评价分数，适当考虑给予简单内容不过低的分数，以达到鼓励背诵的目标。对于同一篇课文不能背诵但是能流利朗读也给予分数，这也是一个鼓励学生分阶段掌握知识的方法。同时，把每个单元学生掌握知识的成绩分数标注在课本第一页，写出逐项分数相加的评价公式，这也是一个鼓励学生互相赶超的好方法。

对于认真学习的学生给予一定的特权，对于已经会自己拼读单词的学生，免除抄写单词或者减少抄写遍数，这些方法在一些学习积极性不大的班级中有意想不到的良好效果。在教学实践中，一些脑子灵活、不爱读书的学生为了不用做作业而努力朗读单词的情形，让笔者很欣慰也很惊讶。

6. 慷慨地给予表扬，洋溢情感活力的语言是最好的学习语境

有一位教育家曾说过，任何一个孩子都有一个学习语言的潜伏期。课堂上他们也许不善于表达自己，说出的话语也许言不达意，但如果教师注重了此时对孩子的评价，静静地等待，给他一个鼓励的眼神、一个期盼的微笑，就能激励孩子们去说；即使他说错了，你也以同样的等待、同样的眼神、同样的微笑去激励他。我想，教师的这种允许学生犯错误的心态以及无声的评价，不仅能激发他们学英语的兴趣，也保护了他们的自尊心，帮助他们树立学好英语的信心。

评价不是教学目的，而是一种积极教育的手段。评价的结果应有利于学生自信心和自我评价能力的提高，如果老师把评价作为表示个人爱憎的砝码，或作为显示教师威力的武器，学生就会产生畏惧心理或抵触情绪。因此要使评价发挥应有的教育作用，引起学生的良好反响。笔者在课堂上，常用不同的标准评价不同层次的学生，肯定他们的点滴进步，给予发自内心的赞赏。"good!""great!""You are so clever!""Good job!"或拍拍他的肩膀，给予肯定的微笑。甚至，面对调皮学生的"捣乱"，我会对他说一串很流利的英语，鼓励他跟上课堂节奏。学生从我的举手投足中感受了老师的爱意，我对学生能力的肯定和进步的期待，逐步消除了他们英语交际的胆怯心理，都渴望表现自己，积极参与。

"亲其师，信其道。"良好的师生关系是师生共同满足教学需要、协同教学活动、实现教学目标的基本保障，是形成无拘无束、和谐的课堂生态氛围，激发学生高昂学习情绪的直接因素，它不仅会引起学生对老师的信任与尊重，还会使学生把对老师的爱迁移到其所授的学科上。当然，"冰冻三尺，非一日之寒"，培养学生的英语能力亦非一日之功，只有一步一个脚印，才能获得成功。提高学生的英语能力的方法是多种多样的，让学生在一个愉快轻松的环境中不断获得肯定、鼓励和帮助，学生会情不自禁、不知不觉地听英语、说英语、唱英语、玩英语、写英语，真真正正地达到激发兴趣、学英语、用英语的目的。学生有信心和恒心去学，就一定能把英语学好。"世上无难事，只怕有心人。"教师耐心去教，用爱心去感化学生，学生说起英语来，便能达到准确、流利、朗朗上口的程度。久而久之，语感就培养起来了，学习效率也会随之提高。

【作者简介】

刘春霞，广西物资学校高级讲师，硕士研究生。研究方向：跨境电商、英语教学、茶文化教育。

浅谈菜鸟驿站运营在中职快递实务教学中的实践运用

杨宇平

【摘要】 校企合作是职业教育改革的重要环节，本文从中职快递实务教学实践入手，对融入菜鸟驿站校企合作项目后的快递实务教学改革进行了研究和探索。

【关键词】 快递实务；校企合作；菜鸟驿站

一、校企合作背景

菜鸟驿站是我校物流服务与管理专业与广西聚峰物流有限公司共同建设的校企合作项目。该项目是为了贯彻国家职业教育改革，结合我校物流服务与管理专业的实际情况，推进我校校企合作的深入合作而引进的。校企合作是促进产教融合，推进职业教育改革的重要一环，企业通过校企合作能够得到符合自身要求的技能型人才，学校能够及时更新行业信息，能够把新工艺、新规范、新技术结合自身的实际情况融入教学，及时修改符合企业要求的人才培养方案，并探索符合现代职业教育的教学模式。

引入菜鸟驿站这个校企合作项目，可以为学生提供真实的第三方物流末端服务平台配送的学习场景，为学生提供更贴近实战的实习平台，共同建设高素质人才实训基地；可以为我校物流服务与管理专业提供符合现代教学新模式的探索素材，与企业共同探索符合现代企业需求的技能人才培养模式。

企业不仅提供教学场所，而且通过与学校深入合作，为专业教师提供深入企业的实践机会，让教师能够学习到现代物流企业运营管理模式以及生产流程。深入企业学习，有助于教师更新专业知识和教学理念，把现代企业的管理规范和生产流程转化成教学内容传授给学生，为企业培养合格的技能人才。

二、原有实训课教学模式情况及存在的问题

我校物流专业原有的实训教学模式是以实训室为依托，通过模块教学以及分项目教学来完成专业课程知识点授课。快递实务是我校物流专业的核心专业课程之一，在没有引进菜鸟驿站之前，学生学习专业知识只能通过传统的课堂教学来完成。教师授课的手段只能局限于课本知识讲授、图文讲解、视频放映等方式。教学评价是

以试卷考试来进行的,卷面分数的高低成为评判教学成果好坏的主要手段。其问题是所培养出来的学生不一定能真正符合现实企业所需要的技能人才标准。

目前针对中等职业学校快递实务的教材种类少,当当网上查到有5本,京东商城上能查到7种版本,而且大多都是"十二五"或"十三五"的教材,这些教材大多以理论知识较多,实际操作技能项目较少,有些脱离实际。中职学生知识基础相对较弱,对于理论知识的理解较弱,在教学中发现,直观的规范性操作更能很好地教授相关知识,因此需要融入企业的力量,通过企业真实的场景,规范的实际操作,千变万化的实际场景处理才能让学生真正学习到相关的知识。

三、引入校企合作企业后的快递实训课教学模式

引入菜鸟驿站后最显著的变化是快递实训课数增加,摆脱了单一的课堂教学模式,丰富了教学手段。在原有教学模式下,学生只能通过课堂及实训室分项目模拟实训来学习快递知识。现在教室外实训课总量由原来的20%提高到60%,并且融入日常企业的运营场景,让学生能更好地理解快递流程规范和技能训练。

教学模式的改变带来的是新教学模式的探索和创新。首先面对的问题是教学工位和学生人数的矛盾。我们采取分组实训作业与课堂理论知识相融合的方式进行教学,围绕布置的任务及相关理论知识,分组实践、分组反思总结。

(1) 分组教学应根据实际情况进行周全细致的安排。由于班级学生数与现实岗位需求的矛盾以及实训场地的限制,学生的知识教学不应一开始就放入校企合作实训平台。首先应考虑实训场地是否能满足教学的需要,能否达到预期的教学效果。如果不能,相关的知识点将无法传递给学生,从而影响下一步教学的实施。其次容易造成教学秩序的混乱,以我校物流专业为例,一个班的人数是45~55人,由于中职生的学习习惯和所掌握的基础知识相对较弱,统一集中在菜鸟驿站讲解、演示操作规范只能传达给20%~30%的学生,因此课堂教学仍然必不可少。统一的教学能让学生掌握基本的专业知识,再加以统一的项目任务说明,能够使学生的学习目标更加明确。

(2) 融合快递企业管理规范的分组教学,能让学生更直观地感受和学习快递技能规范操作。分组教学不仅要考虑实训小组的操作学习,还要考虑没有轮到的小组的学习安排,每组人数以6~8人为宜。教师先在课堂讲授相关快递知识点,然后再分组实训。菜鸟驿站运营业务主要有包裹代寄、包裹暂存、增值服务等。包裹代寄对应快递实务的快递揽收、营业场所收寄、快件包装、违禁品识别、称重计费、运单填写、快递等相关知识。包裹暂存对应快件入库、快件派送、物流信息运用、客服服务等相关知识。增值服务对应快递市场营销、创新创业等相关知识。

（3）分组教学实践要与任务驱动教学紧密结合，要让学生带着任务去参与企业实践。通过任务驱动让学生有明确的学习目标，要让学生知道在实践中我要看什么，我要做什么，我要学什么。不同小组的学生的任务是不一样的，进入企业实践的小组侧重于学习企业生产规范流程、学习企业文化、员工之间的沟通与合作。没有安排实践的小组侧重于相关知识的学习，也可以安排模块化的任务，例如快件的包装、客服接待话术、配送路线设计等任务。

（4）要引导学生在参与企业实践中发现问题、讨论问题、解决问题。学生在实践中不仅仅要动手做，更重要的是学会观察，观察企业的员工如何工作、客户接待如何解决各种实际问题、系统操作遇到问题时如何解决，思考每一个环节的操作规范。引导学生多问为什么，理解每一步规范操作的理由。引导学生在工作实践中应用所学知识发现问题，锻炼自己解决问题的能力。如，当遇到"6.18大促""双十一"等特殊节点，针对快递服务点货量陡增的情况，如何提高快递入库效率、服务点取件排队过长问题的管理等，都是教师引导学生思考问题的切入点。

总之，企业和学校发挥各自优势，加强人员、技术及信息的交流，在岗位指导、创业教育、技术培训、企业文化建设、教育服务等方面开展广泛的合作，为教师提供了进企业实践的平台，有助于教师开展企业调研，并把调研成果结合学校的实际情况应用到教学以及校本教材的编写当中。

四、融合菜鸟驿站后的快递实务课程教学成果

融合菜鸟驿站给快递实务教学带来的最大成果是教学思维上的变化，而思维上的变化促进了教学模式的改变。教师融入企业后能深切地感受到企业的需求，接触到新的技术、新的理念、新的管理模式，促进了对现有教学模式和教学设计的反思。

思想的转变带来的是创新，其成果有以下几点。

（1）提高了学生的学习兴趣，降低了学生课堂违纪率。融入企业文化的教学让学生感受到真实的工作环境，把抽象的文字描述变成直观的操作场景更符合现阶段中职生的实际情况。

（2）培养出紧贴企业需求的技能人才。通过一个学期的快递实务训练，学生能够熟练掌握收件派件服务规范以及快递员需要具备的语言沟通能力。学会使用菜鸟驿站的物流信息系统查询快件，使用标准的客户服务流程为客户查询快递。熟练使用无线手持终端完成快递的入库作业和派件作业。能够识别禁寄物品，掌握快递仓储安全操作规范以及快递车辆驾驶交通安全规范。

（3）菜鸟驿站利用自身平台优势，与我校物流专业开展多方位合作。菜鸟驿站是阿里巴巴旗下面向社区、校园的第三方末端物流服务平台。通过这个平台，进入

我校的快递得到了统一的管理。运营管理菜鸟驿站服务点的员工都是我校的学生，学生通过这个平台不仅能体验到企业的实践，而且能通过勤工俭学获得劳动成果。我校物流专业教师通过参与菜鸟驿站的运营和管理，能够收获物流企业管理的经验，积累教学素材。"双十一""双十二"每年电商的大促，带来的是快件量的暴增，我校物流专业老师积极与菜鸟驿站员工一起调研，出谋划策，优化取件流程，合理规划取件路线，有效地提高了我校师生的取件效率。

菜鸟驿站校企合作项目不仅仅给快递实务课程教学带来了模式上的创新，也为其他课程起到了示范性的作用。菜鸟驿站融入快递实务课程教学，使教师明确了企业的用人需求，让教师在设计教学设计时更能够贴近企业岗位职责，让学生能够高质量地学习快递相关技能，为快递行业培养出高质量、高素质的人才。

【作者简介】

杨宇平，助理讲师。研究方向：物流快递实训方向教学。

中职"计算机应用基础"智慧课堂教学模式应用研究

杨伟燕

【摘要】在互联网技术快速发展及移动终端普及的今天,科学构建中职课程智慧课堂是教育教学改革发展的趋势。如何在中职"计算机应用基础"教学中开展智慧教学,实现智慧课堂呢?本文结合中职生的特点,运用三种教学模式帮助教师构建"计算机应用基础"智慧课堂,探索适用于中职的"计算机应用基础"课程的智慧课堂模式。

【关键词】"互联网+教育";智慧课堂

一、智慧课堂概述

2018年4月,《教育信息化2.0行动计划》和《中国教育现代化2035》推出,"智慧教育创新发展行动"被列入《教育信息化2.0行动计划》,该计划指出,以智慧课堂引领智慧教育是教育现代化的核心驱动力。教育信息化2.0的提出,意味着我国教育信息化工作开启了新的征程。在教育信息化课堂的实践过程中,将面临教育理念更新、信息素养及信息化教学能力提升、教学模式创新等关键性制约因素。探索具有有效性和可操作性的优质智慧课堂,运用不同教学模式相结合的混合式教学,无疑对教师提出了新的要求。

北京师范大学教授黄荣怀等认为,智慧教育即在智慧化学习环境支撑下,通过信息技术与教育教学的深度融合,最终促进学习者智慧的提升。华东师范大学祝智庭教授认为,智慧课堂是在崭新智慧教育理念的指导下对翻转课堂的重塑和升级,智慧课堂的发展区应达到"分析""评价""创造"的高级认知层面。大多数学者讨论后认为,在现实中,智慧课堂是以培养具有高智能和创造力的人才为目标,依赖于大数据、学习分析等技术,实施学情诊断分析和资源智能推动,开展"云+端"学习活动与支持服务,进行学习过程记录与多元智能评价的新型课堂。教师的智慧课堂教学设计根据教学目标与教学需求,对智慧课堂教学资源、教学活动和教学评价进行系统设计的过程,它的一般流程包括学情智能诊断、资源智能推送、学习活动设计、多元智能评价。

二、智慧课堂教学模式探索

"计算机应用基础"是中职学校的公共基础课程,如何将其与传统学习方式相融合(如混合学习、网络学习等),贯穿于学校教育和远程教育中,笔者探究的智慧课堂模式有以下几种。

1. 课前学情诊断助力课程学习

在课前,可以将学习任务前置,将复习旧知识和预习新知识都归入电子导学案中。课前教师按照教学管理平台设计电子导学案开展课前导学,包括电子导学案、电子任务书、微课资源等文字、图片及视频类型的教学资源;学生根据电子导学案上的要求自主学习。学生在课前通过电子任务书完成课程中的基础知识的学习,通过微课资源了解知识重点、难点,到了课堂上在教师的辅导下,更易掌握重点和难点,提高学习效率。

在新授课程之前,教师通过智慧课堂教学平台了解学生的完成情况、知识点掌握情况,做到胸有成竹,这样课中就不必花更多的时间在已领会的知识上。例如,课前可以请学生自主对计算机硬件单元的知识进行回顾学习及整理,学生可以用自己喜欢的方式把计算机硬件知识用思维导图或表格等形式进行展示,整理后拍照上传至平台,教师通过学生的思维导图分析其知识的掌握情况,随之调整课程内容及进度;基于大数据的教学课前诊断,使教师有针对性地开展教学活动,助力课程的学习。

2. 课中资源推送,实时多维度交流互动及多元评价

智慧平台在智慧课堂的使用,让师生共同发挥主观能动性,汇聚每位学生的智慧于课堂。随着智能手机功能的日益完善,作为课堂教学的有效辅助工具,智慧平台能够积极响应学习者的需求,支持个性化学习,为学习者创造灵活的认知情境,将学习与生活融为一体,极大调动中职生学习的积极性。在教学重点、难点上,教师根据学生学情,通过平台下发练习进行数据分析及数据汇总,精准了解练习的得分率及正确率,调整课程设计思路;另外,教师还可以利用平台,对薄弱的知识点推送相应的题型练习及知识点微课,由浅入深,层层递进,逐步攻破重点和难点。若分小组完成学习任务,学生们先自主学习,再进行小组合作讨论,综合意见后统一答案再传到教学平台,学生上传时,可以浏览同班同学的作业,这样既完成了学习任务,又进行了互相评价,从而促进改进学习任务,教学平台能记录和统计每个学生和小组合作中的发言情况,这样,教师就能查看到各小组讨论的情况,了解学生做任务的整个思路,从而进行评价及提出改进意见。例如,Excel软件应用的插入图表,先向学生推送课程资源,之后小组合作完成项目;在完成项目的过程中,小组进行交流合作,项目完成后展示作品时可进行跨组交流,实现项目改进。每一

个学生运用智慧平台参与到全方位的教学互动,实现师生互动、生生互动和人机互动,活跃课堂气氛。学生在课程学习过程中遇到的所有问题都可以通过学习平台在线进行提问,教师或者其他同学可以随时针对问题进行回复。有些具有代表性的讨论问题将成为师生、生生之间在线交流的重点,这种模式有利于学生拓展思维。课程学习与师生间的交流突破了时间和空间的限制,可以由线下延伸到线上、课内延伸到课外,体现了学习时间、地点的随意性和交流、沟通的便利性。

这种智慧教学的模式融自主学习、协作学习和探究学习于一体,培养了学生自主探究、合作沟通和创新能力,实现了课内、课外、线上、线下多渠道的交流互动,充分调动学生积极性,引导学生正确使用信息资源进行移动学习、规范学习,从而提高课堂教学效率,促进教学效果,突显了教学个性化。

3. 课后根据智能评价进行及时辅导

"计算机应用基础"作为一门实践性较强的课程,不能采取只看不做的学习策略,在看的过程中,教师通过学习平台,以项目任务为载体,放上一些实践性强的操作视频,供学生课后进行练习;如在超星学习通、蓝墨云班课、雨课堂等用得比较广泛的移动学习 APP 上,放上课后拓展的微课及操作录屏视频等资源,从而丰富学生学习途径,同时利用智慧平台进行考核评价,进行自动批阅及分析,"线上、线下"多元全面进行考核评价,这对于分析易错点和突破教学重点、难点有很大的帮助。对与错的对比及提示操作可供学生进行自我纠错,充分体现学生自主学习和培养学生解决问题的能力,激发学生的合作创新精神。

三、智慧课堂学习所面临的困难

(1)智慧课堂是大数据、云计算与现代课堂教学相结合的产物。智慧课堂教学理念需要教学硬件环境的支持,其主要由新媒体与智能设备组成,保证课堂中的终端设备实现智慧化的无缝链接,达到较好的应用效果,从而突破传统教学环境中的各种限制,这需要技术上的不断升级和优化,使教学环境适应智慧课堂。

(2)智慧课堂模式应用于教育教学中的理论研究还不成熟,缺乏指导性的技术研究,教师缺乏教学经验,这导致教师在教学过程中必须不断摸索,需要教师在实践中不断地总结不同课型、不同环节、不同内容的技术应用方式,就会涉及教育理念转变、课堂教学结构优化等教学改革问题。

(3)智慧课堂对于学生来说,无疑也是全新的。软件及平台在不断的更新中,学生使用起来不是很熟练。由于中职学校平台学习资源匮乏,适用于中职生的平台学习资料不多,需要不断进行资源建设。

四、结束语

在智慧课堂不断推进的过程中,需要政府和学校积极推动、师生主动探索和相关信息技术公司的支持,多方协同。智慧教育通过智慧课堂的引入,通过立体、互动、高效的课堂教学活动构成"智慧的教"与"智慧的学",促进教学系统的整体优化,让智慧教育逐渐走向成熟。

【作者简介】

杨伟燕,广西物资学校高级讲师。研究方向:信息技术应用。

浅谈项目教学法在中职三维动画教学中的运用

周美锋

【摘要】 随着三维技术的飞速发展，三维动画制作技能已经成为一项热门的职业技能。三维动画制作软件 3ds Max 也越来越受到影视制作、广告制作行业的欢迎，正逐步取代传统的动画制作，成为时代主流。为响应技术发展和社会需求，很多职业院校正逐渐加大三维软件的教学力度，力求培养出更多高素质的三维动画设计人才。但是由于该软件功能强大，界面复杂，操作难度高，中职学生又普遍缺乏学习主动性、积极性，习惯于依赖传统的"教师卖力讲授、学生被动接受"模式，学习效率极低。对此，笔者对 3ds Max 三维动画软件的教学方式进行了研究，其中，项目教学法最为适应本课程的教学要求。

【关键词】 项目教学法；三维动画；3ds Max 软件。

一、关于项目教学法

项目教学法，是指将一个相对独立的项目交由学生自己处理，信息的收集、方案的设计、项目实施及最终的评价都由学生自己负责，学生在教师的指导下亲自处理一个项目的全过程。通过项目的进行，学生可以了解并把握整个过程及每一个环节的基本要求，在这一过程中学习掌握教学计划内的教学内容，是一种典型的以学生为中心的教学方法。项目教学法主张先练后讲、先学后教，强调学生的自主学习、主动参与，学生唱"主角"，而老师转为"配角"，实现教师角色的换位，有利于加强对学生自学能力、创新能力的培养。

项目教学法最显著的特点是"以项目为主线、教师为引导、学生为主体"，改变了以往"教师讲、学生听"的被动教学模式，主要由内容、活动、情境和结果四大要素构成。

（一）内容

项目教学以真实的工作世界为基础挖掘课程资源，其主要内容来自真实的工作情景，应与企业实际生产过程或现实商业活动有直接的关系。学生有独立进行计划工作的机会，在一定时间范围内可以自行组织、安排自己的学习行为。

（二）活动

活动是指学生不是在教室里被动地接受教师传递的知识，而是注重实践，在完成任务的过程中获得知识、技能和态度。

（三）情境

情景是指支持学生进行探究学习的环境。这种环境可以是真实的工作环境，也可以是借助信息技术条件所形成的工作环境的再现。

（四）结果

结果是指在学习过程中或学习结束时，学生通过探究行动所学会的职业知识、职业技能和职业态度等，如技术实践知识、合作能力、创新能力等。

二、3ds Max 软件在中职课堂的地位和学习难度

3ds Max 是美国 AutoDesk 公司出品的一款三维动画软件，应用对象是专业的影视广告、角色动画、电影特技等。3ds Max 功能完善，工作灵活，制作效率极高，渲染真实感极强，是电影级别的高端制作软件，可以提供完美的 3D 建模、动画、特效和高效的渲染功能，另外 3ds Max 也被广泛地应用到平面设计（二维设计）领域。到目前为止，还没有任何一款软件能超越或替代 3ds Max，因此，3ds Max 课程在动漫设计类专业中的地位是非常重要的，尤其是对于中职学校的学生提高就业竞争力、增强一线操作本领具有深远的意义。

但是，由于 3ds Max 软件功能强大，分类细腻，版面和命令繁多，而中职生的底子普遍比较薄弱，欠缺三维空间抽象思维，英语水平也有限，3ds Max 软件中占大多数的英文命令，给学生的学习带来了巨大的压力和困扰；而在中职的教学计划中，对 3ds Max 课程的学时设置有限，如果按照传统的教学模式进行教学，学生要想在有限的时间内学好这门课程，有非常大的难度。因此教师在教学过程中，必须根据学生的接受能力进行灵活、及时的调整，激发学生学习的积极性，引导学生科学合理地使用软件，通过项目布置、小组协作的方式，共同完成软件的学习。

项目教学法可以帮助学生整合零碎的知识点，通过项目的制作，在制作过程中加深对理论知识的理解，加强对命令的应用能力。同时，还能激发学生对 3ds Max 软件的好奇心，吸引他们集中精力投入到课程的学习，让枯燥的教师讲解转变成愉悦轻松的学习过程，是非常适合学生进行三维动画软件学习的教学方法。

三、项目教学法在中职 3ds Max 课程教学中如何实施

（一）教学方案的设计

教师在进行教学方案的设计时，应从"教为主导，学为主体"的原理出发，按照循序渐进的原则，有步骤、分层次地从知识、能力到理论的运用逐步加深。不同层次的同学可根据不同层次的目标要求进行自主学习。教师的教学设计一般可以分为以下四个部分。

1. 明确教学目标，建立知识结构框架

设计的项目要体现明确、具体的学习目标，让学生在现有的知识基础上达到更高的层次。

2. 把握知识的重点、难点，找出最佳切入点

把重点、难点问题交给学生，加以一定的方法引导和思维启示，让学生自己动脑，分析解决问题，在探究中加深对知识的理解，培养学生分析问题、解决问题的能力和思维能力。

3. 设计问题，培养学生运用知识的能力

设计恰当的问题是引导学生探索求知的重要手段，是设计的关键。教师要依据学习目标，依据学生的情况，精心设计问题。

4. 通过练习及时自查和巩固学习效果

学生层次不同，理解问题和解决问题的能力有较大差异。在自学过程中可能会出现各个层面的问题，帮助学生从练习中发现这些问题并进行及时的、正确的引导，对培养学生的主体意识和思维能力至关重要。

（二）教学过程的实施

中职的 3ds Max 三维动画教学主要分为几个模块：建模（包括动画造型建立、场景建立）；材质、灯光；渲染、动画、后期合成。因此，分组教学是较适合的方式，也是项目教学法最常用的模式。分组前老师必须对教学对象进行分析，熟悉学生的基本情况，分组时可以让学生自由组合，教师再进行调整。一般每组 3~5 人，不要超过 8 人，每组学生各层次合理搭配，分别选出组长。按项目要求，将项目具体再划分为建模组、材质组、灯光组及后期合成组，分配好各子项目组员名单，选出小组负责人，实行项目责任制，每个人都有详细的任务分配。组长在召集大家沟通协调后，共同确定本组的项目主题（或由教师指定）、角色造型、构建剧本，绘制分镜头，再进行任务细分，将需要建模的大任务分配给建模组的每个成员，再将制作好的模型进行组合；然后由材质组负责制作材质贴图，为模型赋予不同的材质；同时灯光组为场景打灯，设置灯光效果；最后由后期合成组进行动画的制作并渲染

输出。每个步骤都有明确的安排和分工,并且同学之间要不断进行交流与合作。这样可使每位同学都能通过实践,熟悉动画制作的全过程及所需要用到的技术。

1. 建模

建模是三维制作的基础,其他工序都依赖于建模。离开了建模这个载体,材质、动画以及渲染等都没有了实际的意义。建模使用较多的是多边形建模、曲线建模和编辑修改器建模等。通过实训,学生能接触到真正的 3ds Max 建模设计工作,亲手进行物体或人物建模的处理,从抽象的理论步入多彩的实际生活,细致地了解现实业务处理的流程,使学生对 3ds Max 建模制作的认识从纯理论上升到实践层次。

2. 材质与灯光

模型创建完成后就要进行比较重要的材质和灯光的设计制作。建模是基础,材质和灯光是使物体真实表现的关键。材质包含质感和纹理两个基本内容,材质的制作是在材质编辑器中进行的,材质编辑器中提供了材质的各种参数;材质和灯光联系比较紧密,灯光能很好地衬托环境和气氛,逼真的材质加上合理的灯光处理才能显示出十分真实的效果。

3. 渲染与后期合成

所有的静态效果都完成后就可以进行渲染和动画制作。复杂的场景和角色渲染对硬件配置要求较高,针对中职生的特点,教学中应以简单的场景和动画制作为主,然后进行后期的合成处理,通过后期处理软件来进行各个场景的连接和声音、字幕、特效的制作;最后输出视频文件,完成项目制作。

(三)教学成果的汇总评价

学生完成一个项目后,一定要及时交流、展示和讨论,教师要对学生的学习情况进行反馈和评价。这是学生对知识掌握和能力提高的重要阶段,同时也能极大地提升学生的成就感。汇总点评的过程既是总结以前学过的知识、提出和学习新知识的过程,也是学生学习、提高的过程。展示评价包括以下内容。

1. 学生自评

教师给学生一定的时间,让学生对自己的作品进行总结,并与其他组的成员互相交流学习,取长补短,并推荐优秀作品。

2. 作品展示

由学生推荐,教师结合实际情况选出若干个具有代表性的作品,在课堂上播放优秀作品,先让其他小组成员评论该项目的优缺点,再由教师针对该项目进行总结点评。

3. 教师总结

教师总结是项目教学法的重要环节。学生的设计会存在各种各样的问题,教师在点评中要指出问题的所在及解决的方法，要总结、比较各组的特点，引导他们学习别人的长处来改进和提高自己的设计，使学生的各种能力在点评、总结中得到提高。在项目教学法中，教师可以运用过程评价法和结果评价法对学生进行评价。

（1）过程评价法。贯穿项目进展的每一个阶段，教师详细评价学生在分析项目需求、设计项目思路、使用 3ds Max 三维动画命令和技巧的过程等方面的表现；通过平时考勤、项目作业进行考核；如学生是利用课外时间来完成项目作业，则根据学生完成的情况进行评价。

（2）结果评价法。在学生完成项目后，教师对项目进行打分、评价。期末再安排理论及上机考试，根据学生所选岗位，通过现场完成动画公司招聘考试真题等方式进行考核。

四、小结

由于中职学校学生本身存在文化素质和个性的差异，运用项目教学法时，在坚持以学习者为中心的同时，也不能脱离教师的引导、帮助和管理。学生如何学、学什么，学生知识与技能的形成，职业行为的规范、职业习惯的养成也需要教师的引导和帮助。教师成为了一名向导和顾问。而学生作为学习的主体，通过独立完成项目把理论与实践有机地结合起来，不仅提高了理论水平和实操技能，而且在教师的引导下，培养了合作、解决问题等综合能力。同时，教师在观察学生、帮助学生的过程中，开阔了视野。此外，教师根据 3ds Max 三维动画制作软件不断更新的特点，及时调整完善现行的教学方法，不断探索新的教学方法，为学生学习效率的最大化做出积极的努力，提高了自身的专业水平。因此，项目教学法不仅可以帮助教师在课堂教学中获得良好的教学效果，还是师生共同完成项目，共同取得进步的教学方法。

【作者简介】

周美锋，广西物资学校讲师，从事计算机动漫与游戏制作专业的教学工作。研究方向：三维动画的制作。

中职学校气排球扣球技术教法的探讨

邓家辉　李　津

【摘要】扣球无疑是气排球运动中重要的进攻得分手段，扣球技术教学又是中职学校气排球教学中的重要学习内容。在气排球扣球技术教学中，由于教学时间短，学生运动水平参差不齐，扣球动作技术复杂等，教学难度较大。如若教师对气排球技术教学方法使用不恰当，将直接影响到学生掌握气排球技术的情况，使中职学校气排球运动很难得到发展。本文通过文献资料法、逻辑推理法对中职学校气排球扣球技术教学方法进行比较研究，针对目前中职学校气排球教学存在的主要问题提出一系列发展对策：在中职气排球课的扣球教学过程中，应采用不同的教学方法进行综合教学，必须注意各种教学方法之间的有机结合，充分发挥教学方法体系的整体性功能。希望本文能为气排球扣球教学提供一定的理论依据，并能探索出一条与时俱进的体育教学改革之路。

【关键词】扣球技术；气排球课；教学方法；对策

一、前言

长期以来，在中职学校气排球教学中，由于教师教学方法不恰当，学生掌握气排球相应技能水平情况并不良好，特别是扣球技术。扣球的激烈性对气排球活动的趣味性和比赛的积极性有直接影响，这就要求教师在教学中应该运用各种形式的教学方法，运用理论、实践及多媒体技术，抓住扣球技术中的重点、难点，采用合理、有效的方法手段，使学生在有限的教学时间内更快、更好地掌握正确的扣球技术，提高教学质量，保证教学效果。

教师对学生因材施教，是教师在教学中必须坚持的重要教学原则。要求老师根据学生身体、技术、心理上存在的个体差异，结合相应的教学方法和练习方法进行扣球技术教学，使学生的扣球技术和心理素质得到充分发挥，激发他们学习气排球的积极性，在学习中享受锻炼的乐趣，从而提高教学效果。

二、研究对象与方法

（一）研究对象

以驻邕中职学校气排球课的扣球技术教学方法为研究对象。

（二）研究方法

（1）文献资料法。通过在中国期刊网上查阅与本研究有关的资料，搜集相关文献资料，整理确定研究选题和建立初步的理论框架，对前人的研究成果进行整理总结，了解本课题的研究现状，发现问题，找出目前研究中存在的不足。

（2）逻辑推理法。运用归纳、演绎、类比、综合等逻辑分析方法，对各种信息进行较深入的探讨，论证有关结论与建议。对本研究涉及的问题进行逻辑分析总结，提出建议。

三、结果与分析

（一）气排球扣球教学方法

气排球教学方法是在气排球教学过程中，教师根据气排球教学的目的、任务、内容、所采取的措施与手段。教学过程是教师教法和学生学法的有机组合，教师教学的掌握与运用促进教学过程的实施和教学效果的获得。根据气排球教学过程的特点，气排球教学的主要方法有讲授法、讲解法、示范法、讨论法、反馈教学法、纠错法、游戏法、比赛法、多媒体教学法等。

在气排球技术的教学中，扣球技术的技巧技术性要求较高，比较难掌握，学生学习起来虽然兴趣较高，但是学习效果并不理想。扣球技术分四部分：准备部分、助跑起跳部分、空中击球部分、落地部分。如果教师在这四个部分采用合理教学方法，有效地激发和调动学生的学习积极性、主动性和自觉性，就能促进学生学习，提高个人技能技术，教学效果将会事半功倍。

（二）中职学校气排球教学现状

气排球运动是一项在广西开展得比较普遍的体育项目，深受各阶层人士的喜爱。许多大中专院校开展了气排球课程以及相关的气排球运动和比赛。然而在气排球运动中，扣球技术的教学较为复杂，而扣球技术是大中专院校气排球专项课教学大纲和教学计划中的主要内容。但是，目前在中职学校气排球教学中，教师忽视了学生自学能力、创造思维能力的培养，在教学目标、教学内容、教学方法和手段以及各个教学环节上都存在不少问题，单一的教学方法和手段已经不能适应现代高校体育教学特点和素质教育的要求。部分体育老师的教学方法和手段单一落后，比较突出的就是：学生负担重，课堂教学"注入式""满堂灌"的现象十分普遍，导致学生对技术概念模糊不清，基本技术掌握不好，达不到一定运动技能，使学生产生厌学情绪和思想。这些教学弊端让人始料不及，在很大程度上既提高不了中职学校体育教学质量，更谈不上能培养出具有创新思想的体育专业人才。

为此，教师应当针对扣球技术的重点、难点，运用理论与实践及多媒体技术相结合的方式，在有效的时间内，让学生掌握正确的扣球技术，提高教学质量。根据教学内容和学生情况，打破单一的教学形式，采用灵活多样的教学方法，使学生掌握有用的、基本的体育常识，以及技术和技能。

（三）现代中职学校气排球扣球教学方法

1.气排球扣球"能力分组互助"教学法

"能力分组互助"教学法是在能力层次教学法和合作互助教学法两个教学方法结合的基础上建立的。

（1）气排球扣球能力层次教学法。根据学生学习扣球技术的特点，将不同的学生分为若干层次或类型。气排球课堂教学以群体教学为主，不可能完全顺应每一个学生的特点与水平，但是要预防与克服学业不良，大面积提高教学质量，又需要去适应每一个学生，做到因材施教。将身体素质较好、技术掌握情况较快的学生归为一类或一层，也就是说，将身材高大、跳得高、扣球效果较好的同学归为一类，让他们进行高网扣球练习；将身材矮小、起跳低的同学归为一类，进行低网扣球练习。这样的教学，增强了他们的自信心，提高了他们的扣球技术，全方面促使他们积极投入到训练当中。但是这样的两极分化教学导致层次高的学生易产生骄傲心理，普通学生则会有自卑感，学习积极性降低，带来负面影响。因此，教师要强调层次的灵活性，根据学生学习的目标和扣球教学内容规划另一目标，从另一角度进行分层，即有针对性地开展气排球扣球课教学，使教师能全面把握学生学习的特点和个性化心理特征，提高排球教学质量，降低分层教学所带来的负面影响。

（2）气排球扣球合作互助教学法。合作互助教学是在体育教学过程中为培养学生能力，实现教学内容，完成教学任务，而进行的师生和生生相互合作的教学活动。这样的教学方式具有一定的趣味性。教师在扣球技术教学中有计划地给学生安排一定的时间，进行生生互助学习，将扣球技术中助跑、起跳、击球动作、控制击球等掌握好，通过一段时间的练习，进行小比赛，提高学生学习的积极性；或者教师根据学生的需要，在巡视辅导过程中，给学生必要的启发、引导和帮助，让学生能够在愉悦的氛围中互相讨论、互相观摩、互相交流扣球方法。并在教学过程中，利用学生的观察能力相互教学，充分发挥学生的主体作用和智力水平。分小组合作互助教学，要求小组成员的身体素质、技能、个性等具有一定的差异性，使他们在小组中相互促进、共同进步，从而融洽学生之间的感情，有助于形成共同的目标和凝聚力。

其中，在助跑起跳、空中击球、起跳前冲、击球点把握不好的情况下，互助教学可起到很好的作用。在同学的帮助下，也可根据同学的口令、信号限制起跳时间，或让同学抛一定弧线的固定球进行练习。其具体的教学流程包括：宣布本节课的内容→讲解示范扣球技术动作→学生模仿扣球练习→提出不同层次要求→同层次练习扣球技术→分小组互助练习→检查扣球效果并评价→小结。

2.气排球扣球程序教学法

程序教学法就是按照规定的教学程序把教学内容分成一个有规律的教学方案，重新组合学习内容，使学习过程最优化、教学过程算法化，同时依据教学目的、任务的要求进行气排球扣球教学。通过应用程序教学法，全体学生将能够正确理解气排球扣球技术的原理，更好地掌握气排球的扣球技术。同时，通过程序教学法的教学，将提高全体学生发现、解决问题的能力和自学能力，培养学生良好的体育意识，为终身体育奠定基础。气排球程序教学法的基本方法具体如下。

（1）扣球"直线式"程序教学。此程序教学是把扣球技术分成许多小步骤进行练习，各步按一定顺序一个接一个条理清晰地排列，让学生逐步学习掌握。教学顺序为：扣球→准备姿势→判断→助跑角度→步伐与挥臂动作→起跳身体动作→空中击球→落地。

（2）扣球"分支式"程序教学。此程序教学是把扣球技术分成比"直线式"程序更大的"步骤"进行练习。打破传统气排球教学方法和手段，根据扣球技术的特点，选择性地把扣球技术的"小步骤"组合成"大步骤"来进行教学；注重技术动作的提高。例如，助跑与起跳结合起来练习；扣球手上动作与腰部动作相连接；扣球后动作与落地相连接等。

（3）扣球"混合式"程序教学。此程序教学是将气排球扣球技术课中所学内容，首先按"直线式"程序教学，然后在此基础上进行"分支式"程序教学，最后完整地进行扣球技术练习。教学过程将完整技术分成三个单元：第一单元为学习助跑起跳方法和原地扣球动作，目的是让学生掌握正确的起跳步法和击球手法；第二单元为学习无网条件下空中击球动作，目的是让学生在不受球网的影响下，掌握正确的挥臂击球动作；第三单元为完整技术练习，目的是将前两单元学习的动作有机地连接起来，学习掌握正确完整的扣球技术。根据学生掌握技术的具体情况，第一、第二单元教学可以随时在第三单元教学过程中出现，即学习完整扣球技术时，可随时返回第一、二单元重复和强化。经教学实践证明，这种教学方法对教学任务，提高教学质量是有效的，具体流程如图1所示。

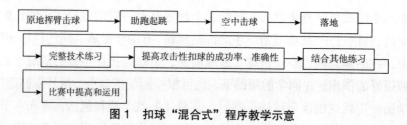

图 1　扣球"混合式"程序教学示意

3. 气排球扣球多媒体教学法

气排球的扣球技术是一项连续的、腾空的、瞬间完成的技术动作，其技术结构和心理活动极为复杂，学习掌握该技术动作的难度居气排球所有技术之首。在传统的教学中，由于受电化教学条件所限，扣球技术教学往往只能靠教师的语言讲解和动作示范来实现，直观效果差，教学效果始终停滞在原有的水平上，得不到新的突破。多媒体教学法的关键作用是充分调动学生大脑的思维活动，运用准确的扣球技术动作表象，帮助学生集中注意力，充分利用自身的各种感觉功能，通过本体运动感知觉功能的快捷互动作用来完成扣球练习，从而熟练掌握扣球动作，逐步形成正确的动作定型，建立条件反射，使技术动作运用自动化，达到传统教学法无法达到的教学效果。

气排球多媒体教学法在排球扣球技术教学中，能提高课堂效率，增加课程活动内容和方式，相对减少授课时数，并且学生能比较好地掌握动作，激发学生学习排球的兴趣。上第一堂课时，由教师将正面屈体扣球技术动作（准备姿势、助跑踏跳、空中挥臂击球、落地动作）进行详细的讲解示范，并用挂图、幻灯片、录像等多媒体技术进行教学，帮助学生在大脑中建立完整正确的扣球技术动作表象，接着对该技术动作进行模拟和模仿练习，要求学生充分发挥自己的思维能力，用自己的语言对所理解的技术动作加以描述，加深扣球动作在大脑中的形象记忆。在练习中，要求学生适时回忆画面中正确的扣球技术动作图像，与自己所掌握的这一技术动作建立主动的联系，从中找出自身的差距和不足，使自己的扣球动作逐步接近表象动作，从而形成正确的动作，掌握扣球技术。

4. 气排球扣球启发式教学法

气排球扣球的教学不同于其他学科的教学，无论是从内容还是从规则上都是可变的，所以启发式教学法的实施是非常具有实际意义的。首先由教师创设出针对所学内容的问题，引导学生进行思考，然后提出有启发性的解决方案，引导学生进行推断，最后由学生通过自身思考与练习，得出正确答案。这种教学方法的目的是让学生通过自身实践与思考去体会动作，设身处地地面对问题、解决问题，使学生在学习过程中加深对扣球动作的印象，对技术动作起到了加强巩固的作用。在教学过程中，教师先讲解示范扣球动作要领：依照次序由助跑、起跳到挥臂、手型和击球。

示范动作完成后给学生提出一个常见问题，如：身高和弹跳力不好的同学怎样将球扣好？如何原地起跳将球扣过网？学生自身体会一段时间后，教师给予语言提示，学生边练习边记住动作要领。然后让最先成功的同学谈谈学习体会，给大家讲述应该怎样做，使同学互动起来，加深对学习内容的记忆。

5. 气排球比赛教学法

气排球比赛教学法是通过比赛的形式让学生运用所学的技术动作进行气排球对抗。在比赛中同学们会碰到平时意想不到的问题，例如，学生在掌握扣球技术后，在对方有拦网的情况下不敢大力扣球；或者扣球时心慌意乱，难以找准扣球时机和击球点等。经过模拟比赛，可以及时发现并改正其缺点。同时也对学生的技术、战术和整体配合能力有提升作用，可以将学生平时所学的战术和阵容的站位以比赛的形式体现出来。这种教学方法是当学生的技术都达到一定水平时才应用的，以便及时看出问题并改正，更快更好地提高技术和战术水平，这样有利于提高学生的主动性、积极性，更好地实现教学目标。

6. 气排球教学综合法

教学方法多种多样，而且每种教学方法都有各自的功能、特点及应用范围，在中职学校气排球课的扣球教学过程中，应视具体的情况，采用不同的教学方法。但是这些方法不能孤立简单地运用，必须注意各种教学方法之间的有机结合，进行综合教学，充分发挥教学方法体系的整体性功能。

四、结论与建议

（一）结论

目前，在中职学校气排球扣球技术教学中，传统的讲解、示范、纠正错误等方法仍占主导地位，但这些方法已不能完全适应现代学生学习气排球扣球技术的需求。

在中职学校气排球扣球技术教学中使用分组互助教学法、程序教学法、多媒体教学法、启发式教学法、比赛教学法等，可以优化教学过程，加快技能学习进度，比常规教学法更有利于提高学生的技术技能水平和理论知识水平。

教学方法多种多样，而且每种教学方法都有各自的功能、特点及应用范围。在中职学校气排球课的扣球教学过程中，应视具体的情况，采用不同的教学方法进行教学。

（二）建议

丰富气排球教学方法和教学手段，将现代气排球教学方法和手段引入中职学校气排球扣球技术教学，提高教学质量。

气排球教学方法应以提高学生学习能力、创新能力和教育教学能力等综合性素质为主,突出学生的主体地位,尽量满足各个层次学生的需要,培养学生的积极性和主动性。气排球扣球教学中应对教学目标、教学内容、教学方法和手段加以改良,使其符合学生的身心发展,使学生能够自觉主动进行学习锻炼,达到上课后应有的效果,推动体育事业的发展。

教师应转变教育思想观念,结合先进的教育思想,兼顾学科、社会、学生发展,明确课程目标。

气排球扣球教学目标的制订应在对气排球运动重新认识、对其功能科学划分的基础上,打破传统的唯技术掌握为主的目标体系,贯彻素质培养和能力培养。

【作者介绍】

邓家辉,中教一级体育教师。研究方向:体育教育。

李津,讲师,体育教师。

微建筑智能在中职建筑施工类课程中的运用

黄小珍

【摘要】建筑施工类课程因实践性和应用性强的特点，在教学过程中必须通过实践才能让学生掌握好理论知识和专业技能。建筑施工类课程理论知识较多，需要学生拥有丰富的空间想象力，这对中职生来说是比较困难的。同时因场地的限制，建设实体模型存在一定的困难，微建筑智能模拟理论的真实情景，在实体等比例缩小模型基础上，实现信息化教学，弥补了学生空间想象力的不足，将抽象理论知识可视化、具体化，极大地激发学生的学习兴趣，提高了教学效果。

【关键词】微建筑；智能；建筑施工

一、微建筑智能简介

微建筑智能是一种呈现建筑构造形式的实体等比例缩小模型，利用移动设备扫码或通过虚拟仿真技术，可将实体模型的构造节点和施工工艺高度还原，实现细节和部件的完全仿真化和虚拟化，给人身临其境之感，提升了虚拟实物的感官性能。将虚拟仿真技术加入建筑专业的教学中，实现了知识与实际的结合，满足课改中情景教学的要求。学生通过虚拟仿真系统可以直观地体验施工现场带来的效果，有利于学生对专业知识的掌握和运用。

微建筑智能的 BIM（Building Information Modeling，建筑信息模型）虚拟仿真教学系统进行仿真模拟操作时，借助计算机即可完成。它利用相关程序命令通过数据处理转化成直观立体的三维模型，能够为建筑施工技术提供一个可视化、安全的实训平台。将 BIM 虚拟仿真系统运用在建筑施工教学中，学生不受时间、空间的限制，随时可以完成建筑施工技术的操作练习。对于学习复杂和危险系数较高的工程，学生通过虚拟仿真教学系统可避免不安全因素的出现，更好地认知施工环境和工艺。在 3D 的逼真环境中学习更有代入感，学生在课堂上就可以在模拟的施工现场进行施工实践。随着科学技术的高速发展，能最大限度模拟现实环境进行技能训练的微建筑 BIM 虚拟仿真教学在建筑工程教学中被广泛使用。

二、微建筑智能融入课堂教学的优势

（一）直观形象，可视化

传统的课堂教学以老师的单向灌输理论知识为主，学生处于被动接受知识的地位，忽视了学生学习的主动性，形成教师难教、学生难学的局面。学生一旦前面基础知识听不懂，后面专业学习就很难集中注意力，逐渐失去学习兴趣，出现畏难情绪。建筑施工类课程专业性较强，没有扎实的专业基础知识和现场经验对学生来说是比较难学的。微建筑智能的实体等比例缩小沙盘模型可以直观展示建筑构造各个节点，通过智能移动设备扫描二维码获取节点大数据资源，如图文、视频、动画、模型等，很大程度地激发了学生的学习兴趣。学生通过信息化对理论知识、图纸、实物照片、三维模型、视频等知识资源进行融会贯通，切身体会相应的虚拟情景、直观形象的画面有利于吸引学生的注意力，有利于提高学生专业技术能力，为后续专业课的学习打下良好的基础。

（二）动态展现施工，不受空间限制

BIM 虚拟仿真技术一大显著特点在于其可以将原本静态的建筑工程技术内容以动态、立体的形式展示出来。因此通过运用 BIM 虚拟仿真技术可以动态化、全方位地展现建筑工程中的各项施工流程。基于虚拟仿真技术的微建筑 BIM 模型教学系统模拟实践环境、材料和装饰装修，该系统不局限在室内就可以模拟实践过程，突破了工程的空间限制，学生可以全面学习建筑工程施工工艺步骤。如对于施工技术复杂和难度大的地下基础工程，施工环境恶劣，工期长，涉及的施工技术问题较多，无法找到合适的建筑施工企业进行实践操作，BIM 模型教学系统可以设置进场岗前培训、施工工具选择、安全技术交底和专业工程的工艺流程，通过闯关练习让学生进一步加深对现场施工环境的认识，即使无法实际操作也可以掌握地下基础工程的整个施工环节。在实体实训的基础上真实还原搭建的虚拟仿真实训平台，严格按照施工规范和技术要求开展，将复杂知识立体化、动态化，学生通过反复练习可以养成良好的职业习惯。

（三）操作简单，经济安全

由于建筑行业的特殊性，安全隐患较多，一般建筑企业不愿意接受学生实习。而校内因为场地及经费的限制，难以重现建筑的各项施工过程；条件较好的学校，即使建设实体模型，实训项目也以展示观摩为主，后期维护费用投入较多。等比例缩小实体模型沙盘的微建筑整体展示建筑内各节点，通过移动设备节点扫码或计算机仿真系统掌握构造形式和施工工艺，学生可以反复操作，有利于自主探究性学习，缓解老师的教学压力，增强学生的实践性，操作安全可靠。利用平面显示器呈现立体的虚拟环境设备，将施工平面图纸转换为三维模型，学生可通过鼠标等设备与虚

拟环境进行交互，可以在环境中进行观察，将抽象的平面概念具象化，也可模拟某项施工技术过程，将枯燥难懂的理论知识转换为三维立体影像，成本较低。

（四）有效进行考核评价

教师可以结合课程进度进行指定的项目任务，学生进入系统的考核界面完成实训操作。考核有助于学生进行学习总结和反思，对所学的知识查漏补缺，加深对重点知识的理解。教师可以通过教师端查看学生的学习情况并进行统计，根据数据反馈调整课堂目标，突出重难点和进行教学反思。通过软件的考核功能进一步强化学生的技术能力，及时掌握学生学习情况，进行针对性的专业训练。

三、微建筑智能在中职建筑施工类课程中的运用

（一）中职生建筑施工类课程教学现状

合适的教材少，很多教材内容理论多而深，案例少，不适合中职学生学习。建筑施工课与现场密不可分，要求实践动手能力强。理论与施工现场联系起来才好理解，在缺乏实践条件的情况下，学生学习建筑理论枯燥乏味。目前中职学校一般很难做到在建筑施工现场开展教学任务，学校建筑实验室也只能做一些简单基本的建筑材料试验，如水泥试验、试块强度试验和钢筋试验，和现实中的建筑施工场景相距甚远，学生的学习兴趣不高；教师的教学内容在一定程度上也脱离现场实际。

（二）微建筑智能的运用

微建筑智能通过实体结合虚拟仿真技术高度还原施工现场，很好地把理论与实践结合起来，将可视化应用到建筑施工课程教学中，调动学生的学习积极性。教师根据建筑工程行业的社会人才需求和最新的行业规范，选取合适的教材内容进行授课，明确教学目标，布置实训任务。微建筑智能仿真系统示意如图1所示。

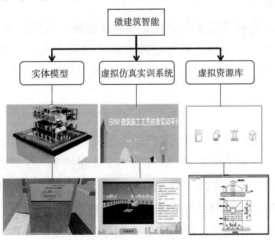

图1 微建筑智能仿真系统示意

学生可以通过点击资源链接进行专业基础课程的学习，如"建筑构造与识图"的知识点非常复杂抽象，学生可以利用移动设备扫码，能够学习框架结构、剪力墙结构、砌体结构、钢结构四大结构类型，更好地把握这些结构的组成部分和施工工艺。

虚拟仿真技术下的建筑工程施工可以实现地基基础施工、地下防水施工、砌体结构施工、钢结构工程施工、建筑节能门窗施工等不同内容的虚拟仿真实训。虚拟仿真实训系统运用到教学中，解决了建筑施工课程中无法直观体现的工艺难题，降低了教师的教学难度，通过虚拟情景加深学生的记忆，使枯燥的理论变得生动有趣。现以建筑施工课程中的钻孔灌注桩施工为例，分析虚拟仿真实训系统的运用，如图2所示。

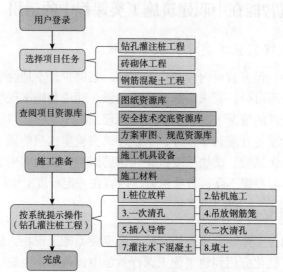

图2 钻孔灌注桩施工的虚拟仿真实训系统示意

1. 布置施工任务

教师在 BIM 建筑仿真施工平台完成钻孔灌注桩施工教学后布置实训任务，学生进入实训模式并选择施工项目。软件虚拟设置了建筑五大员，他们进行分工配合，对建筑质量进行监督。学生在项目经理安全技术交底后进入施工现场，准备进行施工。

2. 查阅资源库

学生施工操作前需要熟悉图纸，掌握重点施工技术要点，了解现行的技术规范、行业标准及国家出台的相关政策等，这样有利于质量控制。在资源库可以实现图纸、安全交底、技术交底、方案审图、规范查询，便于学生在实训中把握施工重难点并对环境有正确的判断，能够顺利开展施工任务。在虚拟的实训环境中可以培养学生仔细、认真、负责的工作态度，便于学生查漏补缺。

3. 施工准备

虚拟仿真实训平台工具库有大量的施工机具、设备和材料。操作前学生可以在工具库中加以选择并打开了解它的用途，这样施工时可以有效选择机具材料，提高施工效率。

4. 施工操作

虚拟仿真实训平台根据学生的操作进度，弹出操作提示，提醒学生下一步的工艺，并出现相应的知识点，帮助学生熟悉施工规范和步骤。操作选择完成后，系统中的质检员会及时判断正确性并进行技术规范说明，加深学生对技术规范的理解，提醒学生施工中的注意事项。如在钻孔灌注桩施工的桩位放样中涉及清理地表，对地表杂物、标高进行处理需要选择所用机械。备选中有四种机械，若学生对某种机械不熟悉，难以判断，可先点击打开了解其用途后再决定选项，如点击"打桩机"就会出现它的三维图案和用途说明，显然它不是清理地表所用机械。钻孔灌注桩属于地下工程，涉及桩位放样、钻机施工、一次清孔、吊放钢筋笼、插入导管、二次清孔、灌注水下混凝土、填土等，隐蔽性强，危险性大，施工复杂，难以开展实践教学。传统的教学方法枯燥，学生听不进也听不懂。微建筑智能的虚拟仿真实训系统，弥补了学生被动学习的缺陷，提高了学生的学习积极性。

四、结语

微建筑智能综合了实体模型和虚拟仿真技术的优势，对学生学习建筑施工课程有很大的帮助，能深化学生对建筑理论知识的理解，有效帮助学生把理论转换成实践，提高了学生的施工操作水平和职业能力。

【作者简介】

黄小珍，助理讲师。担任班主任工作，建筑工程施工专业教师，主要负责专业授课、技能比赛培训指导等工作。研究方向：工程预算、造价研究。

中华传统礼仪文化渗透中职德育课的实践探究

蓝益平

【摘要】 中华传统文化源远流长,传统礼仪文化是中华传统道德的核心,包含了孝敬父母、尊敬师长、仁爱孝悌、修身律己、诚实守信、天下为公、精忠报国等传统美德。因此,在中职校德育课中渗透中华传统礼仪文化是很有必要的,让中职生在德育课中真正理解传统文化的精髓,发扬其美德,树立社会主义核心价值观,提高自身综合素质,是培养高素质人才的需要,也是实现中国梦的需要。

【关键词】 中华传统礼仪文化;中职学校;德育课

一、中职学校德育课程设置不合理

改革开放以来,中等职业学校德育课进行过三次重大改革。根据《教育部关于中等职业学校德育课课程设置与教学安排的意见》(教职成〔2008〕6号)的规定,中等职业学校德育课分为必修课和选修课两部分。必修课包括职业生涯规划、职业道德与法律、经济政治与社会、哲学与人生四门课程。这些课程的许多内容基本与普通高校德育课的内容一致。理论内容太深,比如政治经济学。不如在德育课里设置一些优秀传统礼仪文化的经典内容,让学生一步一个脚印,慢慢改变自己的不良习惯,逐步养成健全良好的品行。

二、中职德育课程教学中融入中华优秀传统礼仪文化的必要性

在中华历史上,道德教育总是与社会文化建设息息相关,而中华历来被称为礼仪之邦,自古重视礼仪文化建设。通过深厚的礼仪文化的营造实现道德之教化,是中华传统道德教育的一大特色。在古代家庭礼仪包含许多日常生活中衣、食、住、行、立、坐等各种生活行为和习惯,不能随意而行。我们应该很好地学习并发扬下去,小到穿衣吃饭,大到国家民族,古人云:"国有礼则国昌,家尚礼则家大,身尚礼则身正,心有礼则心泰。"孔子说过:"质胜文则野,文胜质则史。文质彬彬,然后君子。"可见,只有"质"与"文"配合适当,把外表的礼仪修养与内在的品格修养结合起来,融于一身,才会变成一个真正有礼貌、讲文明、处处受欢迎、朋友遍天下的人。

（1）改革开放以来，多数中职学生没有再接触中华传统礼仪文化，相反，他们愿意接受西方文化。许多中职校学生追求时尚，过西方节日（情人节、愚人节等）、过生日设宴请客、吃生日蛋糕。流行追星，模仿明星个性、妆容打扮，缺乏对中华优秀传统文化的学习和理解，在家庭没有得到父母的正确引导教育，而学校的课程设置基本没有传统文化这门课。因此，在中职学校德育课适当渗透中华优秀传统礼仪文化，对于防止崇洋媚外、弘扬中华当代主旋律是非常必要的。

（2）中职学校学生学制三年，两年在学校，第三年顶岗实习。学生在校时间不长，文化基础薄弱。再加上现在是一个竞争的社会，持证上岗是必须的，为了通过考试，获得各种证书，学生和教师更专注专业技能，只要学生能学到专业技能或参赛获奖，家长、教师、学生都高兴。可是到学生顶岗实习时发现，学生三天两头就要跳槽，不断换工种，嫌这个工作太累、那个工作工资太低，或者是被辞退还不知道是什么原因等。所有这些现象都可以归因于学校、家长、学生忽视最基本的礼仪文化素质培养，没有从一言一行、一举一动做起。处世先立身，立身先立德，一人无德，又如何立身？身既不立，又如何做人？而中华优秀传统礼仪文化的出发点和归宿都在于教化人们为人处世，因此，在中职学校的德育课程中融入优秀传统礼仪文化是非常必要的。让中华优秀传统礼仪文化在教育教学过程中慢慢渗透，潜移默化，让学生学会做人，学会做事。

三、如何在德育课程教学中融入中华优秀传统礼仪文化

1. 导入优秀传统文化培训学习

入学教育先导入国学传统文化培训学习，培训内容面可分类进行。第一，先培训学生在日常生活中，要做到孝顺父母、友爱兄弟姐妹。第二，学生新来学校，互不认识，如何融入这个大家庭？告知学生在日常生活中要小心谨慎，讲信用，和大家相处时要平等博爱。第三，注重日常生活礼仪，如出入学校大门礼仪、用餐礼仪、公共场合礼仪等。培训形式上可以请办得较好的国学学校老师宣讲，让学生在心灵上得到净化，让学生懂得"礼仪"的核心就是"尊重"，从而建立起互相尊重的道德观和世界观。

2. 道德课程的开设进行适当增减

目前中职学校道德课程包括职业生涯规划、职业道德与法律、经济政治与社会、哲学与人生四门课程。笔者认为，要抓好德育教育，先教学生会做人，可增设"弟子规""大学"等经典课程，让学生了解在家、在外、待人接物、为人处世、求学等方面所应具备的礼仪，培训礼貌用语、用膳礼仪、餐桌礼仪、交往礼仪等内容。"大学之道，在明明德，在亲民，在止于至善。"传统礼仪文化教育的目的就是教人

如何做人。

3. 拓展德育课程教育教学实践活动

传统德育课教学，基本上是老师照本宣科，学生坐在教室里听老师授课，笔者认为，除了上理论课外，应组织学生到养老院照顾老人，开展关心老人体验周活动；开展"尊老敬老"好子女先进事迹标兵评选活动；开展家校联谊，"我为爸妈洗一次脚"等活动；开展礼仪知识竞赛等。

总之，在中职学校德育教育中，应该充分重视中华优秀传统礼仪文化的渗透，培养青年学生正确的价值观、道德观、世界观，从而丰富德育课的教育教学的内涵，传承中华传统文化，增强民族凝聚力和战斗力，助推中华民族实现伟大复兴。

【作者简介】

蓝益平，壮族，广西物资学校社会文化艺术专业（幼教方向）带头人，高级讲师。研究方向：教育教学。

基于微课程理念的中职音乐教育方法探讨

邓 斯

【摘要】 微课程理念对于当前中职音乐教育活动的顺利开展具有积极意义。本文主要从微课程理念对于中职音乐教育的重要性分析入手,重点介绍了当前中职音乐教育中的一些问题,并提出了一系列科学可行的教育方法改进策略,为更好地提升中职音乐教育水平提供一定的借鉴和参考。

【关键词】 微课程理念;中职;音乐教育方法

一、前言

互联网技术和信息技术手段持续更新和进步,为当前教育工作的顺利稳步开展提供了良好前提条件。微课程理念是当前科技发展的产物,以此为重要根据,开展教育教学活动,能够集中学生的注意力,促进学生自觉主动参与到学习环节,实现教学目标。中职音乐教育活动中,坚持微课程理念,可以拓展和丰富教育方法,提升总体教学水平。

二、微课程理念对于中职音乐教育的重要性

音乐教育是现代教育工作中的重要学科之一,能够陶冶学生的情操,净化心灵,促进学生全面健康发展。积极引进微课程理念,开展中职音乐教育活动,能够推进教学环节取得良好效果。

1. 微课程理念顺应时代发展趋势和特征

在信息化时代下,互联网给各个行业提供了较大的加持作用,微课程理念属于教育创新理念,顺应当前信息技术发展的潮流,适应当前教学活动的内在需要。在微课程的支持下,可以广泛联系各项信息,获取更多教育资源,且在教学活动中应用微课程手段,可以最大化提升课堂学习效率和质量。

2. 有利于增强学生的自主学习能力

微课程理念应用中,学生可以广泛利用网络载体,充分查找各项课前预习资料,获取相关知识,同时学生在课后还能根据自身实际学习情况,随时随地观看相关微课程视频,查漏补缺,良好掌握相关知识点。学生良好应用微课程方式,能有效锻

炼自身自主学习的能力。

3. 更新音乐教学方法和模式，提升教学质量

中职音乐教学活动进行中，微课程理念可以表现出多种多样的教学形式，拓展教学途径，充分结合音频、视频及动画等形式，符合音乐多元化特征，能够帮助教师改进教学策略，加快音乐课程改革创新，逐步提升课程教学质量。

三、中职音乐教育中的不足之处

中职音乐教育活动，对于教育方法要求较高，需要教师积极采用科学合理、丰富灵活的教学手段，激发学生的学习兴趣，挖掘学生的内在潜力，推进教学环节顺利开展并取得良好成效。但是不容忽视的是，中职音乐教学活动中还存在着不足，主要集中在以下几点。

1. 教育资源较为匮乏

中职音乐教育还受到传统教育理念的影响，教师一味讲授乐理知识，没有从灵活有趣的角度出发，合理设计教学环节，教学课堂较为枯燥，学生也不具备较高的学习兴趣。同时，部分中职音乐教育没有充分整合教育资源，无法发挥网络载体的优势和作用，熟练运用多种软件，使教育效果不够理想。

2. 教育方法和理念较为落后

当前部分中职院校、中职音乐教师还不具备较强的微课程理念，认识不够全面，没有意识到微课程理念在具体音乐教学中的积极意义。教师所采用的教育方法较为单一、落后、陈旧，无法适应当前社会发展趋势，不适应实际教学活动需求，只注重教授学生基本的音乐知识，却没有培养学生的性格和艺术素养、音乐素养。

3. 缺乏高水平音乐教师团队

优秀的音乐教师，是开展音乐教学活动的领路人，教师的专业素养和教学能力、教学方法，会直接影响到实际教学效果。现阶段中职音乐教学中，部分院校缺乏专业的、高水平的音乐教师团队，教师无法发挥微课程理念的价值，无法熟练应用相关视频制作软件和计算机软件，不利于教学环节的稳步开展。

四、基于微课程理念的中职音乐教育方法

发挥微课程理念的引导作用，支持中职音乐教育活动的顺利开展，可以更新、优化和丰富教育方法，促进教育活动顺利实施，丰富教学课堂开展效果，逐步提升教学水平。

1. 优化传统讲授式课程模式

推进中职音乐教育课程创新活动顺利开展，积极组建新时代教学课程体系，并

不是全盘否定传统教学模式，而是应该秉持继承与创新、"去其糟粕，取其精华"的原则，科学开展教学创新活动。在传统讲授式课程教育模式中积极引进微课程理念，实现传统优良讲授式课程模式和微课程理念的有效融合，这其中教师需要科学使用建构主义方法，从课程教学要求出发，开展模块化教学活动，拍摄录制具体教学过程，加以合理剪辑，将空白教学时间和不必要的教学环节加以删除，控制好教学时间，达到完整展示音乐文化和音乐知识的目的。在持续优化传统教学模式的过程中，促进学生巩固和应用自身微课程知识学习效果，积极营造出和谐、友好的交流学习范围，促进学生自觉主动参与到课堂学习活动中。

2. 微课程和PPT课程模式有机结合

当前教学活动广泛使用PPT式多媒体教学模式，这是将课程相关的文字、图片及视频等制作成教学课件加以展示的教学手段，学生在视频以及图片等因素方面的记忆力较强，能够有效增强教学质量，提升课堂教学效率，促进教学活动取得良好进展。微课程理念是时代发展和科技进步的重要产物，和PPT课程模式之间表现出一定的"同源相融性"，契合度较高。中职音乐教育中，有机结合微课程理念和PPT课程模式，可以构建起常态化的微课程教学模式，教师结合教学重点和难点知识，适当精简PPT教学课件，采用自动播放形式，合理控制教学课程时间，集中学生注意力，促进知识对学生产生脉冲刺激，并在观看过教学视频之后，逐渐消化理解教学知识，实现教学目标。

3. 微课程理念和情景教学方法的融合

情景教学方法在当前教学活动中发挥着积极作用，音乐课程也是如此，中职音乐教学中可以积极引进微课程理念，将其和情景教学方法加以良好融合，促进学生深入到生动、形象的教学情景中，切身感受到音乐知识的本质与内涵，形成更为丰富的情感体验，有效提升学生的学习质量。中职音乐教师可以将音乐知识转化为一个个情景剧，展现音乐内容对突出情景的效果，可以借鉴专门的拍摄模式，组建教师微课研发团队，再现情景剧中的音乐内容。同时，中职音乐教师还可以充分综合和分析多个音乐教学案例，选定一定的情景表现主题，由学生自行撰写剧本、选择导演和演员，在固定场地完成拍摄任务，并自行做好后期剪辑工作，制作出音乐教学微课程。学生在实际参与整个过程中，能够有效感知音乐知识的存在，激发学生的内在学习兴趣，锻炼学生的音乐知识运用能力。

4. 微课程理念和自主学习模式的结合

自主学习探究模式在中职音乐课程教学中起到积极效果，教师积极引进微课程理念，突显这一教学模式的优势和作用。对于中职音乐课程来说，学生自学存在着一定难度，需要教师做好科学合理的指导。为此，教师积极利用微课程理念，采用微课教学形式，在网络空间中上传已经录制好的微课视频，充分共享微课视频教学资源，给学生提供良好的自学机会。这其中，教师需要积极发挥网络载体作用，充分整合各项教学资源，收集大量音乐知识内容和音乐作品片段，让学生学习相关知识点。学生可以凭借微课视频，自主预习和复习相关知识点，在反复学习中加深理解；还能通过视频回忆整个课堂教学过程，增强知识记忆能力；还可以随时随地开展学习。学生学习自主性显著上升，音乐课程教学水平明显提升。

五、结束语

微课程理念对于中职音乐教育具有重要意义，主要表现在微课程理念顺应时代发展趋势和特征，有利于增强学生的自主学习能力，且能够更新音乐教学方法和模式，提升教学质量。促进微课程理念和中职音乐教育方法的良好结合，可以从优化传统讲授式课程模式，促进其与 PPT 课程模式有机结合，实现情景教学方法的融合以及自主学习模式的结合入手，同时还要积极培养优秀教师团队。

【作者简介】

邓斯，广西物资学校专任教师，讲师。研究方向：声乐、钢琴。

探究微课在中职学前教育专业手工教学中的运用

陈燕芳

【摘要】 作为一种现代化的教学模式，微课在教育领域内的应用日渐广泛，中职学前教育专业手工教学活动，因微课的应用而充满魅力，学生参与学习的主观能动性得以充分调动。本文就中职学前教育专业手工教学中运用微课的重要意义进行阐述，进一步对微课在中职学前教育专业手工教学中的运用策略展开探究，旨在促进教学目标的顺利实现。

【关键词】 微课；中职学前教育专业；手工教学

一、引言

在中职学前教育专业内，手工教学占据着重要地位，以手工材料为对象，以手工技能和手工操作为支持，来进行加工和创造。通过手工教学活动的开展，能够强化学前教育专业学生的动手能力，发散学生的思维，激发学生的创造力，为其从事学前教育行业打下良好的基础。微课的出现和应用，为中职学前教育专业手工教学的有序推进提供了良好的支撑。

二、中职学前教育专业手工教学中运用微课的重要意义

中职学前教育专业领域内，将微课应用于手工教学，促进了传统、单一化教学模式向生动化、精简化的课堂教学模式转变。通过不同类型的微课来对学生进行启发、引导，就知识进行讲解，就问题进行探究，可促使学生更好地吸收内化专业知识，促进学生实践操作能力的逐步增强，且理论知识与实践操作相结合，有助于切实改善中职学前教育专业的教学成效。运用微课来解剖经典的案例，让学生能更直观地看到实际的操作，从而也能激发学生对手工课的兴趣。对于学前教育专业学生来说，手工技能的强化，能够为学生就业奠定良好的基础。手工操作是一个系统的过程，能够对学生逻辑思维、创新能力、动手操作能力等加以有效锻炼，有助于稳定学生的情绪，发掘学生的内在潜力，促进学生积极向上发展，更好地参与到学前教育岗位活动中。以微课为支持，能够打造生动的手工课堂，增进师生之间对良性互动，便于优化教学方式，顺利突破教学重难点，手工教学的专业性更强，学生参

与积极性得到明显调动，促进手工教学整体效率的提升。在新时代下，教育教学领域内多媒体资源得以融入，促进了教学模式的变化，以微课为支持推进教学，能够赋予手工教学以时代特征，促进中职学前教育专业教学的有序推进。

三、微课在中职学前教育专业手工教学中的运用策略

（一）提高认识，激发兴趣

为促进微课在手工教学中的应用价值得到最大化发挥，要从中职学前教育专业教学的现实情况出发，尊重学生的主体地位，提高学生对手工课程的思想认识，明确手工课程学习与未来从事学前教育存在密切关联。手工课程具有一定独立性，也为其他学科提供辅助，在学前教育领域内占据着重要地位。实际手工教学过程中，可充分发挥微课资源的应用价值，播放相关视频资料，展示幼儿园手工用途，强化学生对手工课程的认识，找准基本学习方向，为手工教学活动的有序开展打下良好的基础。

通过微课的应用来激发学前教育专业学生参与手工创作的兴趣，在授课教学中引导学生正确认识艺术与生活之间的联系，从而在制作过程中将艺术与生活相结合。比如，在"废旧物利用"教学过程中，可通过微课资源来展示废旧物再利用后如何制作出丰富多彩的手工艺品，通过此种方式来吸引学生的注意力，激发学生的灵感，促使学生充分发挥自身的主观能动性，这不仅能改善手工教学效果，还能强化学生环保意识，促进资源再利用，对于学生的全面发展具有重要意义。

（二）巧妙设计，直观演示

在手工教学过程中，通过微课来创设趣味化课堂是可行的，能够将知识点、教学效果、课堂反馈等因素融入微课设计，保证微课设计的巧妙化，为学生做出示范，这有助于切实改善手工教学效果。在实际教学过程中，可对手工近期热点进行跟进，明确中职学前教育专业手工教学的现实情况，掌握教学重难点，精准开展教学。在微课制作过程中，以经典案例为题材，同时要确保逻辑性强，简洁明了，以图片、音频等为辅助，对微课设计进行优化，确保其能够为手工教学服务。微课设计应用具有趣味性，对学生能够产生强烈吸引力，设计与操作的角度应当与幼儿的行动力与操作力相符合，才能切实强化中职学前教育专业学生的教学能力，为其就业与工作打下良好基础。

比如，在"面塑"手工教学过程中，教师可以先通过微课展示一些用面塑制作出的作品，随后教师进行现场示范，制作出不同类型的面塑作品，让学生更清晰地了解制作步骤，随后教师可组织学生进行手工制作，鼓励学生对不同面塑造型进行

创造，这就能够发散学生思维空间，同时也能提升学生的创造力。在手工教学过程中，教师要做好示范，主题突出、内容具体、强调课题的重点以及操作中的重要步骤。示范性手工教学，有利于学生把握手工操作的步骤，更直观地观察制作过程，合理控制细节，可以为将来的创作做准备，有助于改善手工教学的整体效果。

（三）精彩导入，个性创作

手工课堂教学的有序推进，需要做好课堂导入，激发学生个性创作，切实提升学生的手工操作能力。基于学前教育专业特色出发，合理组织开展手工教学，通过语言讲解与实践操作的协调配合，来强化学生对专业知识的理解，在潜移默化中提高学生学习能力，培养学生审美素养，促进高效教学的实现。在这一过程中，应当充分发挥微课的应用价值，保证课堂导入的精彩化，对学生产生强烈吸引。以生动的微课资源营造课堂气氛，将视频、图片、文字、音频等结合起来，调动学生手工学习的热情，培养学生审美特质，手工教学活动也得以有序推进。比如，在"面具"教学过程中，可通过微课来营造生动的课堂氛围，顺利导入课堂，鼓励学生开展个性化的手工创作，在潜移默化中培养学生的创新思维，免受框架限制，培养学生的创造能力，促进中职学前教育专业手工教学质量的提升。

（四）明确重点，深化理解

手工教学内容丰富，教学目标明确，对于中职学前教育专业学生来说，在繁重的学习任务下往往会出现遗忘的情况，影响实际学习效率。而微课的应用，便于学生把握手工教学的重难点，促使学生脑海中知识结构的顺利构建，进而整合资源，开展更为高效的学习，促进学生知识水平提升和手工操作能力的逐步增强。比如，在"纸偶"教学过程中，为避免学生出现遗忘的情况，可以微课资源为支持，来对教学内容进行讲解，保证语言的通俗化和图片视频的生动化，便于学生更好地加以吸收内化，使教学重难点顺利突破。

在中职教育阶段，学生占据着主体地位，学前教育专业手工教学活动的开展，要关注学生的课堂体验，以微课为支持来对手工课堂进行优化设计，促使学生充分感知到手工课程的趣味性，积极参与到手工创作中。教师可结合学生实际情况来进行合理分层，把握手工教学需求，这就能够从不同角度来对学生思维加以锻炼，激发学生的创造力，促使学生综合能力显著增强，学前教育专业手工教学也能够获得良好的效果。比如，在"瓶子的造型"手工教学中，为强化学生的课堂体验，可将学生合理分组，通过小组的形式进行课堂操作，在微课进行设计时，可以围绕如何设计各种不同造型的瓶子，通过此种方式启发学生的思维，激发学生的创造力，让学生学会自行设计与创造。教师应当密切关注学生表现，并加以辅导，以确保手工教学效果得以改善。

四、结语

综上所述，微课因其自身的先进性在教育领域得以广泛应用，对于中职学前教育专业来说，在手工教学过程中，可通过微课来激发学生学习兴趣，通过巧妙的设计来打造生动的课堂，对学生产生强烈的吸引力，激发学生的创造性，强化学生的课堂体验，从而确保手工教学活动得到良好的效果。可以说，微课的出现让中职学前专业的教学有了一次改革，它以其独特的方式引领着学生在课堂上学有所成，同时也使中职学前教育专业教学水平逐步提升。

【作者简介】

陈燕芳，环境设计，在学前教育专业手工制作方向有着独特的见解和丰富的前沿知识。研究方向：立体构成、手工课。

基于翻转课堂模式下市场营销课程的教学方法研究

蒙慧敏

【摘要】 随着信息时代的发展，更多现代教育技术手段被应用于中职学校的课堂教学当中，微课、慕课、翻转课堂以及手机课堂等全新概念为职业教育发展提供了重要平台。市场营销课程是中职学校市场营销专业课程体系中的一门核心课程，利用信息化教学手段激发学生的学习兴趣，促进课堂教学效率的提升，是教师应该重视的问题。笔者认为，在翻转课堂模式下开展市场营销课程教学，以学生为主体、教师为主导，让学生在体验、探究中学习，能够有效提升教育质量。

【关键词】 市场营销；翻转课堂；微课；MOOC

MOOC（Massive Open Online Courses）即为大型开放式网络课程，随着计算机和信息技术的发展而迅猛发展。2012年美国众多高校陆续构建网络学习平台，让学生通过网络免费进行课程学习，2013年新加坡国立大学加入MOOC的构建和应用队伍中，2014年MOOC课程概念进入中国，由中国教育部爱课程网和网易合作推出具有中国特色、拥有中国自主知识产权的MOOC平台。当前中职院校面临着诸多教育教学困境，在市场营销课程教学中，应用MOOC教学模式，可以扬长避短，激发学生的学习兴趣，提升教育教学效率，促进学生的进一步学习和发展。

一、市场营销课程实施翻转课堂的优势

1. 提升学生的学习质量

在中职学校市场营销专业市场营销这门课程的教学中实施翻转课堂，以MOOC教学模式突破传统教育局限，可以有效弥补以往职业教育模式的缺陷，更新教育观念，突破思维定式，为学生创造全新的教育环境，通过互联网平台接受更多有用的知识和信息，提升学习效率。基于翻转课堂，利用信息技术的优势，可以随时随地搜索市场营销的相关知识，在文化基础课、消费者心理等多方面自由、自主地展开学习，吸收和消化有利于自身发展以及自身感兴趣的知识。在此形式下，学生不再受限于传统的实体课堂和教室，有效解决了传统"填鸭式"教学的缺陷，提升了学生的学习兴趣，激发了学生的主动性和参与性，让学生能够自主学习，不断积累知识，提升和丰富自己。此外，通过网络信息渠道，学生可自由从社会的角度了解市

场营销专业相关岗位的动态、市场需求，为未来的职业发展做好充分的准备。

2. 突显教育的公平性

翻转课堂是一种全新的课程方式，在近几年的发展中，取得了不错的成绩，不仅具备信息技术优势，且课程内容覆盖面也较为广泛，从正式学习到非正式学习都能提供有效的支持和帮助。翻转课堂颠覆了传统的教学模式，在思想、观念以及教学方式上都与传统教学不同，但又能够与传统教学模式相结合，将传统教育精髓融合到课堂中。此外，翻转课堂以学生为主体进行，学生在学习和发展的过程中能够自主开展学习，在课堂之内、课堂之外随时随地都能够进行有效的学习，同时以探究式、小组式、任务式等多种模式进行课堂学习，有效提升了学习效率。翻转课堂的实施让学生拥有了自主、自由的学习空间，符合教育改革的实际要求，也突显了教育的公平性，在教学中不再以教师为主体展开教学，而是围绕学生开展课堂教育活动，在此环境下，增加了学生与学生、学生与教师交流互动的机会，有助于教育活动更顺利地开展。

3. 实现教育信息共享

教育信息共享是教育进一步发展的基础，中职院校作为职业人才的培养集中地，加强信息化建设，提升教育信息共享的力度，是当前的重要任务。信息化建设有利于提升学校的整体教育水平，基于信息化开展的教育课堂，其教育成效更为突出。对于中职院校而言，慕课、翻转课堂、微课等教育方式都要基于信息和网络基础进行，而信息化建设是一项系统性的工程，仅有基础的设备设施，难以满足教学的实际要求。由此，中职院校要加强与有经验院校之间的联系，让多个专业、多个教师、多个设计人员参加到课程的开发与设计中，借鉴其他学校的教学实施经验，与企业合作推行产教融合模式，在企业提供资金、技术支持的基础上，充分整合教育资源，建立教育数据库，增加各专业之间、合作院校之间的交流与合作，从而推动多方共同发展。

二、中职学校市场营销课程教学现状

1. 学生基础差异较大

中职学校市场营销专业班级的构成情况较为复杂，主要原因在于学生的学习基础差异较大。很多中职学生由于中考失利等多种原因进入学校，且学生年龄较小，处于青春叛逆时期，学习态度、学习基础均有很大的差异，在学习中往往找不到重点，没有积极地参与到学习中。且中职学生多数没有职业规划，对未来的职业发展也没有做好充足准备，在日常学习中，认为市场营销等专业课程的学习内容较为枯燥，很难全身心地融入学习中。

2. 学生缺乏学习兴趣

中职学校市场营销课程多以传统教学方式为主，在教学过程中，由于知识体系结构不完整，学生的基础较差，教师必须大量灌输理论和基础，但市场营销专业课程涉及的理论知识、基础知识众多，在教育过程中以传统灌输式方式教学，难以达到良好的教学效果。学生不仅没有办法融入课堂，甚至认为课程枯燥无味，反而失去了学习兴趣。兴趣是学习的基础，由于缺乏学习兴趣，学生很难有效融入学习中，难以吸收和消化课堂中的知识，导致学习效率难以提升。由此，教师应该探索有效的教学方式，以不同于传统的教学方式激发学生的学习兴趣，让学生主动参与到学习中，促进学生的学习和发展。

三、基于翻转课堂模式的中职学校市场营销课程教学策略

1. 课前自主学习

基于翻转课堂模式的市场营销课程教学，应该结合市场营销专业课程体系的教学目标，整合各门课程的教学资源，明确教学重点，在此基础上展开教育活动。在教育活动开展的过程中，课前自主学习是翻转课堂的重要阶段，在课堂教育正式开始之前，利用微课视频的形式，对课堂的重要知识点进行讲解，让学生通过手机、电脑、平板等终端下载微课学习资料，并提供相关的学习资源、学习链接，明确安排课前学习任务，让学生能够在课前对重要知识点和相关理论进行学习。教师在录制或选择教学微视频的过程中，以教材为基础，可融入趣味性的内容和案例，激发学生的学习兴趣，让学生了解到这些知识点对自身未来的职业发展的意义，从内容上认可和接受课程，并且自主展开学习。对于课件的设计，教师也要学会应用创新的思维和创新的设计方案，从而有助于提高学生的注意力，保障课堂教学效率。

2. 课内互动学习

基于翻转课堂模式的中职学校市场营销课程教学，要以学生为基础展开，基于学生的学情和兴趣进行教学。在学生课前学习的基础上，以多种方式展开教学。

（1）任务驱动法，即利用小组任务式进行学习，这是当前比较流行的一种教学模式。该方法是将学生分为若干个小组，既可以成绩好的和差的交替分组，也可以按不同学习能力进行分组，然后布置学习任务单，让小组跟随学习任务单展开探究式学习，结合课前学习的成果，进行新课程的学习，在学习过程中发现问题，将能够解决的问题自主解决，不能够解决的问题则和教师讨论解决。老师在教学过程中担任指导和帮助的角色，对学生每一阶段的学习成果进行点评，促进学生进一步的学习。

（2）情境教学法，即营销情境模拟。教师利用相关视频及课前准备的资料，在

课堂中模拟市场营销的情境和案例，围绕市场营销各个环节、各个阶段可能存在的问题、情节展开分析，让学生在模拟的营销环境中展开进一步的学习，从而提升自身的实践能力，将课堂学习的知识有效应用实践环节中。课内教师要充分发挥引导的作用，引导、鼓励、帮助学生，告知学生如何从不同的角度去思考和解决问题，而不是一味地进行理论灌输。

3. 课后总结和复习

课后是学生总结、评价、反思和复习的有效阶段，在任何学科的教育教学中，都不能忽视课后总结和复习。在中职学校市场营销课程中，课前预习阶段和课堂学习阶段的市场营销课程素材、资料、链接等，在课后以网络渠道传输给学生，或建立公共课程平台，供学生随时下载复习。教师在课后要对整个课堂进行总结，对学生的任务完成情况进行评价，总结课堂中出现的问题，以便在以后的课程中完善。课后，教师要通过网络平台与学生交流和沟通，鼓励学生自主复习，并且搜索和课堂有关的知识，进行知识拓展。鼓励学生将课堂的感悟和心得及时反馈，针对有疑惑的问题和未解决的问题，在线上与教师、同学进一步交流。此外，学生也可以将学习中的感悟、收获及经验分享到学习平台，供其他学生学习和参考。

四、结束语

基于翻转课堂开展中职学校市场营销课程的教学活动，借助短小精辟、情景化、集中化、便携式、趣味性的 MOOC 方式，能够有效提升学生的学习兴趣，并且与中等职业教育的有效教学手段相结合，在提升教育质量的同时，让学生在公平、优异的环境中展开学习，突显了教育的公平性，同时也促进了教育信息化发展。翻转课堂符合"互联网+教育"的全新发展模式，也是未来教育发展的主流趋势，在中等职业教育中的各个专业中实施，对院校、教师团队、人才培养、学生管理、教学革新等方面都有积极的影响。

【作者简介】
蒙慧敏，广西物资学校高级讲师。研究方向：语文教学教改。

中职英语教学中信息技术应用手段辅助教学的研究

苏 穗

【摘要】信息技术的发展使云技术、大数据、翻转课堂、微课、慕课等概念层出不穷。教育现代化，已是当前现代信息技术教育过程中的热点。中职英语教学同样需要通过信息化等网络方式进行，使中职学生更好地提高英语水平。作为一名中职英语教师，需要顺应潮流，合理地将信息技术应用于英语教学中，以提高学生的学习效果，同时凭借信息技术多元化的媒体平台设计英语课堂，提高教学质量，以期达到创新英语课教学的目的，形成信息技术教学新思路。

【关键词】信息技术；英语教学

一、信息技术运用于中职英语教与学中的优势

（一）信息技术环境支持下的中职英语课堂教学能培养学生自主学习的习惯

中职学生英语基础普遍较差、兴趣不浓，传统的学习方式对于大多数中职生来说很难做到积极自发地去学习，但在信息化的环境下就容易调动学生的积极性，促进学习进度的提高。比如，软件开发商专门为学校学生定做的各种英语学习资源，学生可以选择自己喜欢的APP，利用它进行学习，教师可利用其来上课、复习单词。各种丰富的功能让学生的学习像闯关玩游戏一样，而且在学生闯关结束后，还可以分享到朋友圈。英语学习软件的分享朋友圈功能、排名功能、积分兑换功能提高了学生的主动性，这种学习方式非常适合中职学生。可见，在信息化的环境下，学生能在无人监督的情况下进行自主学习。

（二）提高了中职学生的学习效果和学习兴趣

利用多媒体调动感官更能激发学生的学习兴趣。建构主义学习理论提倡创设真实"情境"。在信息化教学中，情境的创设较之传统方式更为真实、丰富、生动。比如，多媒体动画制作软件可以让静止的画面动起来，给学生以更直观形象的感受。信息化教学的学习资源能以文本、图像、声音等的综合形式展现给学习者，以多样的表现手段使教学变得更生动具体，从而激发兴趣，聚焦注意力。而且资源内容的

更新更快，领域更广泛。尤其是英语教学，多媒体课件、实物投影等手段把教材中单调的外语知识，通过图文声整合后形象、具体、生动、逼真地展示出来，有助于加深学生对所学词、句的理解，使学生在轻松愉悦的氛围中不自觉地接受和汲取，营造出良好的课堂气氛和语言环境。

（三）提升学生信息化素养和信息技术水平

中职学生学习的主动性不足，容易被教学内容之外的网络资源所吸引，在使用信息工具时，教师能借此契机教育学生积极、健康地使用信息技术。在课堂教学时，校园网要进行网络管理，限制学生观看视频和玩网络游戏，端正认知，引导其主动参与信息化学习。

青春期的孩子对于新鲜事物和电子产品好奇，对比教科书，他们更愿意在 APP（手机软件）和电脑上学习。软件不但有图片、有声音、有视频，还可以闯关和分享朋友圈等，这促进了学生的学习积极性，提升了教学的效率。网上丰富的视频资源，可以把学生迅速带入情境，对语言教学甚为有效。

二、利用信息技术创设中职英语课堂中的多样化教学模式

（一）构建活泼生动的语言课堂

1. 创设生活语言情景

教师在课前从网络上找寻到对应课堂内容的图片及相关视频；或针对某一单元的语法特点，围绕基本词性或者语言的使用规则，从网上收集对应的简短对话，使学生明确这些词及语法的具体用法，然后制成幻灯片，以便于在授课讲解过程中的不同环节适时播放。在对话环节，教师在对话视频播放后可以分几组，每组请几位同学来到讲台模仿视频中的人物角色来一次情境表演，以所学单元的话题为主题展开简单的对话，在结束对话以后全班评分。这种简单对话表演的活动方式对于中职学生而言是完全能胜任和受他们喜爱的。教师转变先前的教学模式，创设的趣味课堂，也使枯燥乏味的英语学习本身变得轻松有趣。这样不但能为学生提供自主训练的机会，也加深了他们对于某些相关词汇、句子的印象。在互联网上，一段生动活泼的视频、一段有趣的英语对话片段，都可以加深学生对新学内容的理解。如在教"What do you think of"句型时，我根据课文教材，利用网络资源找了几个语言交际情景：at the party, at the magic show, at the talk show, at the fashion show，每个情景中有各种不同的人物在做各种不同的事情。学生可运用已经学过的"It's great！""____ is my favorite." "It is so much fun." "I like the ____." "I's quite fantastic." "It's wonderful." "I just couldn't believe my eye" 等常见的简短回答句子，然后学生

在小组合作角色扮演模拟视频中的生活情景，在对话中反复记忆。这种在活动中重复记忆的方式能让中职生积累对话的内容，满足好动的特点，也缩短了教学和现实的距离。教师还可以利用多媒体中的录音机，给学生表演录制朗读的录音，让学生自己当评委，播放录音，让全班一起评价。用这种新颖的方法，加强学生之间的竞争意识，远比教师示范朗读更能调动学生的主动性。实践发现，在使用录音功能时，学生感到新奇，都很乐于尝试。同时，为表现更好，学生在朗读的时候自觉地对自己加强了要求，更认真了，读音也越来越标准，很多平时很少开口读英语的学生也积极起来，调动了学生对英语的兴趣，锻炼了交流能力，更好地体现了课堂教学以学生为中心的原则。

2. 运用信息化技术设计出生动有趣的事物形象，搜索素材制作课件，扩展知识面

中职学生注意力和兴趣的可持续性并不强，针对此问题，英语教师应通过信息技术的应用，制作或寻找一些与课程有关的图片作为课本教材图片信息的补充，丰富课堂教学内容，引发学生想象力，激起其求知欲和好奇心，同时强化形象思维，通过一些自主的形象思维进行英语学习，更好地掌握和理解英语课文的对话内容，加深对所学内容的记忆。让学生在上完每一节英语课后，即能记住所学的知识点和英语单词，在课后只需稍加复习，就能完全掌握所学的内容。比如，在英语服务类模块中学习饭店有关的知识时，通过图片呈现和各种特色饭店的视频欣赏，让学生了解酒店的工作岗位，学生在欣赏之余下不知不觉记住相关的词汇，也有了形象感。

中职学生英语学习的起点比较低，教师可在互联网搜索和课文相关的扩展知识，然后通过多媒体的教学方式将这些扩展知识展现给学生。如教师可以先利用多媒体技术将对话过程设置成图片动画，使整个对话变得更加形象生动，上课一开始就吸引住学生的目光，也通过简单的对话让学生了解到本节课的学习内容。此外，简单的英语小游戏，如填词游戏也可帮助爱互动的中职学生记住课上学习的主要词汇。

（二）微语音的沟通、移动平台和微信公众平台的使用营造了英语学习的情境

1. 微语音和移动在线课堂教学平台的互动增强了课上课外交流沟通的机会

信息技术下的师生互动多是教师利用自己课余的时间，与中职学生进行沟通，比如，今年新冠疫情延迟了英语技能大赛的训练，学生不在校期间，教师牺牲自己的空闲时间，对学生的听说读写进行辅导，通过 QQ 或是微信等手机社交软件的语音功能和腾讯课堂随时直接与学生进行英语对话和解惑。教师从语音、语法等多维角度对学生做出纠正，增强了师生交流，争取到更多学习的时间。微语音互动是当前最为直接、简便的师生交流互动方式。

雨课堂是学堂在线与清华大学在线教育办公室共同研发的一款智慧教学工具，覆盖了课前、课上、课后的每一个教学环节，通过PPT和微信就可实现课前推送资料、课上互动、课后遥控建立起沟通渠道。例如，我在课前通过微信群把语音课件推送到学生手机上让学生预习。以前教师让学生预习，是没有办法检查的，现在有了雨课堂软件，教师的微信会显示每个学生是否阅读内容。教师还可根据需要，准备好课堂上使用的填空题，在软件功能支持下，在课堂上实时答题、发弹幕，进行互动。课后还可以根据学习进度设计简单的习题，查看学生的回答，作为改进教学的依据。

此外，很多微信公众号可以帮助感兴趣英文的中职生提升学习英语，比如《21世纪英文报》、普特英语听力网。英文阅读材料可从英语世界、新东方英语、蔡雷英语、沪江英语等有关英语的公众号中得到。韦伟和不少学者都研究过基于微信及微信公众平台的移动学习模式的构建，其中基本功能是通过微信及微信朋友圈的互动学习、交流，及时提出问题和解决问题，教师通过微信群构建的英语学习小组可让学生讨论学习有关的问题，通过微信公众平台推送学习有关的资料，展示学习成果等。此外，还可利用超星移动图书馆、流利说英语、谷歌翻译软件等APP，词典类APP（如有道词典、金山词霸等）、单词类APP（如百词斩、扇贝单词、沪江开心词场等）、听力APP（如扇贝听力、TED等）辅助课堂内外学习。

2. 信息技术培训普及了中职教学微课的应用

最早的信息技术运用于课件制作的方式是把上课内容制作成PPT，然后插入图片或者视频。我校很早已培训一线教师使用会声会影等软件，之后我区教育厅举办中职教师信息能力提升培训班，在多次授课中也讲解了美化大师、iSpringSuite等插件的运用，这些软件易操作、上手快。美化大师是一款优化Office文档的工具，可在线提供海量精美的图片、图示、模板等资源，为教师节省查找素材的时间，快速做出精美的PPT课件。而iSpringSuite插件，可将PPT转换为Flash动画。新冠病毒疫情延长的假期，我校开展信息化培训，教师学会了用简单的录屏软件把PPT很快制作成微课，即微视频，内容是教师利用信息技术对教学中的重点、难点、疑点设计有故事情境和节奏感的课例片段。英语教师常见的做法是每一个Lesson分别制作三个微课，其中一个微课用于学生识记和学习单词的读法和拼写，掌握重点词汇，两个微课用于介绍单词用法和复习单词，学生运用这一新单词进行正确的翻译、写作和交际，巩固词汇知识，也会将词汇知识带到句子或段落中去记忆理解。学生通过反复观看微课进行课前预习和课后复习，提高感知与思考积极性，掌握词汇内容，进而内化提高。

（三）信息技术轻松实现对翻转课堂、任务驱动法等教学模式的驾驭

翻转课堂是近些年来普及的一种以学生为中心的先学后教的教学模式。学生在

课前使用手机、笔记本电脑等信息技术工具进行预先学习，课堂上通过合作小组再进行讨论，完成学习任务后展示学习成果，最后由教师对学生的学习情况进行评价与反馈，学生再根据老师的反馈进行适当的矫正或补充。比如，我尝试过应用翻转课堂教授本校的中职教材，在课前先将介绍万圣节由来的配有中英字幕的视频，通过QQ群和微信群发给学生观看，当教师在课上展示雕刻了镂空笑脸南瓜图片和彩色糖果时，学生马上就回答："This is Halloween!" 在熟悉了美国万圣节的风俗习惯后，同学们在课堂互动中对课前观看的视频提出了许多有趣的问题，使得气氛热闹了起来，调动了参与课堂的积极性。教师顺便引出我国春节、元宵节、端午节的民俗，并播放从网络上下载的制作精良的资源，如优秀传统文化之龙舟节的英文视频，让学生在轻松愉悦的氛围中掌握我国几个传统节日的有关知识，也顺利地完成了之后的口语训练，达到了较满意的教学效果。

在利用信息化手段实施任务驱动法教学模式时，首先要创设情境，即播放一段英文点餐视频。然后要布置任务，如争做最佳服务员，给VIP客户（教师）提供点餐服务。接着就要实施任务，要求学生完成两大任务：利用语音软件练习发音，学习酒店各个提供服务设施的地点的单词；利用课件APP制作填词游戏，以小组PK闯关的形式进行。最后进行任务评价，即根据任务得分评出本堂课的最佳服务员。

在以上所举的例子中，该课的教学目标为与酒店服务设施地点和各类客房以及提供服务的工作岗位相关的14个英文单词，那么教师不能把记忆这14个左右的单词作为本节课的任务，而应让学生利用这些单词去学习关于服务的英语对话，学习相关的英文对话并完成服务环节才是该节课的任务。而教师需要注意的是，任务的设计安排要符合学生的学情，不能太难，因为中职生本来英语基础就非常薄弱，适中的任务才能激发学生的活动乐趣。

同样的，我们可以再举一例子。学生在学习"What is your travel plan"一课时，教师给其中一个小组的材料是旅行社的几个旅行路线，而给另一个小组的材料是一个家庭的出游计划，那么两个小组需要互相沟通来选择适合的旅游路线。在探究的过程中，学生需要利用网络来搜集相关资料，利用翻译软件解决自己不会表达的语句。如果没有信息化资源和手段支持，以中职学生的相关知识储备和英语基础，学生将无法使用英语进行探究。教师在设计过程时注意要明确小组分工。根据任务需要和组员特点进行分工，责任到人——有负责查找收集资料的，有负责展示讲解的，有负责书写板书的，有负责记录的等，要确保人人参与。这种任务驱动合作探究的方式培养了学生合作意识、服务意识和责任心，有效地达到了德育的目的。

三、结语

信息化是这个时代的特征,信息技术对学习语言的作用十分明显,也带来了更多感官上的刺激。无论是老师还是学生都希望能够紧跟时代的步伐,掌握新的技能,学习新的内容。教师如何将信息技术与英语教学完美结合,帮助中职生在听、说、读、写方面都到有效训练,提高中职生英语的学习兴趣从而能自主学习,在教学中还应做更多的探究。

【作者简介】

苏穗,助理研究员,广西物资学校基础教研室英语教师。研究领域:英语、信息技术、德育。

行为引导教学法在戏曲专业语文教学中的实践与探究

唐云霞　梁广慧

【摘要】 本文针对中等职业学校学生学习兴趣不高的情况，提出行为引导教学法在语文教学中应用的必要性，阐述在戏曲专业采用角色扮演法、案例分析法和任务教学法的语文教学实践，让学生成为课堂的主体，教师作为课堂的"导演""教练员"和"规划师"，有助于调动学生学习语文的主动性，提高戏曲专业学习效果，提高学生的核心素养，实现语文教学与戏曲专业的有机融合。

【关键词】 语文教学；戏曲专业；行为引导；核心素养

在中等职业学校的语文教学中，多数采用传统的讲授教学法，教师是课堂的主体，学生被动接受知识，学生学习兴趣不高，学习缺乏主动性与积极性，严重影响了教学效果。增强学生核心素养的途径之一就是让学生成为课堂的主体，教师应大胆放权，"授之以鱼不如授之以渔"，激发学生的学习兴趣成为教师的新职责。针对这种情况，笔者在戏曲专业班级语文教学过程中，将教学内容、教学方法、学生情况等方面进行了综合研究与分析，探索如何正确引导学生"主动学、积极学"，尝试用行为引导教学法开展语文教学，从"教"法向"学"法转移，激发学生的学习兴趣，让学生在做中学、学中做，在做中动态地、开放地、创造性地学习，从而使学生学会综合思考问题，提高学习兴趣，较好地完成学习任务。

一、行为引导教学法

行为引导教学法对提升学生全面素质和综合能力有十分重要的作用，因此倍受职业教育界推崇。行为引导教学法，顾名思义，以教师的引导为主体，以关注学生成果为核心，以调动学生学习积极性为切入点，采取一体化教学，让学生在课堂上自觉地动起来，积极参与课堂教学活动，把课堂变成"活"舞台，将"要我学习"转变为"我要学习"。在行为引导教学法实施中，不但促进学生掌握了专业知识，更重要的是培养了学生的综合能力及综合素质，以适应社会发展的需要。

目前主要的行为引导教学方法有角色扮演教学法、案例分析法、任务教学法、头脑风暴教学法、张贴板教学法、项目教学法、引导课文教学法及模拟教学法。针对戏曲专业的语文教学，笔者就前三种方法在语文教学中的应用，进行实践与探讨。

二、行为引导教学法在戏曲专业教学中的实践

戏曲专业的语文教学,一方面引导学生从环境描写、肖像、动作、语言方面分析剧本里的人物形象,抓住人物性格特征,有助于戏曲学生理解唱词所传达的情感,理解剧本的人物形象,揭示剧本的主题思想,把握饰演角色的性格特征,更好地促进专业的学习;另一方面启发学生选择课本教材中感兴趣的题材,自己编写课本剧,有助于学生对戏曲基础知识的进一步掌握,提高学生阅读文本的理解能力,强化学生对语文基础的学习,提高学生语文阅读能力,增强学生的核心素养。

(一)角色扮演教学法

角色扮演教学法是指让学生扮演社会中某一特定职业或情景下的角色,通过角色行动处理问题,从而对所学知识获得领悟的教学方法。寓科学教育于表演过程,把科学性、知识性、趣味性巧妙地结合起来,使教学过程生活化、艺术化,使学生在角色扮演和角色交往中,学习科学知识,激发学习兴趣。课堂成为学生的舞台,学生变为表演者,并根据个人兴趣及能力,分饰不同角色;教师退居幕后,成为导演。

在语文教学中使用角色扮演教学法最容易调动学生的学习兴趣,唤起学生的群体参与意识。因为在这种教学方式中,课堂的真正主人是学生。在戏曲专业课程的《宝莲灯》人物形象赏析课上,笔者课前给学生布置任务,分三个小组研读文中的三个小故事,让学生查阅资料,掌握文中的故事情节,分角色演绎小故事。课堂上,首先分角色演绎三个小故事:冲破禁令,结为佳偶;宝灯被盗,圣母被压;沉香救母,全家团圆。在学生亲身参与的自主表演过程中,根据研读文本揣摩了人物的动作、语言、神态特点,把沉香、圣母、二郎神,甚至哮天犬的形象演绎得活灵活现,学生们挥洒自如、彰显个性,他们形象生动、幽默风趣的"演技"让课堂笑声不断。学生学得很快乐,整堂课气氛非常活跃。接着,让学生结合课文,互相点评小剧。教师可以观察参演的学生,点评学生是否把握了人物性格。然后,根据课文内容和教学目的提问,如:沉香是如何救回圣母的?表现了他怎么样的精神?二郎神为什么要捉拿圣母?圣母是一个怎样的人?学生经过文本研读已对人物形象有初步了解,在角色演绎和互相点评中认识得到进一步的提升。最后,教师总结全文,学习写法,归纳课文的中心思想。

角色扮演教学法可以使戏曲专业学生将专业表演和语文学习结合在一起,在表演中轻松地掌握知识,加深对作品的理解,深入体会作者的感情,同时可以培养学生的表达能力和思维能力。在角色扮演法实施过程中,学生是"演员",教师是"导

演"，把一堂人物形象赏析课上得生动有趣。

（二）案例分析法

案例分析法就是选用教学内容中常见的并有一定典型性的案例，组织学生进行分析、讨论问题、提出解决问题方案的一种教学方法。案例教学重在开发智能和启发思维，从案例中引申出带规律性的道理；培养学生的思辨能力、分析问题与解决问题的能力。案例教学的主体是学生，一堂好的案例教学课，可以使学生高度参与、充分讨论，实现师生"共商、共赢、共享"。

引导戏曲专业学生阅读戏剧作品，走进跌宕起伏的矛盾冲突，感受个性迥异的人物形象，品味精彩绝伦的人物语言，将戏剧的文学性和舞台性结合起来，是学生在舞台上栩栩如生演绎人物角色的前提。笔者在教学"如何分析剧本人物形象"的专题中，首先，根据教学内容和学生专业情况精心选择、设计案例，进行量体裁衣、精心打造，案例是教学的主线，要贯穿一堂课的始终，能起到组织教学各环节的作用。笔者选择了广西的地方戏曲壮剧《醉酒英雄》作为案例，因为这个文本有跌宕的矛盾冲突、细致的人物描写，讲述了小人物蜕变成英雄的过程。通过研读该案例，引导学生分析人物形象，把握人物性格。然后，利用多媒体给学生展示案例——广西优秀地方戏曲壮剧《醉酒英雄》，要求学生认真观看，研读课文文本，深刻感受人物角色。接着，设置问题，组织学生讨论案例。设置的问题围绕教学内容安排，为引导学生掌握分析剧本的人物形象而服务，设置提问要有层次性，循序渐进，由易而难逐渐深入，利用不同的问题诱导学生对知识各个层次进行深入思考。通过观看视频资料，学生对文本阅读有了更深层的理解，激发了学生的好奇心，参与范围广，回答问题时各抒己见，这要求教师要有驾驭案例问题的能力和应变能力，要把控讨论的方向，由"放"到"收"，把讨论引导到问题的解决上去。在学生充分地讨论后，先由学生陈述讨论结果，教师再对学生零散的讨论结果进行讲评、总结，以实现教学目的。比如在教学中，学生对韦老六这个人物形象和标题《醉酒英雄》提出质疑，韦老六是英雄吗？他没有做出轰轰烈烈的大事，为什么赋予他"英雄"的称谓？通过学生提出的问题可以看出，他们走进了文本，并认真思考剧本的主题思想。学生们众说纷纭、各执己见，有的说韦老六就是一个小人物，有的人说他战胜了自己的"小我"……接着，教师"穿针引线"，归纳总结，并引导出与"如何分析剧本人物形象"相关的理论知识，总结分析剧本人物形象的方法。归纳分析和点评阶段是案例教学的最后阶段，往往是一堂课的高潮。在这个阶段教师必须掌控全局，通过学生的发言了解讨论的效果，并且要求学生将案例与专业理论结合起来，归纳出一般性的属于自己的理论观点，并形成习惯性的学习。

如此一堂课上，教师只是"教练员"，对学生的讨论分析进行启发、引导，在整个学习过程中，学生由被动接受转变为主动探求，在探求的过程中享受学习的乐趣，教师也实现了教学目的。

（三）任务教学法

任务教学法是在真实的情景中，运用各种教学技能及知识，来完成有意义的任务。有意义的任务能帮助学生增强自主学习意识和探索知识的能力，促进其成就感的培养，更有利于学生建构知识体系、完成任务。任务教学法应遵循"三主"原则，即以任务为主线、以教师为主导和以学生为主体，充分发挥学生的主观能动性，让学生作为任务的执行者，主动参与分析任务，变被动学习为主动学习。在任务结束时，学生同样可以作为任务的评价者积极参与评价，发现自身的不足和吸取他人的精华，这种环境下，学生的个人创新能力和自主学习能力可以得到发展。

在戏曲专业的语文教学中，紧紧抓住课标里"语文是最重要的交际工具"，学语文的目的就是"用"，是表达交流思想、交流情感、传承文化。让学生了解到创编剧本正是实实在在地"用"语文这一工具，并要求学生对文本正确地感知、深刻地理解、广泛地搜集、大胆地发挥。

笔者在教学杜甫《咏怀古迹》（其三）时，讲解诗文中引出了历史人物王昭君的故事，抛出"谁是王昭君客死他乡的罪魁祸首"这一问题，激发学生对历史人物的探究兴趣。学习古诗本是枯燥乏味的，借中国古代四大美女之一王昭君的故事激发学生编写历史人物剧的兴趣。心理学家皮亚杰说："所有智力方面的工作都依赖于乐趣。"心理学家布鲁纳也强调："学习的最好刺激乃是对所学的工作材料的兴趣。"于是，首先制定学习任务——编写主题为"王昭君落选"的剧本；然后在班上自由分组；接着，引导学生利用课后时间查找史料；最后小组讨论，创作成剧本。学生对王昭君的故事很感兴趣，究竟当年发生了什么事让如此貌美的人落选，不得不离别汉宫、远嫁匈奴？学生带着问题，以诗句"画图省识春风面"为线索，查阅了不少资料，查到了汉元帝的昏庸，找到了毛延寿的贪婪，以此为基点，深入了解昭君人品正直、自我牺牲的高洁品质。学生从史料中找到自己感兴趣的切入点，以史料为依据，小组成员群策群力，展开想象的翅膀，以王昭君和画师毛延寿的矛盾为戏剧冲突，初步搭建了剧本的框架。笔者在课堂上检查学生的准备情况，在各小组口述故事思路后，重申戏剧的基本要素、戏剧语言特点，指导学生将资料中概括性、描述性的语言改编为戏剧形式的对话语言，用戏剧语言表达主题，另外注意人物的神态描写和动作描写。经过几堂课的引导、汇报、指导、写作，学生写成了《和亲公主》《昭君画像》等小剧本，学生自编自导自演，小组间互相评议，教师点评，完善剧本。

在任务教学法实施过程中，学生被兴趣牵引着去学、去写、去做，教师在其中起到规划的作用；学生乐学，教师乐教；学生养成了良好的学习习惯，教师担任着课堂"规划师"的角色，圆满完成课堂的任务，符合任务教学法的"三主"原则。

角色扮演教学法、案例分析法、任务教学法都属于行为引导教学法，既符合"学生为主体，教师为主导"的教学要求，又很好地体现了教师引导、学生学习、平等参与、平等教学的特点，为学生充分发展创造了空间。作为艺术类中职学校的语文老师，教学实践证明，通过激发戏曲专业学生的语文学习兴趣，调动学生语文阅读、鉴赏的学习积极性，引导学生将语文的鉴赏知识、技能与专业知识结合起来，运用到赏析人物形象和创作小剧本中，有良好的效果。行为引导教学法的实践，有助于戏曲学生掌握鉴赏剧本的技巧和方法，理解剧本的人物情感，学会创作剧本的基本技巧，为戏曲学生专业课打下基础，发挥了语文课工具性的作用，提高了学生的表演专业水平、专业素养、核心素养。

【作者介绍】

唐云霞，广西艺术学校公共文化课教研室主任，语文教师，讲师。

梁广慧，广西物资学校民航服务专业带头人，语文教师，讲师。

浅析刘三姐音乐文化融入中职音乐教学的实践与意义

陆慧芬

【摘要】 少数民族民歌在民族文化中具有自身特点和艺术价值，我国壮族地区有着十分淳朴自然的少数民族民歌，与社会历史的发展具有千丝万缕的联系，能够展现出壮族地区特有的文化艺术内涵。壮族民歌表现的再认识主要是将少数民族民歌结合当下的时代发展需求和趋势进行整合和提升，将壮族民歌与音乐教学相结合是弘扬和发展少数民族音乐文化的重要形式，进而为少数民族民歌发展建立更加广阔的平台。本文对将刘三姐音乐文化融入中职音乐教学的相关因素进行详细的研究，分析刘三姐音乐的起源与发展，并且定位。

【关键词】 壮族民歌；音乐课堂；教学价值

在音乐教学中使用壮族音乐能够有效整合学生的学习进程，针对学习需求和学习目的不同采取不同的教学手段，能够保证学生在学习中的主体地位不受影响，保护学生的个性化发展，给予学生更为完善和充实的学习环境。教师在使用这种教学形式的过程中可以不断完善现有的教学形式，转变传统音乐教学中一味进行模仿教学的局限性，增强课程的生动性，给予学生全新的学习感受。壮族音乐在音乐教学中的使用能够提升学生对于音乐动作和技能的学习，展现学生在音乐表演中的能动性和积极性，确立更加稳定坚实的教学机制，奠定音乐教学良好的基础。

一、刘三姐民歌的音乐艺术价值

（一）刘三姐民歌的起源与发展

刘三姐在我们的印象中基本上是电影人物，实际上刘三姐是民间传说中的壮族少女，她面容姣好、歌声婉转动听、声音优美动人，在传说中被称为"歌仙"。

1. 劳动起源说

在农忙阶段，农民们演唱的歌曲基本上是具有鲜明节奏感的劳动歌曲，产生和创作的过程基本上是与劳动相关的，歌曲的内容也与劳动的项目和动作之间具有十分密切的关系，在演唱中能够展现劳动人民在生产生活中的乐观向上的精神。这类歌曲基本上可以称为"劳动号子"，节奏明快有力、形式粗犷豪迈，在演唱过程中也能够给予劳动者一定的引导和帮助。我国以小农经济作为自身建设和发展的经济基础，壮族音乐文化自农耕文明得以发展，展现了我国农业发展历史的悠久和深远，也能够看出音乐对于我国精神文明建设的重要性，是农业与艺术两个领域协同发展的成果。

2. 火塘文化说

在劳动结束后，人们会哼唱一些能够舒缓劳动疲惫感的音乐，其中具有代表性的是山歌《你讲唱歌就唱》，这类歌曲节奏较为舒缓、旋律较为简单、便于学习、朗朗上口。这类歌曲在演唱的过程中能够给予演唱者和倾听者安静、祥和、愉悦的心理感受。这类音乐具有一定的生活气息，是传统音乐生活化的重要转变阶段。在元宵节期间，人们互换香火祈求来年健康吉祥、发财兴旺，称为"换花节"。端午节洗龙水体现的是祈求身体健康、万事如意的美好愿景。即便是在生活中，人们闲暇时也会将唱歌作为生活的一部分，放松心情，给其他人带去欢声笑语。

（二）刘三姐民歌的作用与价值

1. 时代与民族价值

少数民族民歌在我国的历史发展进程中具有强有力的作用，在当下怎样进行二次发展和创作是少数民族民歌面临的极为严肃的问题。其中一部分具有代表性的壮族传统文化已经逐渐离开了人们的视野，应当怎样对于少数民族民歌进行"急救"？

壮族民歌能够展现壮族在生产生活中的积极性和主动性，也展现了壮族人民在一定历史阶段对于生活的美好追求和向往。壮族民歌自产生以来就对我国一部分地区的生产劳动、精神生活、宗教信仰、家族文化等方面产生了十分深远的影响。在当下的校园教育中渗透和使用壮族民歌文化，是新时期人们对于少数民族传统文化的二次认识和二次创新，能够奠定我国传统音乐文化建设的崭新平台，促进我国壮族音乐文化的良性发展。

2. 娱乐与社会价值

我国政府和文化相关产业部门对少数民族民歌的保护机制不断提升，我们也能够从中窥探少数民族民歌发展的必要性和重要性。目前我国已经对传统少数民族民歌进行了相应的抢救和保护，建立了相关的文化场馆，给予少数民族民歌发展空间，引导人们重新认识少数民族民歌，了解其深远艺术价值。怎样将少数民族民歌以更加生动形象的形式展示在人们面前？怎样通过新媒体的传播和发展引导少数民族民歌重新回归大众视野？这一系列的问题都是当下少数民族民歌工作者的重要工作内容，也是避免少数民族民歌走入进退维谷的尴尬境地的必要保障。

壮族音乐文化在当下的建设发展中已经能够逐渐与流行音乐等大众喜闻乐见的音乐形式相结合，进而保持自身在新时期的文化市场份额，并且民族性的传统音乐文化与社会上的流行音乐、摇滚音乐、说唱音乐之间具有明显的差异性，能够给予听众更加亲近自然的音乐感受，引导听众感知不同的音乐文化，给予我国音乐文化发展更为新鲜的内容。

3. 教育与传承价值

壮族民歌是以声音、影像为基础的艺术形式，能够在同一领域中给予人们视觉、听觉上的双重刺激。通过壮族民歌，人们能够认识到作者的思想感情和艺术认知。在进行少数民族民歌的传承和发展的进程中可借助壮族民歌的生动性、形象性、融合性等特点，进行少数民族民歌的整合和传承，让观众从全面重现的壮族民歌中感受到少数民族民歌的博大精深。壮族民歌的直观性表现能够给予少数民族民歌特定的场景感受和空间效应，少数民族民歌的潜在艺术价值和理念能够在壮族民歌的展现中给予观众人文价值影响和艺术价值影响，进而实现少数民族民歌的保护和发展。

将壮族音乐与学校教育相结合，能够奠定我国音乐文化传承的坚实基础，教育教学工作是进行文化整合和弘扬的重要手段。音乐教育能够以更加直观的形式向学生进行系统的音乐宣传和教育，并且获得具有相对一致性和统一性的教学成果，是当下进行文化传承最为便捷的形式之一。

二、文化传承视域下音乐课堂刘三姐民歌教学可行性研究

（一）以"取其精华，去其糟粕"的原则选择教学内容

在中华民族优秀的文化中，民族音乐是不可忽视的一部分，在音乐教学中融入民族音乐元素对学生的学习和生活都有巨大的益处，有助于培养学生对音乐和民族文化的兴趣。我国的民族音乐具有深远持久、博大精深的特点，在中职音乐教学中加以使用能够极大提升音乐教学的丰富性和多样性，给予学生音乐学习中对多样化教学内容的感受和鉴赏能力，增强音乐教学的质量和水平。

民族音乐不仅指汉族的传统音乐，更包含所有少数民族的音乐，国内所有民族的音乐组合在一起统称为民族音乐。民族音乐的涉及面非常广泛，不同民族和不同地域在漫长的时间中形成了风格各异的特色，音乐自身的表现形式能够以区域为中心，能够加深学生对少数民族音乐的了解程度，引导学生学习和了解少数民族的音乐文化，有助于培养学生民族团结友好的意识。同时，多样化的音乐教学内容能够满足学生的精神文明需求，引导学生不断认识生活中的音乐美，培养他们欣赏音乐的兴趣。民族音乐中包含着不同民族的先民对自然的感悟、人生的理解，蕴藏着先民的哲思和对艺术的见解。通过对民族音乐的学习和理解，学生能够感受到作者创作音乐时的思想情绪，在对音乐的感受和鉴赏能力不断提升的基础上，学生自身的音乐素养也会得到极为深刻的转化。

在音乐教学中开展壮族民歌教学的渗透能够提升学生对民歌音乐文化的认识,彰显我国优秀的、多样化的民族音乐文化。其中黔东南壮族音乐活动尤为盛行,例如,每年黔东南台江县的"姊妹节"、黔东南剑河县的"六月六"、黔东南雷山县的"苗年节"都吸引着无数游客。大型桂林山水实景演出《印象·刘三姐》是中国·漓江山水剧场的核心工程,演出集唯一性、艺术性、震撼性、民族性、视觉性于一身,是一次演出的革命、一次视觉的革命。这类对于壮族音乐文化,尤其是刘三姐音乐文化的二次建设和发展,能够展现出我国文化艺术领域对民族音乐的重视和建设,给予我国民族音乐崭新的发展空间和机遇。教师可以将以上的文化现象和文化内容与学生建立良性的交流和探讨,学生在接受壮族音乐知识的教育和渗透过程中能够不断提高自身的学习积极性和主动性,进而有效提升对于壮族传统音乐文化的认识和技能掌握。

（二）以"批判继承,辩证判断"的形式开展教学活动

音乐是人类凝聚感情和展示感情的重要方式,美妙的音乐可以直击人类的灵魂,带给聆听者无穷的感受,通过教授合适的音乐,教师可以引导学生的思想感情变化,即在音乐教学中融入民族音乐的元素有助于学生树立正确的三观。音乐艺术是一种重要的情感表达和价值取向,在音乐教学的过程中,教师不能局限于学生的知识点讲授和知识传递,应当在学生学习音乐知识的过程中,将音乐知识中具有良好价值和作用的部分有效地融合在音乐教学中。将音乐教学作为推进学生深化发展和全面发展的重要契机,给予学生思想政治和精神文明上的引导和帮助。以传统音乐教学为契机,给予学生更加完善充实的发展前景。

"三月三"是壮族地区最大的歌圩日,又称"歌仙节",相传是为纪念刘三姐而形成的民间纪念性节日。1984年,广西壮族自治区人民政府正式将这一天定为壮族的全民性节日——"三月三"歌节。每年的这一天,南宁市及其他各地都要举行盛大的歌节。在此期间,除传统的歌圩活动外,还要举办抢花炮、抛绣球、舞龙、擂台赛诗、放映电影、表演武术和杂技等丰富多彩的文体娱乐活动。在新时期,进行刘三姐音乐艺术的创新发展在我国的音乐文化建设中具有十分重要的作用。同时,教师在教学的过程中也可以将新时期的音乐文化建设形式与自身的教育教学相结合,进而增强学生的学习积极性,奠定良好的民族音乐学习基础。

壮族音乐文化中蕴含着先民的智慧和哲学,也具有自身的文化历史特点,但是其中是否存在一部分不适宜用于教学的内容呢?答案是肯定的。壮族文化与汉族文化之间的差异性展现在极强的性别划分和尊卑等级上,一部分传统音乐文化中仍旧能够找到性别差异的影子,在教师选择教学内容的过程中应当适当进行鉴别和选择,保证教学中使用的教学内容能够结合当下的教学环境,对于学生的音乐认识和鉴赏

能力能够加以提升，这样一来就能够保证壮族音乐文化与学校音乐教学之间的均衡发展。

（三）以"面向世界，博采众长"的理念深化教学机制

博采众长的教学形式指的是学生和教师可以使用多元化的形式宣传壮族音乐文化，将音乐融汇到学生的学习和生活中，奠定壮族音乐文化良好的发展趋势。学校教育具有大量的传承空间和时间，能够给予壮族音乐文化发展的广阔平台。现阶段的教育提倡促进学生综合素质的全面发展，同时也要求教师尊重学生个性，并在教学中促进学生个性的发展。因此，音乐教师可以创设校园民族乐队，吸收会演奏民族乐器的学生进乐队，并在课余时间对乐队进行一定的教导。通过乐队的创设，教师可以在校园中民族音乐进行宣传，还能吸引学生群体中民族乐器的爱好者，让他们也加入乐队学习，让他们的个性得到充分的发挥。并且，在乐队学习和实践的过程中，学生能够将自身的音乐知识与实践经验之间相联系，将坚实的理论知识作为指导自身进行实践演奏的重要契机，这也是学生能够不断完善自身能力和水平的良好形式。除此之外，教师可以将民族乐队活动与学校的其他活动交织开展，例如在每个学期的壮族音乐会开幕式或者闭幕式上进行表演，在学校的其他大型活动上表演等，并将这些形成惯例，让民族音乐在学校范围内能够深入人心。如刘三姐歌谣中的爱情歌谣，歌曲的形式分为见面演唱和定情演唱等，即便演唱的环境不同，但是其中蕴含的情感具有相似性。在刘三姐音乐中的演唱真挚、热情，能够展现青年女性在追求爱情时的勇敢、欢快、俏皮。在歌声中能够感受到演唱者自身的情感渗透。在音乐教育中使用刘三姐音乐，教师在教学的过程中也应当引导学生正确使用自身的情感，在演唱的过程中深刻领悟歌曲的内在情感，将自身的心情融汇在演唱中，使"情"与"歌"高度结合，将歌声作为自身情感表达的重要形式，进而在演唱的过程中将作品的"二次创作"达到最佳。

壮族音乐文化与世界上众多的民歌文化之间具有相似性，在唱腔、唱法、节奏上都能够找到相似点。并且众所周知，音乐文化的传承和发展是没有国界之分的，即便在语言文化上存在一定的差异，但是对于音乐的欣赏是具有普遍性的。在壮族音乐文化教学的过程中，教师可以选择一部分具有国家民族特点的音乐进行协同教学，进而给予学生不同的音乐文化教育和引导，帮助学生感知音乐之间的异同。在教学中尊重学生的音乐文化鉴赏能力和方向，对于壮族音乐能够给予极大的肯定，对于其他民族的音乐也应当博采众长，扩大学生的艺术欣赏范畴，奠定少数民族音乐教学的坚实基础。

三、结束语

综上所述,在现阶段的音乐教学中,民族音乐具有重要地位。将壮族音乐与校园音乐教学有机结合,能够奠定校园教学的丰富性和多样性基础。音乐教师需要对国内的音乐、文化形式有清晰的认知,在教学实践中不断挖掘民族音乐的教育意义,将民族音乐与音乐教学进行有机结合,在教学中充分实现民族音乐的价值。

【作者简介】

陆慧芬,中学高级教师。研究方向:音乐教育。

少数民族音乐教育在中职院校中的应用探析
——以刘三姐音乐为例

陆慧芬

【摘要】 少数民族音乐教育目前在我国各个地方中职院校的教育应用相当广泛，它一方面有助于实现对地方少数民族音乐艺术文化的有效传承和发扬光大，一方面有助于希望培养中职生良好的人文品质与音乐艺术素养。本文探究广西壮族音乐艺术形式——刘三姐歌谣在中职院校中的音乐教学实践应用，从中职院校艺术专业学生的核心素养培养导向切入，深入探究将刘三姐歌谣音乐课程资源引入中职院校艺术专业课堂的可行性，明确定位刘三姐歌谣课程在专业教学中的地位，同时讨论具体的专业教学组织实施展开形式。

【关键词】 刘三姐歌谣；中职院校艺术专业；课程资源；核心素养；教学实践

刘三姐歌谣流传于广西的柳州、宜州和桂林一带，2006 年，刘三姐歌谣被列入我国首批非物质文化遗产名录。在刘三姐歌谣中，蕴含了丰富的壮族思维方式、精神价值、想象力与文化意识的。为了进一步传播刘三姐歌谣，地方也希望使其能够在教育领域发展传承，例如刘三姐歌谣已经逐步走入中职院校艺术专业的音乐教育课程当中，明确定位教育导向，希望为培养学生音乐核心素养、历史文化素养与人文文化素养做出贡献。

一、关于中职院校艺术专业的学生素养培养导向

早在 1996 年的全国教育工作会议上就已经明确提出，要实现对国家课程、地方课程与学校课程的三大课程同步试行，同时实现对课程体系的有效调整，建立多元化教育理论，特别是针对非物质文化遗产的教育性保护一定要深入强化。为此，目前国内各地高等教育院校都在积极开展围绕非物质文化遗产的针对性教育教学内容，建立地方特色课程。在广西，刘三姐歌谣的音乐艺术教学特色课程体系已经初步建立，且被列为桂中地方文化系列课程的最重要核心内容。

刘三姐歌谣作为我国民间艺术重要瑰宝，也是壮族民间音乐的源泉与重要载体。它所承载的是最为丰厚的壮族文化内涵，特别是在我国文化部的"十二五"规划中，它作为一项重要的教育发展目标，以非物质文化遗产这一特殊身份进入校园。而在

中职院校音乐教学活动中，教师希望基于素质导向将刘三姐歌谣引入课堂，重点围绕这一非物质文化遗产构建中职音乐艺术教育教学体系，让学生充分了解到非物质文化遗产背景下刘三姐歌谣的传承可行性与教育系统内涵，在教学中让学生深度了解刘三姐歌谣内容，实现对其更好的传承与保护，这非常符合当前新课改背景下教育发展的现实要求。在具体的教学过程中，教师不仅要引领学生了解非物质文化遗产背景下的刘三姐歌谣内容，也要教会他们正确的传承与保护方法。再者就是要顺应保护人类非物质文化遗产的潮流，积极响应我国关于抢救和保护非物质文化遗产的号召，在教育进程中积极构建社会主义精神文明发展进程，实现对民族精神与爱国主义精神的有效传承与弘扬。

就中职生本身而言，刘三姐歌谣课程项目引入中职院校的目的也是迎合当前中职院校学情，是中职生艺术素养培养导向的重要课程资源。在教学活动中，它一方面填补中职院校有关非物质文化遗产方面艺术课程的空白，完成课程体系构建，避免呈现课程单一性缺陷，一方面也从教学内容、教材建设、课程设置、教学方法等方面实现教学探究实践过程，让学生充分了解区域优秀民族文化内容，这对促进中职生全面发展是具有重大意义的。在深入研究并实施刘三姐歌谣课程过程中，更希望通过合理化的教学内容、教材建设与课程设置来让学生深入了解所在地区优秀的民族文化艺术内容，在教学中提高他们的艺术素养，培养他们感受美、表现美、鉴赏美和创造美的能力，不断提升学生的艺术学习热情与民族认同感，同时这对促进地方经济发展腾飞、引领地方民族文化繁荣都具有相当深远的意义和应用价值。

二、刘三姐歌谣课程资源分析及其引入中职院校艺术专业课堂的可行性

（一）刘三姐歌谣课程资源分析

刘三姐歌谣课程资源内容非常丰富，仅仅在歌谣的音乐艺术表现手法方面就非常多元，整体风格偏向于素雅、和谐和凄清，意境表现非凡。整体来讲，刘三姐歌谣中所呈现的地方文化气息是相当浓厚的，它拥有丰富的民间韵律表现手法，且在人文层面上对提升学生人文内涵、培养良好音乐素养等都有帮助。

（1）刘三姐歌谣首先是客观反映劳动本色的民间歌谣，因为它的许多歌谣曲目是人们劳作时即兴创作的，歌谣内容及其所营造出的氛围相当接地气，这其中不但有歌唱农田劳作的，也有歌唱男耕女织的，更有牧牛放羊的歌唱内容，音乐表现题材内容丰富。

（2）其次，是客观反映男欢女爱的歌谣，展现了自古以来我国劳动人民好歌善乐的艺术气质，早在《诗经》中就已经记载了大量的古代民间歌谣。刘三姐歌谣在

描写男女婚恋方面相当深入，大部分是情歌，是对广西歌民生活情感的最真实体现。例如《酒醒不见牛肉巴》这首歌谣中就有"哥种田来妹种瓜，妹煮饭来哥煮茶。清早起来对脸笑，世上难找这号家"。这首刘三姐歌谣朗朗上口，表现出丈夫关心疼爱妻子、妻子关爱理解丈夫的美好婚姻爱情，同时表现出人们对丈夫的艳羡之情，如果能够讨到如此聪明秀丽的妻子该有多么美好。当然，整首歌谣虽然歌颂了美好婚姻爱情，但也有对当时社会上某些低俗婚恋观的讽刺，讽刺人们在恋爱和婚姻选择上只看表象而不深入看本质。

（3）刘三姐歌谣中的情感渗透与反映是相当丰富灵活的，它所含有的大量赋、比、兴艺术表现手法主要借鉴了《诗经》，利用中国古代对诗歌表现的手法进行归纳，并运用于歌谣音乐艺术表现之中，让歌谣本身更具有文学美感，因此说刘三姐歌谣课程是有深层次价值的。现如今，广西桂中地区的民俗风情旅游项目发展体系已经形成并拥有了明确定位，像宜州倾情打造"刘三姐文化旅游节"，为地方高等教育院校中有关刘三姐歌谣特色课程体系的构建与发展提供了广阔的发展空间。如果从学校特色、社会需求层面综合考量，这对深度、充分且合理地开发民间山歌是非常有价值的，它能够使刘三姐歌谣课程成为中职院校教育的有机组成部分，同时对于歌谣的传承发展与地方文化经济的向前推动具有极大促进作用，更对学校未来持续特色办学有利。

（二）刘三姐歌谣课程资源引入中职院校艺术专业课堂的可行性

刘三姐歌谣课程资源被引入中职院校艺术专业课堂具有相当高的价值内涵，所以必须深入了解并明确课程引入中职院校艺术专业课堂的可行性，做好其教育文化发展定位。

（1）首先，为了让刘三姐歌谣拥有更好的传承环境，需要在中职院校中开设该课程。因为在广西民间，刘三姐歌谣本身拥有良好的民间群众基础，例如歌谣中包含了丰富的表演艺术、生活习俗、口头文学以及长期积累下来的智慧结晶，它所体现出的生活风貌、艺术创造力与审美情趣都是极有价值的。所以中职院校也希望挖掘这一非物质文化遗产的历史文化价值，将其传递到学校校园中，让更多青年一代深入学习、理解并掌握它，形成良好的学习氛围。

（2）其次，目前在广西柳州、宜州等地都拥有深厚的刘三姐歌谣文化传承基础，传播范围广且传播内容丰富，在这些地方中职院校中建立音乐特色课程非常合适，且教学内容非常多元。结合刘三姐歌谣中多变的民间山歌曲调，将"天上刘三姐、人间黄三弟"的歌谣渗透到校园中，即要基于社会需求、学校特色双层面考量，充分合理开发刘三姐课程内容，体现其价值意义，实现地方文化经济推动与特色办学进程，这对中职院校音乐艺术教学进程推进是具有重大意义的。

三、刘三姐歌谣课程在中职院校艺术专业教学中的基本定位

刘三姐歌谣课程被引入中职院校艺术专业教学的基本定位主要围绕以下三点展开。

第一，培养学生利用多种方式、多个渠道搜集、整合刘三姐歌谣的相关资料信息的能力。在教学中，教师要教会学生正确使用田野调查方法，丰富学生对刘三姐歌谣课程知识内容的充分认识，提升艺术认知高度，为后续的深入学习打好基础。

第二，培养学生良好的音乐及音乐学习创作能力、表达能力、歌唱能力、合作能力及归纳总结能力。

第三，培养学生热爱家乡、热爱本土文化的情感，以及自觉承担起建设家乡的责任感。

总体来说，针对学生的刘三姐歌谣课程教学定位还应该以不断丰富学生情感态度、价值观培养为目标，注重展开对歌谣知识与技能内容的教学，设法提升学生对本土文化的认知与修养。在教学过程中，树立学生的多元化文化观念，将"留得住、用得上"的刘三姐歌谣传唱文化思维传授给学生，进而达到保护地方文化生态的目的，促进广西桂中民俗旅游与相关文化产业的发展。从学校音乐教育角度来讲，这也是对中职院校产学研路径的有效拓宽，在融入刘三姐歌谣特色音乐教学内容的同时为地方经济文化发展服务，提高教育发展水平。

四、刘三姐歌谣课程在中职院校艺术专业教学中的组织实施

在刘三姐歌谣课程被引入广西地区中职院校艺术专业教学体系后，就要积极思考如何实施教学内容，构建一套完整的教学活动体系，让学生积极参与进来，成为教学组织实施的参与者，成为教学课堂主体。在教学中，教师要发挥刘三姐歌谣中"以歌代言"的诗性特点与鲜明民族性，利用其完整的文化传承特性、丰富多样的歌谣种类、广泛的传播形态等展开教学设计，彰显中华民族的传统艺术活态文化魅力，同时见证桂中民族历史与情感表达方式，凸显桂中音乐文化历史研究价值。以下简单介绍刘三姐歌谣课程资源在中职院校艺术专业教学中的组织实施应用。

（一）教学内容

科学合理地建设综合性的刘三姐歌谣课程体系，需要结合中职院校师资力量与教师研究能力等展开教学内容设计布局。例如，可从歌谣本体创作与吟唱展开教学设计，它应该涵盖以下教学内容：刘三姐歌谣历史渊源与发展历程、刘三姐歌谣的艺术韵律内容、刘三姐歌谣的艺术表现风格与手段、刘三姐歌谣的曲调与演唱技巧、刘三姐歌谣的特色内容与价值观认知。

（二）教学过程

在教学组织实施过程中包含了理论讲解、多媒体演示、网络教学互动、田野调查、学术讲座及课外教学活动组织。

第一，教师以理论讲解展开教学过程，为学生讲授有关刘三姐歌谣的发展嬗变内容，包括它的音律规律、表现手法、演唱技巧及风格特征等理论内容，让学生对刘三姐歌谣有一个初步的认知轮廓。

第二，在多媒体展示环节，教师要在理论教学的基础上为学生展示课件，例如为学生播放刘三姐歌谣山歌比赛视频、表演视频，通过相对直观动态的内容展示让学生真切感受到刘三姐歌谣的魅力。

第三，建立多媒体展示平台。教师可组织学生加入"民间歌谣"微信群，让学生通过微信视频来发布歌曲、表演，呈现自身学习成果，形成线上网络第二课堂，实现更自由的学习交流过程。在该过程中，师生可互动讨论交流，也可自娱自乐，利用平台写歌、改歌、评歌，体现教学活动多元性，不断拓展传统音乐教学活动空间。

第四，展开田野调查。教师要组织学生参与实地调查，深入山野、公园与当地村民共同组织大型刘三姐歌谣山歌会，了解刘三姐歌谣在民间的传承保护情况，深入理解当前刘三姐歌谣传承发展的不易，思考保护传承策略，让中职生也承担起一份社会责任，尝试去宣传歌谣文化，为其发扬光大贡献一份力量。

第五，要开展学术讲座并组织活动。通过邀请专家座谈、组织大讲堂教学活动等，不断扩大刘三姐歌谣在中职校园乃至地方的影响覆盖面，强化歌谣的理解程度。同时，教师组织学生参与社会组织活动，了解民间艺人对于刘三姐歌谣的看法与传承发展手段，不断强化学生的民间文化记忆，将刘三姐歌谣视为自身生活中的一种文化习惯，承担起传承发展责任。

五、总结

刘三姐歌谣是广西桂中壮乡文化瑰宝，它的非物质文化价值非常值得其渗透到中职院校教育体系中发挥文化魅力，引领中职生更深入地学习、感受、继承它，将其作为是音乐美育教育中绝佳的素材并发扬光大。在笔者看来，目前中职院校深入开发刘三姐歌谣课程资源、构建课程教学体系是正确的，因为它的价值是不可限量的。所以在未来，也希望将这一课程资源渗透到更多教育领域，将其作为一种文化教育使命发展下去，始终不停歇。

【作者简介】

陆慧芬，中学高级教师。研究方向：音乐教育。

浅谈将 BIM 技术融入中职建筑专业教学的必要性

谭 璘

【摘要】 建筑信息模型（Building Information Modeling，BIM）技术在欧美等发达国家和地区建筑业已经得到广泛应用，是建筑业的二次革命，而此技术在我国还处于起步阶段。职业学校的相关专业应顺应趋势，积极探索将 BIM 技术融入专业教学的各种可行途径。文章通过分析我国 BIM 技术应用的现状，进而阐述将 BIM 技术融入中职建筑专业教学的必要性。

【关键词】 BIM 技术；中职；教学；必要性

建筑信息模型（Building Information Modeling，BIM）被称作建筑工程领域具有革命性的技术突破，是以建筑工程项目的各项相关信息数据为基础建立的高度集成的、完整的建筑工程项目信息化"数字模型"，目的是提高建筑工程的信息化、集成化程度，为建设项目全生命周期设计、施工和运营服务。随着信息技术特别是互联网技术的迅速发展，以及高性能、大容量计算机硬件的开发使用，参与方众多、建设周期长、建设规模庞大的建设项目的信息技术化成为可能。建筑信息模型（BIM）技术在欧洲一些国家已经开始普及，特别是芬兰、挪威、德国等，基于 BIM 技术应用软件的普及率已有 60%~70%。近年来，BIM 技术被引入中国，引起了越来越多的设计团队的重视，业界也需要越来越多的能够掌握 BIM 技术的人才，然而，人才培养规模远跟不上行业发展的趋势。要解决这一矛盾，就要基于 BIM 在国外和国内的发展趋势，改革人才培养方式，将 BIM 技术融入中职建筑专业教学，以提高建筑专业人才的整体素质，增强建筑专业毕业生的竞争力。

一、国内外 BIM 应用的现状

（一）国外 BIM 技术应用的现状

BIM 技术起源于美国，逐渐扩展到欧洲、日本、韩国等。在发达国家，以 AutodeskRevit 为代表的三维建筑信息模型软件已逐步开始普及。统计表明，2009 年美国建筑 300 强企业中 80% 以上应用了 BIM 技术。早在 2003 年，美国总务管理局（GSA）推出了国家 3D-4D-BIM 计划；2007 年起，GSA 开始陆续发布系列 BIM

指南，用于规范和引导 BIM 在实际项目中的应用；同时，美国建筑科学研究院（NIBS）发布了美国国家 BIM 标准（NBIMS）；2009 年开始，威斯康星州、得克萨斯州、俄亥俄州等相继推行 BIM 技术。在日本，BIM 应用已扩展到全国范围并上升到政府推行的层面。在韩国，多家政府机关致力于 BIM 应用标准制定。总之，在欧洲、日本、韩国等地区，BIM 技术已经广泛应用于各种类型的房地产开发中。

（二）国内 BIM 技术应用的现状

随着 BIM 技术在建筑领域的运用和发展，BIM 技术的理念也越来越为我国建筑行业所知晓并接受。BIM 技术从 2002 年引入我国，当时关于 BIM 技术的书也开始在国内出现，之后，随着我国"十五"科技攻关计划及"十一五"科技支撑计划的开展，BIM 技术开始在部分示范工程上应用。由于国家科研投入不断增多及大力推动、建筑业对信息化要求的不断提高和基于 BIM 技术的建筑应用软件开发商的大力宣传，有关部门和相关建筑设计机构开始着手研究和应用 BIM 技术。尽管如此，目前我国对 BIM 技术的研究和应用仍然处于起步阶段，各建筑研究机构对 BIM 技术的研究不仅相对分散，而且没有形成一套完整的技术体系；各建筑企业也只是在某一个或某几个建设项目的部分建设过程中应用 BIM 技术，还不能达到从建筑设计、施工管理到运营等整个生命周期连续应用 BIM 技术。总体来看，我国 BIM 技术的软件层面还存在许多空白，中小设计院很少应用 BIM 技术。

在国内，不仅是开设有建筑专业的中职学校开始逐渐将 BIM 技术引入课程体系，开设建筑类、工程管理类专业的部分高校也开始将 BIM 技术引入，但与国外同类课程体系中积极引入 BIM 技术并进行一系列 BIM 课程改革和研究相比，还相距甚远。

二、中职建筑专业教育引入 BIM 技术的必要性

（一）BIM 技术的推广是建筑工程项目精细化管理的需要

我国正在进行大规模的基础设施建设，工程结构形式越来越复杂，超大型工程项目越来越多，使项目各参与方都面临着巨大的技术风险、管理风险和投资风险。BIM 技术可以实现企业项目的精细化管理和集约管理，可以改变项目各参与方的协作方式。对于施工企业，BIM 可以模拟实际施工，便于在早期发现后期施工阶段可能出现的各种问题，以便提前预防和处理，指导后期实际施工；也可作为可行性指导，优化施工组织设计和方案，合理配置项目生产要素，从而最大程度实现资源合理利用，对建造阶段的全过程管理发挥巨大价值，是项目精细化管理最有力的技术支撑手段。

（二）BIM 技术是从事建筑工程技术和管理人员必备技能之一

随着 BIM 技术的不断推广和在建筑业各个领域的逐渐深入，建筑类企业和科研院所急需掌握 BIM 技术的建筑类人才，建筑类高校作为培养建筑类人才的摇篮，推广和应用 BIM 技术，培养更多适应行业需要的 BIM 人才就显得尤为迫切，高校有义务和责任培养学生该方面的技能。职业教育的任务就是培养生产一线需要的应用型、操作性人才。随着社会科学技术水平的不断进步，中职建筑专业的学生将会是建设工程第一线的技术管理者和操作者，施工企业需要的是"招之能来，来之能战"的实用型技术人才，强调学生的动手能力和扎实的基本操作技能，能尽快进入工程实战状态，BIM 课程的设立有助于培养优秀的中职建筑类技术专业人才。

（三）BIM 技术可以有效解决中职学校实训困难局面

首先，由于建筑专业的特殊性，建筑专业的学生在上完理论课之后，需要结合实际带领学生到工地实地参观学习。这将面临三个问题。一是实地参观工地的工程进度与课程理论学习进度不一致。由于合作的企业或能提供参观学习的工地有限，工地正在进行的施工项目内容与学生正在进行的理论学习进度有出入，并不能很好地通过实际操作直观地帮助学生学习、理解理论知识点，还有可能造成学生理论知识点的混乱，导致后期的教学效果差。二是从安全角度出发，带领学生到未完工的工地参观学习，存在一定的安全隐患和风险，无法百分百确保参观学生的人身安全。三是从工地本身的安全及其他考虑，很多在建工地不允许一次多人进入施工现场，而从学校的角度，每次参观至少会安排一个班的学生，以广西物资学校建筑专业为例，现有在校班级人数少的有 43 人，人数多的有 56 人，想要实现所有学生都能参观工地的计划，具体操作上有一定难度。

其次，中职教育特别强调学生的实践操作能力，而大部分中职学校的实训条件有限，工位有限，部分实训内容开展困难。以广西物资学校为例，现有的实训条件能够分批分组完成部分实践操作，例如制作试块、绑扎钢筋、砌墙、墙面抹灰、安装简单的排水管道、制作楼梯模板等，但整个工程项目的施工流程在实训室是无法实现实践操作的。

再次，建筑材料无法循环使用，造成了实训成本过高。

基于以上三点，如果在中职建筑专业教学引入 BIM 技术，可以利用它的仿真功能，为学生提供模拟操作平台，学生可以足不出户就在"工地"中漫步，将整个项目过程走一遍；学生还可以利用平台反复模拟实训操作，再辅以实物操作，这不仅能提高学生的动手率，还能降低实训成本。

（四）为教师教学提供直观手段

在传统的建筑专业课堂教学中，大部分是通过课件、图片、视频进行演示讲解，学生难以将枯燥的工科理论授课内容转化成自身知识，空间想象能力较弱。通过 BIM 系列软件对整个建筑进行虚拟模拟，全方位展示建筑的虚拟画面，能让学生有身临其境的感觉，从而引起学生学习的兴趣，进而加深对建筑的认识，工科课程的课堂也就不再沉闷乏味了。

三、结束语

中职学校作为社会人才输出的重要基地，对新技术的研究和教学也应具有足够的前瞻性。BIM 作为建筑行业的新兴技术，在降低建筑成本、提高建筑效率等方面发挥了很大的作用，所以，中职学校建筑专业也应紧跟建筑行业发展的步伐，逐步开展 BIM 人才的规范化培养。

【作者简介】

谭璘，讲师，广西物资学校建筑工程施工专业教师，主要负责专业授课、技能比赛培训指导、班主任等工作。研究方向：专业技术教育、学生德育教育。

工匠精神之责任教育的几点思考

陈 静

【摘要】时代呼唤的"工匠精神"是以一种责任为最基础底线的担当感。当前中职学校不少学生的责任意识淡薄,缺乏责任心。在学生中开展责任教育,培育工匠精神,教导学生敢于面对未来挑战、勇于承担历史重任,已成为当前中职学校德育工作的重要内容。

【关键词】中职生;责任;教育

人们生活在这个世上,每个人都对自己和他人负有责任。人生的责任不可推卸,必须勇于承担,肩负责任是有压力的,但却是充实自我、实现人生价值的一种途径。把工作当成自己的事业,并从工作中寻求自身的价值和满足,这也是责任于人于己的双重价值所在。是否具有责任感,是一个人是否真正适应社会、一个青年是否顺利实现社会化的重要标志,也是工匠精神的最基本要求。那么,什么是责任感?在现代多元价值观念的背景下,如何有效地进行责任教育和培养?强化中职生责任意识,无论是从家庭、社会和谐建设的角度,还是从当代中职生自身发展的角度,都是必须认真思考的。

《现代汉语大词典》对"责任"的解释有三层含义:①使人担当起某种职务职责。②分内应做的事。③做不好分内应做的事,因而应该承担的过失。基于责任的定义,责任感界定为,一个人对国家、集体和他人能主动施以积极有益作用的精神。当前中职学校部分学生的责任意识淡薄,缺乏责任感,对自己所应承担的社会责任没有表示要推卸,但同时他们又非常不愿意自己的个人利益受到丝毫损害或影响;职业规划意识不明确,职业责任感不强;自我责任感不强,自我要求松懈;同时中职学生表现出对社会和家庭责任感的认识上知行脱节、知而不行的特点;在价值取向上表现为重自我轻社会,责任意识弱化甚至缺失,以自我为中心,在具体行为上对自己要求松懈。在学生中开展责任教育,培育工匠精神,教导学生敢于面对未来挑战、勇于承担历史重任,是当前中职学校德育工作的重要内容。它不仅是教育教学改革不断深化和发展的必然趋势,更是实现中华民族伟大复兴的需要。学校教育是提升中职学生责任感的重要方面。强化教育引导工作,使中职学生正确认识各种社会关系,树立强烈的责任感,是培养工匠精神的重要一环。笔者认为,中职学校应从以下几个方面加强和改进学生的责任教育。

一、切实加强德育师资队伍的建设

提升中职学生的责任感，从学校教育的角度看，关键要有一支高素质的管理队伍和教师队伍，尤其是德育工作队伍。中职学生责任感的有无及其强弱与教师有正向的关系，如果教师在承担责任方面率先垂范，就会对中职学生责任感的形成产生潜移默化的作用；反之，会产生极其不利的影响。我国中职学校管理队伍应该进一步提高思想素质和业务素质，教师队伍应该增强教书育人的教育理念，从而树立起良好的风范。只有具有高度责任感的教师，才可能培养出具有高度责任感的学生。"学高为师，身正为范""身教重于言教"，在责任感形成的教育过程中，教师的榜样作用是极为重要的，如教师随手捡起地上的垃圾、随手关掉流着水的水龙头、随手关掉大白天开着的灯等，学生就会跟着做。

二、以理想信念教育为核心，增强主人翁意识

责任感说到底是一个世界观、人生观、价值观的问题。中职学生的年龄多数在16~18岁之间，正处在叛逆期，人生观、价值观和世界观尚不成熟，缺乏理想和信念。要增强责任感，首先要帮助学生树立远大理想。理想信念教育必须与中职学生的思想实际和生活实际密切结合。理想信念教育成效如何，不仅在于道理讲得怎么样，更重要的是要把理想信念转化为为建设中国特色社会主义而刻苦学习、努力成才的实际行动。这样中职学生就知道往哪个方向努力，如何努力、升华思想，坚定信念，从而产生强烈的社会责任感。

三、制订具体的责任教育目标

中职学校应该遵循学生的身心发展规律，分阶段、有层次地提出提升责任感培养的要求，不断完善中职学生责任目标体系。

对于一年级的新生，首先要进行学业和专业思想政治教育，帮助学生正确认识中职学校与初中、高中的不同之处，了解所学专业的特点，解除他们的思想疑虑，克服盲目乐观和盲目悲观等情绪的影响，树立自信心和责任心，确立正确的专业思想和成才意识；帮助他们制订职业生涯规划。其次，要进行行为规范的培养和养成教育，引导和帮助学生尽快适应新的学习生活环境，树立规范意识，为培养学生的责任意识奠定基础。

对于二年级的学生，应当注重人生目标的教育，引导和帮助学生正确认识人生价值和自我价值，遇到事情用头脑分析，理智地控制自己的情绪，有分析地对待各

种社会舆论与社会现象，正确把握当代的各种社会思潮，培养和发展自己的兴趣爱好和特长，为走上社会、踏上工作岗位奠定良好的精神基础。同时应当注重择业创业目标和职业道德目标的教育，引导和帮助学生正确认识自己，了解社会对人才的需求和人才规格素质的要求，逐步培养学生未来所要从事职业应当具备的职业道德，把学生塑造成适应社会需要的有用人才。

对于三年级学生，他们走入社会顶岗实习，主要培养立足岗位尽职尽责、精益求精的工作态度。工作就意味着责任，工作和责任是密不可分的，没有不需要承担责任的工作。工作就意味着责任，丢掉责任，也就意味着丢掉了工作。在工作中，每一名员工都必须具备高度的责任感，因为责任是一个人的立身之本，更是落实工作最基本的保证。

四、设计合适的课程方案

1. 改变单一化的德育教学

目前，中职学校德育课程的必修课包括职业生涯规划、职业道德与法律、哲学与人生、经济政治与社会四门课程。要突破仅仅重视对学生进行道德知识性教育的局限性，关键要形成学生真正的道德信念与情感，养成道德行为习惯。单一的必修课程结构，忽视了学生的个性与发展，未能给学生选择的权利和机会，因此，要改变这种课程模式，不断适应时代发展的要求，适当地增加选修内容，使必修课与选修课相结合，必修课程与校本课程相结合，活动课程与认知课程相结合，使学生在学习中学会选择，在体验中学会负责。

2. 开设心理健康课程

通过开设心理健康课程，对中职学生进行心理健康教育，向学生传授心理卫生、心理咨询、心理治疗、心理辅导等方面的知识，使学生掌握一定的心理调节和自我心理减压方法，提高学生抵抗挫折的能力和自我调节能力，减少心理障碍及其他心理问题，使每个学生都能达到情绪健康、意志坚强、行为协调、人际关系适应的心理健康标准。中职学校应根据自身条件开设心理咨询室、心理健康教育活动室，开设心理健康咨询信箱和热线电话等，还要定期为学生举办心理健康、心理保健等专题讲座，对个别学生出现的心理问题进行具体辅导，使学生的心理问题及时得到解决，以利于良好心理品质的养成，学会对自己、对家庭、对社会负责。

3. 在专业课与文化课中渗透责任教育

中职学校教学计划中安排的专业课和各种实训、技能考核等实践性教学，也是培养学生责任感的课堂。在专业理论课和实践性教学过程中，可以强化学生的职业意识，积极营造情境，让学生在角色体验中意识到将来所从事行业的重要性。对于在实践操作中遇到的问题和困难，要求学生认真总结、独立思考，结合所学的理论知识认真分析，找出原因，培养学生在遇到突发事件时镇定自若地处理问题的能力，增强他们的自信心。同时，教师还可以在文化课中渗透责任感教育，寓责任感教育于教学之中，在使用现行教材时，针对教材内容进行拓展和延伸，对教学环节进行设计，加强教材知识与学生生活实践、成长需要的联系，充分挖掘教材中隐含或显现的责任感教育因素，达到思想性与科学性的有机统一，真正达到教书育人的目的。

4. 开展第二课堂活动

充分利用社团，开展第二课堂，寓责任教育于各项活动之中，使学生更好地形成社会责任感和行为习惯。举办以增强社会责任感和使命感为目的的各种教育活动，如开学典礼仪式、升国旗仪式、入团宣誓仪式等，创造庄严、神圣的教育氛围，培养学生对祖国、对社会的强烈责任感；组织各种形式的主题教育活动，如感恩教育、诚信教育、知识竞赛等，强化学生的规则意识，加强学生社会责任感和行为习惯养成的教育；带领学生观看爱国主义影片，举办爱祖国、爱家乡、爱学校的主题读书活动、演讲比赛等；开展丰富多彩的班会活动，在活动中让学生养成良好的习惯；引导学生志愿参加爱心活动，培养他们的同情心和互助精神；组织学生深入社会，开展环保活动，让学生通过活动参与并体会责任的内涵和意义，使学生在活动中发展真正的责任意识和义务感，学会对自己、对他人、对家庭、对社会负责。

五、拓宽更加有效的责任教育途径

在责任感培养过程中，对学生进行教育的方法很多，除了继承传统的德育方法外，还可以采取一些更加有效的教育方法。

1. 学校、家庭形成合力

家庭是学生生活的最重要场所，其教养方式、氛围、结构及生活环境都会对中职学生产生影响。及时将学生的在校表现通知家长，引导家长经常关心子女在校期间的学习、生活情况，尤其是思想品德方面的表现。不仅要关心孩子的学业，更要注重培养他们健康的人格和独立自主的精神，尤其不可忽视孩子诚实守信、与人为善、助人为乐等社会责任感相关品质方面的教育，更不能对孩子的自私自利、以自我为中心、不能与他人良好合作、怕苦怕难、贪图享受等不良品质放任自流。在家庭生活中，营造民主平等的家庭气氛，遇事给孩子充分的选择权和机会，让孩子意识到自己是一个独立的个体，必须对自己的行为负责。

2. 大力开展社会实践活动

中职学校培养的学生大部分是生产一线的技术工人，学校利用寒暑假时间与一些知名企业联系，组织学生参加社会实践活动，活动要符合学生的身心发展规律，突出中职生将来所要从事的职业特色，发挥他们在活动中的主体作用。社会实践对于促进中职学生尽早了解社会、增长才干、奉献社会、锻炼毅力、培养品格、增强职业责任感具有不可替代的作用。学校应采取各种奖励措施，激发学生参与活动的积极性，学生只有在丰富多彩的社会实践活动中，才能产生和深化对自己应尽责任的认识。

3. 积极推行工学结合

中等职业学校专业教学不能仅满足于知识的传授、技能的培养，更主要的是在专业教学中融入对企业文化的认识、理解及对核心价值的挖掘。通过长期的、潜移默化的"企业文化"的熏陶，培养学生爱岗敬业、责任心强、吃苦耐劳、有团队精神、善于交流沟通等职业能力，促使学生步入工作岗位后积极完成角色的转变；通过履行角色来强化他们的责任意识，使学生在角色中形成角色责任认识，体验角色责任情感，从而内化为自我的责任。

中国特色社会主义进入新时代，各行各业都需要以"工匠精神"来寻求发展与突破，明责任勇担当，在学习工作中做到一丝不苟。责任教育是中等职业学校德育教育重要的一部分。对中职学生进行责任感的培养，是实现中职学生自我完善与发展的需要，是完善社会主义市场经济发展所需要的道德意识的需要，是造就社会主义和谐社会重要力量的需要。

【作者简介】

陈静，高级讲师，广西二期中职名师培养对象。研究方向：中职德育教育，传统文化教育。

中职学校书法课程教学有效性的探索与实践

宋 军

【摘要】 书法是一门艺术，是中华民族的瑰宝。它能陶冶人的性情，给人以美的享受，历来深受国人重视，但真正练好书法并不容易。培养一个人的书写兴趣非一朝一夕的事情，若让中职生喜欢书法，并养成良好的书写习惯，须重视学生长期的兴趣培养。在中职学校的书法教学中应该注重教学计划的针对性与目的性，教学过程的合理性与有效性，教学过程的时代性和趣味性，教学评价的真实性与灵活性。书法课老师要肩负起重任，不断进取，做好本职工作，努力把中职书法教学工作提高到一个新的水准。

【关键词】 中职学校；书法课程；教学有效性；探索与实践

中国书法艺术是一门历史久远的独特艺术，是呈现生命力的艺术，书法每一笔富有张力的线条都饱含着勃勃生机。书法的美在动不在静，它是速度和力量的象征。中国书法也是国际社会普遍公认的中国符号和元素，中国书法作为世界级的非物质文化遗产（2009年成功入选联合国教科文组织的《世界非物质文化遗产目录》），怎样传承和保护，自然而然地落到了政府主管部门和教育部门的肩上。

然而，学校教育，尤其是中职阶段教育，过分强调专业技能的学习，往往忽视学生书写素质的培养。加之手机、电脑等高科技产品的普及使用，QQ、微信代替了书信，键盘代替了钢笔、毛笔，打字代替了手写，更使书法教学难上加难。加之受应试教育的影响，课堂教学根深蒂固，侧重于德智的培养而忽视书法教育，挤占书法课的现象较为普遍。因此，在中职学校课堂中，加强书法教育，培养书写品质已刻不容缓。为此，在书法教育教学实践中，书法教师应该大胆尝试，勇于创新，快速提高中职书法课教学的有效性，逐步扭转书法教学现状，让中职教学的传统文化与素质教育走上快车道。

一、教学计划的针对性与目的性

当下，中职学校的生源处于尴尬境地，招收的几乎都是普通高中录取完后剩下来的学生。部分学生参差不齐的书写现状是书法课堂教学中一个很现实、很严重的问题。写字很难写规范，汉字笔画和笔顺很难写正确，作业本中的错字、别字比比皆是。很显然，在中职课堂中开展书法教学，强化书写水平是十分必要的。

中职书法教学计划的目的一定要明确：并非培养书法家，重在让学生熟练掌握汉字结构，认认真真写好规范字。一手漂亮规范的字，可以给人愉悦之感。

二、教学过程的合理性与有效性

中职书法教学过程首先要合理。在每学期或每学年开学初，每个授课老师应该尽快了解所教学生的相关信息，这个很重要。要尽快了解授课班级学生的普遍书写水平及状况，以及习惯性因素等。针对中职学生这个群体，教师准备教案时尽量做到，内容不宜太多太难，作业也要少而精，讲课尽量做到语言生动有趣，多做比喻或多讲一些小故事、小笑话来活跃课堂气氛，激发学生的学习热情。

书法教学过多要用参与式教学，边讲边练，人人动手，全员参与。在练中学，在学中提高。每节课设计几分钟的历史碑帖欣赏，从历史故事、典故、书画家逸闻趣事以及碑帖本身的艺术价值讲授，能够得到意想不到的效果。比如欣赏王羲之的《兰亭序》，可以从中小学生特别喜欢的周杰伦的流行歌曲入手，进而提问"东床"典故的主人公，写《兰亭序》时的朋友集会以及文人的"流觞曲水"娱乐活动是何等有趣、热闹，来吸引学生的注意力。久而久之，学生的书法修养会在潜移默化中逐渐提高。

因材施教是书法课堂教学内容的核心，因势利导、循循善诱、由浅入深、由易到难、由简单到复杂，尽可能做到"易于接受"和"能够接受"。教师的爱心和诚心、耐心和恒心，应该是衡量一个好老师的基本要素。从书法教学的初级开始，坐姿要求，执笔方法，扶腕、提腕、悬腕的标准，选帖的原则，笔画练习中的"永字八法"，楷书练习中的"颜柳欧赵"四体选择，授课老师渊博的理论知识和过硬的书写技巧等，都是必备的素养。给学生一瓢水，自己必须有一桶水。书法学习的中心不仅仅是笔画和笔顺的规范学习，单个字的结体美和整幅字的气韵美，整幅作品线条上的刚劲、流畅、蕴蓄、精微、迅捷、优雅、雄壮、粗犷、严谨或洒脱，形式上的和谐、匀称、对比、平衡、长短、紧密也十分重要。课堂上教师的示范是不可缺少的环节，对出现的错误要及时发现、及时纠正。所以，书法课老师要不断充电、不断学习、不断进取，只有这样，因材施教才不是空话，面对不同水平学生的不同要求才能给予满足。

三、教学过程的时代性和趣味性

书法教学口头描述难免枯燥，教师可适当地利用多媒体的形式，通过文字多视角进行展示，让学生对书法创作有更加直观的认识。例如，书法写"己、已、巳"

时相信很多学生有混淆的情况，教师通过动图，将自己写的过程记录下来，分别对比"己、已、巳"的不同手法，利用现代技术供学生更好地学习，多媒体展示时教师可通过背景音乐的播放，让相应的文字也变得活灵活现，打造出较为轻松的课堂氛围。同时教师可在课堂上将学生临时的作品扫描到屏幕上，大家一起来评析学生的创作结果，体味书法的艺术价值。在视频的解说中，学生能够非常清楚地看到不同文字的笔触走向，一撇一捺收放自如的效果，通常在黑板上利用粉笔难以写出毛笔的效果，而在计算机软件中，可随机按照软件中的笔型选择来书写，教师点击选择毛笔就能够写出毛笔的效果，点击钢笔、铅笔等又出现不同的文字效果，这样的随意切换可让学生巩固基础知识。课后教师将书法课的精髓制作成微课，学生可自由学习，强化了课后的锻炼，同时也具有足够的趣味性。

四、教学评价的真实性与灵活性

法国的罗曼·罗兰说："一个人只能为别人引路，不能代替他们走路。"培养学生的书写兴趣并非一朝一夕的事情，要让中职生喜欢书法并养成良好的书写习惯，必须重视学生长期的兴趣培养。

其实，对学生作业质量及考试作业的教学评价，也是很有学问的一种激励手段。教师要激发学生内心的情感，通过不同的方法培养中职生的书写热情。为避免传统的评价在无形中变为一种甄别过程，就必须注重学生本身存在的差异，因人而异，相对灵活，鼓励为主，从而促进学生的全面发展。

总之，书法艺术是中华民族传统的艺术瑰宝，学好书法，让中职生在以后的升学就业发展等方面多一份成功的机会。让我们从事书法教育教学的老师，肩负起重任，踏踏实实做好本职工作，不断进取，努力把中职书法教学工作提高到一个新的水准。

【作者简介】

宋军，工程师，广西物资学校商务与艺术教研室教师。研究方向：艺术教育研究。

新课标下案例教学法优化中职思政课堂探究
——以"职业道德与法治"课堂为例

蓝晓静

【摘要】 教育部颁布的中职新思想政治课程标准对中职思政课堂提出了更高的要求,笔者认为,案例教学法在"职业道德与法治"课堂上是一种具有实际效果的教学方法。本文思考了传统中职思政课堂的不足,探究了案例教学法的定义、实施案例教学法的原则、实施案例教学法的重要环节、运用案例教学法时教师应具备的能力,探讨在"职业道德与法治"课堂引入案例教学法,优化中职思政课堂形式,发展学生核心素养,体现特色育人目标,引导教学更关注育人目的,强调提高学生综合运用知识解决实际问题的能力。

【关键词】 中职思政课堂;案例教学法;实施优化

一、中职思政课堂现状

思政课程在中职教育中起非常重要的作用,然而思政课却被许多中职生认为是最为枯燥无味的课程。教材内容的陈旧与呆板、教师教学方法的单一枯燥造就了昏昏欲睡的课堂状态。课堂上老师们照本宣科讲大道理,课后让学生对知识点死记硬背,这样的中职德育课堂效果是很差的。为了落实立德树人根本任务,深化中等职业学校"教师、教材、教法"改革,2020年春,教育部颁布了中职新思想政治课程标准,把思政课程具体细化为发展学生核心素养,体现特色育人目标,引导教学更关注育人目的,更强调提高学生综合运用知识解决实际问题的能力,对教师、教法提出新的更高、更贴合实际的要求。笔者以广西物资学校"职业道德与法治"课程为例,探究如何运用案例教学法,提高中职德育课堂教学的实效性。

1. 教学内容重点不突出

多数中职生重视专业技能而忽视思想德育素质教育。虽然中职学校都开设职业道德与法治课程,但中职职业道德和法治教材常常偏重课程的系统性,忽视了教材的实用性,内容繁多,重点不突出,而且每个章节都十分简略,缺少结合中职生实际的案例分析,给学生学习带来诸多困难。

2. 教学方式方法老旧

当前，中职德育课堂最常见的教学方法是单向的讲授法，这种教学方法使课堂只体现了教师的课堂主体地位，学生处于被动灌输的地位，缺乏主动性和有效性，学习自然就没有实际效果。

3. 德育课堂的教学实效性差

传统德育课堂教学脱离中职生的实际，无法让学生在生活和工作岗位上运用，导致学生课是上了，但是无法真正了解到社会生活实际，不能把道德理念、法治观念真正结合自己的行动，形成良好的职业素养，适应将来社会生活和职业岗位的要求。

二、案例教学法的原则

案例教学法，就是教师根据教学内容和教学目标的要求，为突出教学重点、突破教学难点而选用具体的、真实的、典型的案例，组织、引导学生进行分析、讨论、评价等，让学生在具体的问题面前进行积极的思考和探索，以培养学生综合能力和综合素质的一种教学方法。由于其具有生动具体、直观易学的特点，因此，能充分调动学生对课堂的主观能动性，同时通过对道德、法制案例的讨论，可以师生互动，实现良好的教学效果。另外，丰富生动的实际案例连接理论基础知识和实际应用，通过对案例的学习、探讨，既深化了学生对理论知识的理解，又强化了学生对现实应用的理解。在中职德育课程中应用案例教学法，能充分发挥中职学生的主观能动性，并且能够把现实生活实际与思想政治教育有效地结合起来，从而达到提高中职德育课堂教学质量的目的。

1. 学生主体原则

尊重学生的主体地位，教师主导地位与学生主体地位相结合。要让学生更多地参与到教学当中，真正成为课堂的主体。教师要适当把课堂空间留给学生，倾听学生的想法，注重学生对教学内容的反应，及时调整课堂，加强课堂的灵活性。同时，也要保证充分发挥教师的主导引领作用，有效地把二者结合起来，一方面保证课程任务的完成，另一方面调动学生学习的主动性和积极性，以提高思政课堂的实际效果。

2. 开放性原则

新课标要求中职职业道德与法治课程要打破传统说教的思维，发展学生核心素养，体现特色育人目标，引导教学更关注育人目的，更强调提高学生综合运用知识解决实际问题的能力，对教师、教法提出新的更高、更贴合实际的要求。实行开放式教学，主要包括教学观念的开放、教学场地的开放、教学内容的开放及教学方法的开放。

3. 实效性原则

"职业道德与法治"教育是为了帮助中职生树立社会主义道德理念和社会主义

法制理念,塑造合格的中职人才。"职业道德与法治"课堂教学要真正深入中职生的内心,让学生能实践于社会生活工作实际。这就要求教师认真研透教材,根据教学精心选择适当的案例素材,提高教学实效性。

三、案例教学法的操作要点

1. 案例的选择与准备

案例教学以案例为中心,选用的案例直接影响教学效果。选择真实性、有针对性、开放性和时效性的案例,才能引起学生的共鸣,具有说服力。案例要针对学生的思想迷惑,帮助学生澄清一些是非界限;要便于学生从各个侧面对案例所反映的问题进行分析、研究与探讨;要紧密联系当前社会环境变化和理论发展的情况,注重与当前实际联系的程度。例如在"职业道德与法制"第五单元第一课正确处理民事关系中,笔者在营销专业课堂上选用了"向未成年人销售手机"这个案例引导学生进行讨论,引起了营销专业同学的极大兴趣和思考。营销专业的学生将来的工作岗位多数是销售服务,结合教材中这个部分的理论知识点"掌握民事行为能力年龄范围",这个案例能把教材理论知识点结合学生实际,真正引起学生兴趣。

2. 案例的呈现

如何把选择好的案例呈现给学生需要讲究方法,呈现的形式要多种多样。教师可以对案例进行生动的描述,通过抑扬顿挫的语言描述把案例呈现在学生面前,引发他们的想象与思考。教师也可以通过文字材料、播放视频材料、多媒体课件等,引发学生的学习兴趣,更生动、形象地把案例呈现出来,增加课堂的信息含量,丰富教学内容。例如在"职业道德与法律"第二单元第二课职业道德是职业成功的必要保证中,教材选取的是"最美司机吴斌"的事迹,教材只有文字材料,比较生硬枯燥。于是笔者把教材中文字材料重新编排梳理,让学生能迅速了解吴斌平时踏实朴素的工作作风,关键时刻极强的职业道德责任感,直至献出了生命,并且下载了相关视频材料和歌颂吴斌的歌曲播放给学生,最美司机吴斌的典型事例就变得更加生动直观,深深吸引了学生,触动了他们的内心。看到学生们热泪盈眶,笔者知道案例的呈现是有成效的。

3. 案例的讨论、分析

作为案例教学的重要环节,分析、讨论的形式可以采用分小组讨论或教师组织全班讨论。需要注意的是,讨论过程中学生是主体,教师是引导者。教师设置一些相关问题,让学生带着有针对性的问题探究分析,教师引导,让学生去思考、讨论案例中更深层次的、有争议性的论点,通过探讨寻找解决问题的答案,加深对案例相关知识点的掌握和理解,为学生应用知识打下良好基础。讨论结束后要求学生推举代表阐述本组的观点,教师作为讨论的引导者,记录学生的发言要点。应该鼓励小组间的集体讨论,通过多种合作探究方式锻炼学生的思考能力和自主学习能力,锻炼他们的团队精神和合作意识,促进综合素质的养成。

4. 案例的概括和总结

作为案例教学的点睛环节,概括和总结是对前面讨论的概括和提升,通常由教师来进行。教师可以在总结中指出学生在分析、讨论法律案例中的优点与不足,可以加入弥补性、提高性观点。教师对案例讨论做出评价,点明案例中的关键性问题,为后面开展的课堂教学做好铺垫。教师可以引导学生进行归纳、总结,让学生得到更多的提高,甚至提出一些令人深思的问题,开阔学生的视野、调整思维视角,进行更深、更广的思索。例如前面提到的"向未成年人销售手机"这个案例,通过学生们热烈地讨论,笔者引出"未成年的民事行为能力年龄范围"这个理论知识点,提出问题"已经向不具备完全民事行为能力的未成年人销售了手机,这个行为是否具备法律效力?能退货退款吗?谁该承担相应的损失?"把学生的思考引导到"不具备完全民事行为能力的未成年人的民事行为效力的问题",对教材理论知识点进行了扩展提升。对案例进行概括和总结,要求教师具备以下四点能力。

能力一:要求课前教师要精心对案例进行选择,花大量时间进行教学设计。充分的教学准备是运用好案例教学法的关键。案例如何选择,如何呈现案例,使用哪种课堂讨论方式,教师抓住哪些要点进行引导及提升总结,都对教师的课前准备能力提出较高的要求。

能力二:要求教师努力创造良好的课堂氛围,既能让学生有充分的思考和表达自己想法的意愿,又能给学生以恰当的引导,让学生从更深、更广的角度去分析和解决问题。例如把课堂设置成模拟法庭,或正反双方辩论赛的形式,创造出良好的课堂讨论氛围,引发学生思考。

能力三:要求教师善于总结提升,从案例中提炼教材中的相关理论知识,理论联系实际,引导学生将理论应用于实际。

能力四:要求教师教学设计有针对性,因材施教。充分研究学生的特点,包括优点与局限性,运用不同方法发挥不同类型学生的特点和优势,鼓励学生发掘潜能,使学生的个性得到发展和良好的引导。

【作者简介】

蓝晓静,广西物资学校德育专任教师,讲师。研究方向:中职思政课程教学模式、中职思政课程信息化教学。

中职营销专业实践教学存在的问题及对策

梁品寅

【摘要】 中职营销专业是一门应用性、实践性极强的专业,而中职院校的宗旨是为社会培养技术型专业人才。因此,实践作为学生进入社会的重要检验指标,对学生的成长至关重要。本文通过对营销专业在实践教学中存在的问题进行分析,研究相应的解决对策。

【关键词】 营销专业;实践教学;问题;对策

一、中职营销专业实践教学的重要性

伴随着市场经济的发展,"上手快,动手强"逐渐成为劳动力市场对营销专业学生的基本要求。而就目前的就业市场反馈来看,中职营销专业毕业的学生在动手能力和基础业务开展方面的能力并未达到劳动力市场的要求,这也导致社会上出现了企业招不到合适的业务员、学生找不到的合适岗位的现象。追寻根源我们可以发现,这是由中职学校在营销专业上薄弱的实践教学环节造成的。营销专业本身就是一门应用性、实践性极强的专业,对学生在分析问题能力、解决问题能力、实践操作能力上的要求更高于对基础知识的掌握。而实践教学作为当前职业教育的培养目标,不仅可以提高学生的实践操作能力,更是检验学生是否具备适应社会能力的重要手段。结合当前劳动市场的需求来看,培养实践经验多、操作能力强的初中级应用型人才,才是各中职院校的最终目标。因此,落实和发展营销专业的实践教学不仅有利于实现中职教育与社会需求的接轨,还有利于完善营销专业在教学上的完整性与科学性。

二、中职营销专业实践教学现状分析

(一)教学方法落后

营销专业是一门通过市场环境调查、市场行为分析从而掌握专业关键能力的学科,但是目前中职院校的营销专业都存在一些落后的教学方法。首先,营销专业的教学方法包括理论教学和实践教学。在整体的教学方面大部分营销专业的课程都凸显"重理论，轻实践"的教学现象，即目前营销专业的教师在理论教学上，依旧没有摆脱传统的教师在课堂上讲课、学生在课桌上抄笔记的习惯。被动的学习方式，让学生提不起学习的兴趣，容易导致学生理论知识不熟悉，还容易使学生产生集体厌学的情绪，对课程的开展带来非常多的不利影响。其次，目前中职营销专业的实践教学呈现出"时间短，次数少"的特征。据目前各中职院校的反馈，较多营销专业的课程安排是"4+1"模式，即花五分之四的时间在封闭式的学校里向学生灌输理论知识，五分之一的时间集中安排进行实践教学。极短的实践时间无法让学生有效地将理论和实践相融合，而之前学习的理论知识，因为缺少相应的实践也可能忘记。在这样的教学方式之下，培育出大量"理论知识不掌握，实践经验非常少"的学生，不但不符合中职营销专业的能力要求，还无形中导致应届毕业生的能力与劳动力市场的能力要求脱节的结果。因此，改革理论教学方式，增加实践教学的时间和次数，是提升营销专业教学方法必不可少的手段。

（二）教师缺乏实践教学经验

营销专业的教师在重理论、轻实践的模式下，容易形成理论经验越来越丰富，安排的理论课程时间越来越多，而实践经验越来越少，安排实践课程的时间越来越少的死循环。分析其中的原因，包括两个方面。第一，营销专业本身是国际的"舶来品"。改革开放初期，国内建立社会主义市场经济，为适应国内市场的变化，便引进了营销专业。因此，课程开设初期，国内院校对这个专业的了解少之又少，这时只能"拿来"外国的优秀理论为自己所用，在国内市场经济不成熟的情况和受国内传统的教学方式熏陶下，第一批教师严重缺乏符合我国国情的营销专业相关的实践理论。受早期教学条件的限制，营销专业教师因为缺少实践经验，在实践环节的实行上往往流于形式。第二，经历初期的"引进"，虽然使营销的理论知识得到了极大的充实，但是，新一批教师依旧缺乏实践经验，问题主要出现在教师引进和培养上。目前国内大部分年轻教师的招聘方法是非常传统的，即新任的教师基本上都刚从高校毕业，来到学校之后就直接布置教学任务，虽然他们在理论知识的理解上非常的透彻，传授理论知识时得心应手，但是他们的实践经验几乎为零；而另一部分年轻教师往往来自学校内部的其他专业，即使可以通过校内或其他方式提高理论知识，也依旧存在实践经验不足的短板。最后，在教师培养方面，多数学校以"以老带新，院际交流"等方式进行，而在大环境没有变化之下，理论教学的氛围只会更加浓烈，这样的结果对实践教学没有实质性的帮助。因此，改革教师引进方式和培养方式是解决教师缺乏实践经验的有效方法。

（三）实践教学资源不稳定和实践教学开展的能力低

受早期国内市场经济条件不成熟和专业开展经验缺乏的影响，国内的营销专业在实践教学的层次比较低，主要表现在实践教学资源不稳定和实践教学开展的能力较低两个方面。首先，虽然许多学校已经建立实训基地，但是从就业市场的反馈来看，实训效果并不是明显。部分院校的合作基地经常更换，而这就暴露出中职院校实践教学资源不稳定的问题。这主要包括两个方面原因，第一个就是合作时间短，次数少。因为大部分的实训时间是20天左右，部分实训基地本身的需求比较多，而学校又无法较长时间提供，再加上学生的实际操作能力不足，所以常常会出现一个实训基地合作一次或者两次之后，就不再继续进行合作的情况；第二个就是选择的实践基地和学生的能力要求匹配度不高，导致学生无法在实践过程中掌握到营销专业的相关技能。即使参加了20天的实训，没有掌握到实际工作经验的学生到社会寻找工作，依旧无法满足劳动力市场的要求。其次，就现有的实践方式和手段来看，大部分中职院校的实践能力比较低，主要表现在两点：第一，实践方式单一，学生完成理论课程之后，在毕业之际参加一次不足一个月的实训，实践的方式和次数都非常少；第二，实践时缺少后续的跟进动作，学校只安排学生的实训地点和实训内容，很少关注甚至跟进学生在实训基地的情况，在这样的情景之下，很多学生懵懵懂懂就过去了，实训过后学生也无从得知自己的实践成果，初到新公司错误连连，容易导致学生出现自卑等负面情绪，而学校的实训结果也是南辕北辙。因此，稳定实践教学资源、寻找可靠的实训基地、完善实践教学方法，是提升学校实践教学层次的重要手段。

三、完善营销专业实践教学的对策

（一）与时俱进，改革教学方法

改革教学方法，要与时俱进。教学方法的革新要从两个方面出发，第一是改变目前营销专业"填鸭式"的教学方式，这要求任课老师充分抓住营销专业与社会生活联系紧密的特点，在讲课的过程中结合实际生活，引起学生对营销专业的兴趣，树立新的市场营销理念。在课堂教学技巧上使用更多能够让学生进行实际操作的教学方法，让学生在课堂上思维和行为跟着教师的教学目的动起来。而常见的方法有场景模拟法，即上课教师设定一定的营销场景，将学生分成各个小组，针对场景进行讨论，然后各个小组根据小组讨论结果进行模拟展示。通过情景模拟，不但可以使枯燥的理论知识课程变得丰富有趣，还能培养学生的自主思考能力，更有助于加深学生对理论知识的理解。第二是改变营销专业在实践教学上"时间短、次数少"

的现象。这要求营销专业的教师转变"4+1"的教学课程安排,将实践教学通过不同的形式安插在理论教学课程之间,增加实践教学的次数,学校应该实行每学年期末进行一次7~10天的短期实训,这样可以让学生通过实践去理解所学的理论知识。最后一个学期,则可以安排更长的实训时间,让学生有充足的时间在实训期间去适应社会。

(二) 改革教师引进和培养的方式

增强实践教师的实践能力,可以分为两个方面。第一个方面是改革传统的招聘模式——高校直接招聘到学校,学校可以直接面向国内优秀的大型企业,针对性地招聘具有实战经验的人才。这些从企业来到学校的人员,可以直接安排为实践教学指导老师,和理论教学老师相区分。这样既可以弥补理论教学教师在实践教学方面的短板,还能让学生通过这些专业且具有实战经验的实践指导老师了解到前沿的实践技能和社会动态。对社会劳动力市场需求的了解,有利于学生之后的择业和就业。第二个方面是转变现有的教师培训方式,以培养既有较高的理论知识水平,又具有丰富的实战经验的"双师型"教师为目标。基于新目标的要求,学校应该积极地让教师"走出去"。首先,学校可以通过挂职锻炼的形式,在假期让教师直接到各类与营销专业相关的大型优秀企业参与企业的管理,通过实地了解企业的工作流程和实际操作手段,让教师及时了解行业动态,有效地避免教学与实际脱节的现象。其次,鼓励教师除了做好理论教学之外,积极参加全国性的资格认证考试。

(三) 建立有效的实训场地,增加实训跟进环节

建立一个先进且能够真正提高学生实践能力的实训场地,需要学校与企业建立长久的合作关系。在开展实训之余,需要学校继续保持与合作企业的沟通。通过密切学校和企业之间的感情来稳固学校与企业的关系,从而建立一个稳定且符合学生实际情况的实训基地。在实训中,需要学校派出实践教学的指导老师,帮助企业一起管理实训的学生,既可以分担企业的压力,还可以帮助学生解决实训中的问题。通过上面的方式,可以有效地解决实践教学资源不稳定的问题。在具体的实训过程中,如果像传统课堂那样只监督学生工作是不合理的。为了学生能够快速掌握实训中的技能,学校要对实训的学生进行跟进帮助,在了解学生实训情况的前提下,针对学生不足的地方,确定相应的帮助方案。由于学生的人数较多,单个方案需要花费大量的人力和物力,因此学校可以使用结果导向的考核方式对学生进行跟进帮助。结果导向的考核方式,即学校根据学生在实训基地表现的结果对学生进行考核,帮助学生找到实训中的弱项,通过模拟场景,再现实训中出现的问题并给予指导改进,从而帮助学生提高相关实践操作的能力。

实践教学是保证中职理论教育与社会接轨的重要环节。改革落后的教学方法，培养"双师型"教师，建立有效的实训场地，与时俱进，全方位、多层次地对实践教学模式进行改革创新，才能培养出适应社会、服务社会的初中级应用型人才。

【作者简介】

梁品寅，经济管理类专业教师。具有中职学生跟岗实习经验，对实践教学有一定的看法见解。

新冠疫情背景下中等职业学校线上教学实践研究
——以广西物资学校为例

陆仁超　梁凤梅

【摘要】 由于新冠肺炎疫情,全国各地高校延期开学。教育部要求实施并保障高校在疫情防控期间的在线教学,实现"停课不停学"。在此背景下开展大范围网络在线教学,面临诸多的挑战,也迎来了难得的机遇。本文以广西物资学校线上教学模式为例,对新冠肺炎疫情下线上教学模式开展原则进行探讨,为实施稳定、有序、高效的线上教学模式提供借鉴。

【关键词】 中等职业学校;线上教学;教学管理

新冠肺炎疫情发生以来,广西物资学校认真贯彻执行教育部、自治区教育厅"停课不停学""以信息化支持教育教学工作"等有关指示精神,确定线上教学工作方案并组织实施,积极开发网络教学课程,采取形式丰富、内容多样化的线上课堂,有序开展线上教学。在学校防控小组的领导下,实施教学网格化管理,完成了阶段性的疫情期间的教学工作。

一、延期开学的教学管理思路

为确保"停课不停学",教务处、教研室、学工处、信息中心等部门经过多次线上会议进行反复讨论和研究,确定了"广西物资学校 2020 年春季学期延期开学期间教学工作方案"。

工作方案中,成立了由教学副校长为责任人、教务处主任为组长、各教研室主任及专业带头人为组员的疫情期间教学领导小组,由教务处、教研室、学工处、信息中心共同开展疫情期间教学工作。主要工作任务及措施如下。

(1)迅速成立信息教学团队,指导有条件的任课教师利用网络教学平台、在线课程平台开展线上授课工作。

(2)因条件所限无法开展线上授课的教师,通过网络手段给学生发送课件、习题等,指导学生线上学习。

(3)加强立德树人工作,授课教师通过网络通信工具加强对学生的思政教育、疫情防护教育和心理健康教育辅导,引导学生增强法律意识、疫情防范意识和社会责任感。

二、疫情期间开展线上教学实施情况

1. 开展平台调研

疫情发生以前,只有部分专业和班级开展过线上教学,学校没有长时间、大范围的线上教学经验,教务处通过线上教学平台数据分析、线上问卷调查和班级群学生学习效果等方式开展调研,及时了解学生的学习情况和学习效果,指导各专业调整和优化线上教学方案,指导教师调整和改进教学手段和方法,从而使教学效果得到保证。部分线上教学调研数据如图1所示。

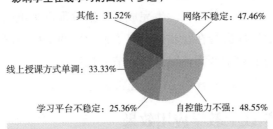

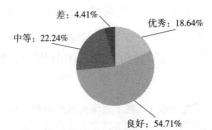

图1 部分线上教学调研数据

2. 组织信息化培训

教师的信息化水平是线上教学的关键。疫情期间,教务处迅速组织学校信息化技术团队开展了五期线上信息化教学培训,内容包括超星学习通平台、超星泛雅平台、QQ群直播、腾讯课堂等线上教学平台的使用、微课视频制作等,并建立线上授课群,安排信息技术专业老师在群内全天解答教师对在线教学的各种问题,让教师线上授课在技术层面能够游刃有余,毫无压力。

3. 实施线上教学

依据调研情况,教务处及时调整教学计划,搜集了国家级职业教育专业教学资源库、智慧职教、爱课程、智慧树等免费教学资源提供给师生，组织教师积极备课，开展教学活动。从 2 月 17 日开始，教师们开始使用 QQ 群直播、腾讯课堂、超星学习通等线上教学平台进行教学。根据疫情防控需要，开设了疫情防控公开课，全校三个年级 4 000 多位学生全部完成学习。此外，根据学校特点，开发了一些学校特色课程，如 2018 级、2019 级线上开学第一课、跨境电商等。

4. 进行常规教学巡查

为了保证线上教学质量，学校建立了教务处、教研室二级检查制度，教务处严把教学质量关，对线上教学各个环节进行常规教学巡查，检查教师授课基本情况、学生到课情况等；教研室主任除了检查教师授课情况，还对教师进行一些必要的教学指导。通过指导，即使是一些从未开展过线上授课的教师，也慢慢能够上手。

5. 及时评价线上教学的开展效果

教师将作业题目发放给学生，学生完成后传给教师进行批改、评讲；使用在线测试系统、相关教学软件进行在线测试，以了解学生的掌握情况；学生定期填写反馈调查问卷，反映线上教学授课情况。各环节有机结合，每一个课程都有督导，每一节课都有反馈，以确保线上教学工作的正常运行。

三、延期开学线上教学应用效果

经过两个多月的教学实践，全体教师以"疫情就是命令、防控就是责任"的高度责任感，利用线上教学平台，开展形式多样的线上教学，以实际行动践行了"让每一个学生有责任感、自豪感地学习生活，德技兼强，人人成才"的学校共有价值观。

从超星学习通 2 月、3 月的运行月报表来分析，我校线上教学大数据评价指标如表 1 所示。

表 1　线上教学大数据评价指标

月份	运行课程数	上线教师数	上线学生数	平台访问量	新建课程数	运行班级数	师生讨论数
2	77	181	1 466	548 294	157	124	187
3	552	212	1 440	552 440	40	665	374
合计	629	393	2 906	1 100 734	197	789	561

从数据指标分析，线上教学整体情况由最初的准备阶段逐渐向常态化教学阶段进行，教学效果也有明显的改变，但仍然存在学生到课率不高、课堂互动不活跃等情况，下一步应对课程的设计和内容进一步加以改进和丰富，以更多的方式吸引学生进入线上课堂。

四、线上教学突显亮点

这次疫情发生突然，延续时间较长，给学校的教学工作带来了较大的影响。面对这种情况，由教务处牵头，各部门配合，发动全体老师开展了形式多样的线上教学活动，其中不乏一些亮点。

1. 组建信息技术团队，稳步推进线上教学开展

面对疫情，迅速组建信息教学技术团队，全面开展教师线上信息化教学培训。组建信息教学团队后，向教师发布调查问卷，了解教师需求，制订培训方案。2020年2月20日开展第一次线上信息技术培训，随后又四次开展，共开展了五次线上信息化教学培训，每次培训人数近200人，五次培训近1 000人次。通过培训，教师迅速进入线上教学角色，线上教学得以全面铺开。

2. 利用线上开学第一课，有针对性地开展思想政治教育

为加强学生思想政治教育，结合当前疫情涌现出的感人事迹，基础教研室德育组根据2018级、2019级学生的实际情况，分别开发了线上开学第一课"工作意味着什么——敬业、乐业、精业"和"感恩于心，责任于行"。结合当前疫情防控工作，学校在超星学习通线上教学平台上向全校学生开设了"新型冠状病毒防疫安全公益课""工匠精神""中职生心理健康"等专题课程，帮助学生掌握疫情防控知识，促进学生身心健康发展。

3. 科学调整线上教学作息时间

根据线上教学的特点，调整了课时、作息时间。常规课时是40分钟，考虑到学生情况，把线上课时的时间缩短到30分钟。根据学生作息时间不定的特点，把上午上课时间适当推迟，从8点调整到9点。在下午全校统一开设线上体育课，让学生能够放松身心，缓解压力。根据统计，调整后学生到课率、听课率有所提高。

五、线上教学存在的不足

在线教学在实践中不可避免地会出现一些问题，这是开展线上教学院校普遍存在的问题。

（1）缺乏学校的规范性管理，部分学生无法进入积极学习、正常学习的状态。相对于线下教学，线上教学师生互动难以开展，枯燥的线上讲解让学生缺乏学习兴趣、学习效率低下，主动学习欲望下降。

（2）线上教学随意性大，学生新鲜感大于求知欲，在教学过程中以点赞、刷礼物为乐，偏向主播式娱乐化的教学方法干扰正常教学秩序。

（3）没有一个标准规范的考核体系，不少学生认为看完教学内容就算完成学习任务了，教师也很难把握学生的掌握程度。

六、结语

虽然这次疫情对教学影响很大,但是学校所有教职工众志成城、团结一心,通过信息技术,降低了延期开学对教学的影响,实现了"停课不停教,停课不停学"的目标。而现在学校教学部门的重点工作是探索线上线下教学对接,实现线下教学平稳过渡,打赢这场"战疫"。

【作者简介】

陆仁超,高级讲师、工程师、技师,广西物资学校教务处副主任,广西人工智能学会理事,南宁物联网研究会理事。研究领域:电子技术、物联网、智能家居。

黄小珍,助理讲师,二级建造师,广西物资学校商务与艺术教研室教师。研究方向:中职学生德育教育,工程管理。

中职学校教师信息技术应用能力校本培训模式探索

农丽艳

【摘要】 在"互联网+职业教育"的时代背景下,信息技术应用能力已成为教师的核心职业能力之一,如何提升教师信息技术应用能力是中职学校着力解决的关键问题之一。立足成本低、覆盖面广、针对性强的校本培训,探索实践"四位一体、三岗两层"的教师信息化教学能力提升培训模式,积极构建"四维度、双驱动"的教师信息技术应用能力培训课程体系,开发分层分岗的教师信息技术应用能力校级标准,对破解培训内容泛化、形式单一、成效难鉴定提供了有效解决方法和途径。

【关键词】 中职学校;教师信息技术应用能力;校本培训模式

随着我国经济的飞速发展,职业教育已进入新常态下"互联网+"的创新发展阶段,没有教育信息化就没有教育现代化已成为教育界共识。2019年国务院出台的《国家职业教育改革实施方案》明确提出:职业教育要适应"互联网+职业教育"发展需求,运用现代信息技术改进教学方式方法。加快教育信息化进程,有效实现信息技术与教育教学深度融合,取决于承担人才培养职责的教师信息素养。因此,聚焦中职教师职业岗位工作任务及教师特点,探索实践"四位一体、三岗两层"的教师信息化教学能力提升培训模式,构建"四维度、双驱动"培训课程体系,开发教师信息技术应用能力校级标准,建立具有较高信息素养的中职教师队伍,对促进教育现代化至关重要。

一、中职教师信息技术应用能力及培训现状

没有教育信息化就没有教育现代化,教育现代化需要教育信息化支撑,加快教育信息化进程,实现信息技术与教育教学深度融合已成为新时代的要求。提升教育信息化关键在教师,中等职业学校教师是履行中等职业学校教育教学工作职责的专业人员,肩负培养新时代高素质劳动者的重任,现行的《中等职业学校教师专业标准(试行)》明确提出对中职学校教师的素质要求:具有适应教育现代化的信息技术知识。由此可见,信息技术应用能力为职业学校教师必备能力已是不争的事实,教师的信息化教学能力是影响教学质量最重要的基础性要素,亦是将信息化落实到教学各个环节的关键。

为提升中职教师信息化教学能力，《教育部关于加快推进职业教育信息化发展的意见》提出：努力提升职业教育信息化基础能力，提升职业教育工作者的信息素养，逐步将教育技术能力纳入职业院校教师资格认证与考核体系。《教育信息化2.0行动计划》明确把信息化应用水平和师生信息素养普遍提高等作为重要行动目标，以此推进教师信息化教学能力的全面提升。与建设现代职业教育和教法改革的要求相比，教师的现实水平存在一定差距，由于中职学校教师信息技术应用能力受到学科背景、工作岗位、年龄结构、信息技术基础、发展愿景等差异化影响，对信息化教学的认识不同、能力需求不同，加之传统的培训方式未能充分考虑教师的现实需求而缺乏针对性，导致教师参与培训的积极性不高，教师信息素养及信息化教学能力提升速度缓慢。

过去，中职学校曾投入较大力量，采用外派、专家讲座、参观研讨等培训方式，但因受时空、人手、经费等条件限制，培训形式单一，针对性弱，覆盖面窄，有效性欠佳，大部分教师信息能力提升有限。此外，学校对教师信息化教学能力的培养工作缺乏规划，缺乏适合中职教师的信息技术应用能力标准及有效的培训课程体系，培训目标模糊无方向，内容泛化不聚焦，缺乏长远性和系统性，头痛医头、脚痛医脚的现象常见，培训时间短，内涵浅，课时少，理论多实践少，形式不够灵活，教师学用脱节等问题比较突出，教师的信息化能力难培养、难评价。再有，很多教师对培训缺乏正确认识，重眼前轻长远。种种原因导致教师的信息技术应用能力难以获得有效提升。

二、中职学校教师信息技术应用能力培训存在的突出问题

培训是提升教师信息技术综合应用能力的重要途径，但传统的培训成效不佳，具体表现在以下几个方面。

1. 培训内容宽泛，未聚焦教师岗位实际需求

传统中职学校教师培养供给侧和岗位需求侧有偏差，未充分考虑教师在学科背景、年龄结构、信息技术应用能力水平、发展愿景等方面存在的差异性，也未重视各岗位教师的实际需要，教师培训定位不准，教、学、用脱节。采用统一的培养模式，培养目标模糊、内容泛化、缺乏个性和针对性，导致大部分教师的信息素养及信息化教学水平偏低，难以适应新时代职业教育教学需要。加之中职学校教师工作任务繁多，不仅承担课程教学任务，还承担班主任管理、第二课堂活动指导等工作，有效投入信息技术学习的时间有限，直接影响学习提升的内生动力。

2. 培训方式单一，教师受益面窄

采用外派培训、专题研讨和专家讲座等培养方式，尽管花费了很多精力，但受

时间、空间、人手、经费等现实条件限制，难以实现培训的全员性、针对性、灵活性，成效差。部分教师因无法得到针对性的培训和指导，学习费时费力却收获甚微，信息能力提升有限，教师信息化教学创新能力不足，学习积极性和持续性受到打击，自信心受挫，学习兴趣不浓。

3. 缺乏评价标准，教师能力提升成效难鉴定

国家虽已出台《中小学教师信息技术应用能力标准（试行）》，但并未针对中职教师出台相应标准，正因缺乏中职教师的信息技术应用能力标准及配套培训课程，导致培训定位不准、方向不明、目标不清、内容不实等，不仅无法开展针对性强、形式多样、有效性高的、有持续性的符合教师岗位及发展需求的个性化培训，考核评价更是难以开展。

三、解决中职学校教师信息技术应用能力存在问题的思路

总结传统培训质量不高的成因与不足，优化调整培训内容和方式，创新以满足教师岗位需求为目的的培训模式，是解决传统信息技术应用能力培训成效不佳的关键。研究小组采用问卷、访谈和课堂监测等方式对五所省、市、县级三类中职学校进行抽样调研分析后发现，传统"一刀切"的中等职业学校的教师信息化能力培养方式，并未充分考虑教师学科背景、职业岗位、年龄结构、信息技术基础、发展愿景等师情差异，未精准对接岗位特点及实际需要，存在教师学用不匹配、相脱节等问题。此外，学校并未对教师信息化教学能力培训进行整体规划，缺乏教师信息技术应用能力标准，培训目标模糊、内容泛化，教师对信息技术的认识不足、兴趣不浓。同时，缺少一支熟悉成人教学规律和教学方法，精通信息技术开发、应用、教学并能承担信息技术课程开发、能力提升培训，且能随时帮助解决教师学习难题的教学团队。

为解决传统培训存在的问题，结合中职学校教师特点及学校实际，选择投入低、针对性强、覆盖面广、有效性高的中职学校校本培训，以解决传统培训效果不佳的难题。首先，成立教师信息技术培养培训基地，组建一支由省级以上信息化教学专家、信息技术企业专家、具有信息技术应用能力且教学能力强的职业学校教师三方组成的"管家式"结构化教学创新团队。团队成员围绕共同的愿景和目标，既有分工又有合作，根据各自特点专长承担擅长的工作任务。其次，对受训对象进行分类，根据中职学校教师岗位工作任务特点将教师分为公共基础课教师、专业课教师和实训指导教师三类。结合教师个人能力基础、发展愿景等，将培养目标分为基本应用层及骨干示范层两个层级，开发"三岗两层"教师信息技术应用能力标准，使中职学校在开展教师信息技术应用能力培养、培训和测评等工作时有基本依据。紧扣能

力标准搭建校本培训课程体系，开发配套培训课程标准、教材、微课、课件等教学资源。最后，充分发挥"管家式"结构化教学团队的示范引领作用，以教师发展为中心，围绕职业岗位需求及学校实际，构建覆盖面广、针对性强、灵活度高、效果显著的"四维度、双驱动"的校本培训体系。采用以学习培训、实践应用、课题研究、教学大赛为主线的"四位一体，分岗分层"的中职教师信息化教学能力校本培训模式，做中学、学中做，实现全员性培训，全面提升教师的信息化教学水平。

四、解决中职学校教师信息技术应用能力存在问题的对策

培训是提升教师信息技术应用能力的关键，针对传统培训存在的弊端，采用以下三个解决策略。

1.根据中职学校教师岗位工作特点及教师专业发展需求，构建"四位一体、三岗两层"的教师信息化教学能力提升培训模式（如图1所示）

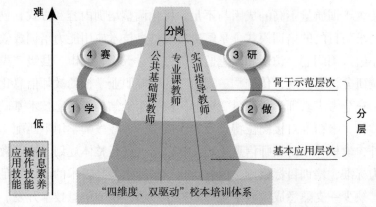

图1 "四位一体、分岗分层"的中职教师信息化教学能力校本培训模式

严格执行《中等职业学校教师专业标准（试行）》，以此引领学校教师专业发展，增强教师对教育信息化教学重要性和必要性的理解，充分认识到掌握信息技术是自身站稳讲台、驾驭课堂教学、提升职业竞争力的重要砝码。完善教师培训课程体系，将教师信息技术应用能力培养纳入教师培训的必修课，以精准培养具有信息化教学能力且能适应新时代职业教育人才培养需要的中职教师为目标。通过对比分析，总结归纳中职学校教师的岗位典型工作任务及要求，借鉴教师资格认定制度和职称评审制度的教师岗位分类方式，将教师细分为公共基础课教师、专业课教师、实训指导教师三类。结合教师的学科背景、年龄结构、发展愿景等差异因素，将各类岗位的教师分为基本应用层和骨干示范层，区别对待，差异化及个性化培养。按照"需要什么学习什么、缺什么教什么"的成人学习特点，围绕信息素养、操作技能、应用技能三大模块设置培训课程，分为基本应用层和骨干示范层，精确对接岗位要求

及教师发展需求，构建以培训学习、实践应用、教学研究、参加信息化大赛为途径的，"四位一体、三岗两层"的，以教师为中心梯度培养的教师信息化教学能力提升混合式培训模式。灵活、多元、实用、有效的培训方式，极大激发了教师的内生动力，有效促进教师信息化能力的提升。

2. 根据中职教师的学习特点及认知规律，构建"四维度、双驱动"的教师信息技术应用能力校本培训课程体系及配套教学资源（如图2、图3所示）

开展教师信息技术应用能力培训需要以系统化的优质课程为支撑，课程是培训的重要载体，是教师提升的关键。坚持以信息化教学为抓手，以微课开发应用为核心，结合中职教师认知特点和学习规律，构建以功能、层次、时空、方式四维为整个系统支撑要件，从上至下（领导到教师全员贯通）、从里到外（激活教师学习的内生动力）双驱动，学做研赛合一的，覆盖面广、针对性强、供需匹配的教师信息化教学能力校本培训体系。

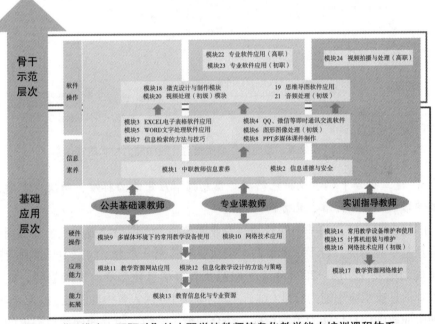

图2 "四维度、双驱动"的中职学校教师信息化教学能力培训课程体系

学校以省级名师工作室为基础，成立教师信息技术培训基地，组建由教学专家、企业专家、教师三方组成的培育"管家式"结构化教师教学团队，共同研究符合公共基础课教师、专业课教师和实训指导教师三类教师的岗位工作需求，含基本应用层和骨干示范层的"三岗两层"教师信息技术应用能力模块化培训课程体系。由于信息技术属于实践性很强的学科，因此在培训中采取更符合成人学习特征的任务驱动、情境教学、线上线下混合式等教学方法和手段，把集中培训、个别指导及网上

单独辅导结合起来，培训过程注重活动、强调参与。实施类型丰富、层次递进、相互支撑的含"必修模块+选修模块"的模块化课程，每个模块均对应一个特定的子功能，以满足教师个性化需要。培训内容包括以下三方面：一是信息素养，培养教师的信息素养、道德与安全意识与能力；二是相关软件和硬件的操作，旨在让教师熟练使用常见教学软件和硬件的方法，提升信息技术实践能力；三是通过具体实践案例讲授如何在教学中科学应用信息技术，让受训教师理解并找到信息技术与自身专业教学的结合点，并能有效运用到实际教学中，提升教师信息化教学能力。围绕课程目标，开发配套的培训教材及微课、PPT等教学资源。

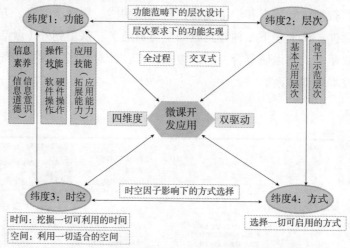

图3 "四维度、双驱动"教师信息化教学能力校本培训体系

3. 建立符合中职学校特色的教师信息技术应用能力标准，解决中职学校信息化教学培训工作无标准、无方向的问题

围绕中职学校公共基础课教师、专业课教师、实训指导教师三个教师岗位工作内容及基本应用层、骨干示范层两个层次要求，充分考虑《国家中长期教育改革和发展规划纲要（2010—2020年）》内容及教育信息化2.0的发展趋势，在《中小学教师信息技术应用能力标准（试行）》的基础上，深入各中职学校、行业企业调研，梳理中职教师信息化能力关键指标，结合师情、学情，建立面向岗位需求的中职学校教师信息技术应用能力标准。标准体系包括信息素养（信息意识、信息道德）、操作技能（硬件操作、软件操作）、应用技能（应用能力、拓展能力）等三大主要模块。以标准引领学校教师在教育教学和专业发展中应用信息技术的准则，为学校开展教师信息技术应用能力培养明确培训目标定位、课程内容开发、考核测评等工作提供了具体量化的依据，确保了培训的质量，有效解决了培训目标缺失、培训内容不聚焦、教学用脱节的难题。

五、结语

总之，要提升中职学校教师信息技术能力，应充分考虑教师的现实需求，紧密对接教师的职业岗位工作任务、教师能力水平、学习特点、发展愿景等因素，创新"四位一体、分层分岗"教师信息技术应用能力提升培训模式，构建从领导到教师全员贯通、激活教师学习的内生动力的"四维度、双驱动"校本培训体系；设计精准化、个性化、多样化、模块化的培训内容；制定具体量化的考核评价标准。只有多措并举，打好组合拳，才能切实提升教师信息技术应用能力的培训成效，实现教师的信息技术应用能力提升，提高教学水平及人才培养质量。

教师的信息技术应用能力是一个持续发展、不断提升的过程，今后，尚待继续探索并建立科学合理的激励机制，促使教师加强对信息化教学的有效应用，巩固校本培训成效，不断提升信息技术应用能力水平，促进教师可持续健康的职业发展，为职业教育现代化奠定坚实基础。

【作者简介】

农丽艳，广西物资学校高级讲师，高级双师型教师，广西优秀教师，广西农丽艳名师工作坊负责人，广西电子信息教育教学指导委员会委员，广西教师信息技术应用能力提升工程专家组成员。研究方向：职业教育信息化与教学改革，教师队伍建设。

基于技能大赛的中等职业学校文化课教师的个人魅力塑造

郭海君　林　艳

【摘要】技能大赛的开展对教师的综合能力提出了更高的要求。在中职学校中，文化课教师如何更好地塑造个人魅力，提升综合素质，以更好地顺应技能大赛发展的潮流，成为现阶段人们关注的话题。本文就技能大赛背景下的中职文化课教师的个人魅力塑造展开讨论研究，第一部分主要介绍技能大赛对教师能力的促进，第二部分介绍了现阶段我国的中职文化课教师的现状，第三部分则研究了在技能大赛背景下中等职业学校文化课教师塑造个人魅力的重要性，最后一部分则重点研究了在技能大赛背景下，中职学校文化课教师如何塑造个人魅力。希望本文能够给予相关教师、学者参考意见，以提升中职文化课教师的综合能力，提高教学的质量和水平。

【关键词】中等职业教育技能大赛；文化课教师；个人魅力塑造

全国职业院校技能大赛（简称"技能大赛"）是中华人民共和国教育部举办的一项年度全国性职业教育竞赛活动，能充分展示职业教育改革发展的丰硕成果，集中展现职业院校师生的风采，努力营造全社会关心、支持职业教育发展的良好氛围，促进职业院校与行业企业的产教结合，更好地为中国经济建设和社会发展服务。

技能大赛的开展使中职学校的专业课程水平得到了很大的提高，也使专业课的教师地位不断提高。然而在整个过程当中，文化课教师的地位显得很薄弱，没有展示自我魅力的机会。

因此，在技能大赛背景下，文化课教师要想提升自我素质，就必须要努力塑造个人魅力，展示自己的价值，不断完善自我。

一、技能大赛对教师能力的促进

技能大赛的开展，对教师的综合能力提出了更高的要求，要求教师不断地优化自身的知识结构，增强自身的创新能力，丰富课程的教学资源，促进了教师之间的团队合作。把握技能大赛的基本要求，对教师能力的提升有着重要意义。

（一）技能大赛促进教师专业知识结构的优化

现阶段中职学校的教师一般只固定讲授一门课程，只对自己所讲授的课程有很深入了解，对其他专业课程涉及很少，甚至完全不涉及。一直以后，教师的教学水平都只维持在一个水平上。而近年来，随着技能大赛的不断开展，要求教师对技能大赛所考的专业知识进行全面的掌握，对知识进行梳理分析，从而将这些理论知识与实践操作技巧传授给学生。与以往只教授一门课程的内容不同，教师需要对各个课程的专业知识有清晰的认知，并能灵活运用。因此，开展技能大赛，可以有效地促进了教师专业知识结构的优化。

（二）技能大赛促进教师创新能力的提高

技能大赛不仅考核学生对各专业知识理论的掌握情况，更考察学生的创新能力，其中包括各种新技术、新工艺的内容。这就要求教师要掌握各种新技术，能够灵活进行创新，根据技能大赛的基本要求指导学生。另外，技能大赛对设备的要求也很严格，所以教师需要亲自实践、积极创新，设计好设备的改造方案，因此，技能大赛促进了教师创新能力的提高。

（三）技能大赛丰富教师的课程资源

技能大赛的考试题目融合了各个专家的智慧，具有高度的综合性，涉及的范围广、内容多，能很好地考察学生的实际应用能力与知识的掌握水平。教师可以把技能大赛要求的知识作为教学资源，做到有计划地指导学生。另外，在学生参加技能大赛的时候，可能出现一些平时不会出现的问题，教师分析其问题的产生原因，总结教训，并进行针对性的训练，把这些经验教训作为实训的课程资源，在以后的教学过程中传授给学生，因此，技能大赛丰富了教师的课程资源。

（四）技能大赛促进了教师的团队合作

技能大赛考查的是学生的综合能力，只靠一个指导教师是不能很好地指导学生的，需要多个教师沟通配合，各自发挥自己的优势，做好对知识的梳理，全面指导学生。技能大赛要求教师沟通交流合作，遇到问题的时候一起去解决，优势互补，在交流的过程中，不断培养默契，为以后的合作打下基础，可以说，技能大赛促进了教师的团队合作。

二、中等职业学校文化课教师的现状

（一）文化课教师对文化课不重视

中职学校很多文化课教师自身不注重文化课的教学，认为文化课只是一个辅助课程，专业课程的教学才是最主要的，因此，文化课教师不注重文化课的教学，在课上不认真地指导学生，导致很多学生也不注重文化课的学习。

（二）文化课教师专业知识匮乏

在很多中职学校中，文化课教师只是对自身所讲的文化有所涉及，对学生的专业知识一点也不了解。这就导致中职学生文化课和专业课的完全分离，不利于学生综合能力的提高。有部分文化课教师在上课时由于对专业知识不了解，导致课堂上出现许多显而易见的错误，甚至造成笑话。

（三）对文化课教师的认可度低

在一些中职学校，很多专业课的教师总是受到尊敬，而文化课的教师就不怎么受欢迎了。职业学校一般注重对各种技巧、操作的培养，导致出现文化课教师可有可无的现象，文化课教师受尊重程度较低。

（四）文化课教师教学方式不合理

在很多中职学校，文化课教师在进行教学的时候，又是对课本上的内容进行讲解。课上讲解课本知识，再布置作业，这样单一的教学方式难以引起学生的兴趣，激发不了学生对文化课学习的积极性。学生对枯燥乏味的学习失去兴趣，因此在课上也不认真听讲，甚至不参加考试，对成绩也持无所谓的态度。

三、中等职业学校文化课教师塑造个人魅力的重要性

在中职学校当中，教师塑造个人魅力，不断地完善自我，对于学生的学习、教师自我的发展完善、学校的长久发展等都有积极的推动作用，还能构建和谐的教师队伍，促进自身的发展，提高学校的知名度，提升升学率，使学校得以长久发展。

（一）文化课教师个人魅力的塑造对学生有着积极的示范作用

教师的人格、习惯、品行等都对学生有潜移默化的影响，一般来说，职业学校学生的学习习惯、行为习惯等相对缺少严谨性，因此，教师需要做好对学生的示范作用，正确引导学生，用自己的一言一行来感染学生，使他们在潜移默化中受到熏陶。

（二）文化课教师个人魅力的塑造有助于构建和谐的教师队伍

中职学校要想长久地发展，就必须建设高效、协作良好的教师队伍。文化课教师作为职业学校教师队伍中的主要组成部分，其教师个人魅力的塑造、与其他教师的协作配合等都至关重要。文化课教师塑造好个人魅力，在各个方面进行积极的提升，能够提高文化课教师教学的水平和质量，使文化课的学习更重要，更有助于构建良好的教师队伍。

（三）文化课教师个人魅力的塑造能够促进自身成长

文化课教师在塑造自身魅力的过程中，不仅加强了自身对各种文化、专业知识的掌握，还提高了自身的个人修养。教师获得了渊博的知识、艺术的语言、良好的德行、与时俱进的教育理念和手段，且在这个过程中获得了学生的认可、同事的佩服、领导的信任，促进了自身的全面发展。

（四）文化课教师个人魅力的塑造有利于促进学校的长久发展

教师个人魅力的塑造对学校形象提升有着积极的促进作用。在技能大赛的环境下，教师根据要求提升自己的综合素质，这样教师的素质上升了，学生的综合素质也紧跟着得到了提升，学校的知名度也会随之上升。在学校的长久发展中，教师的个人魅力和学生的综合素质起着决定性的作用。因此，文化课教师塑造个人魅力能有效地促进中职学校的长久发展。

四、基于技能大赛的中等职业学校文化课教师塑造个人魅力的具体措施

（一）保障文化教师的社会地位

随着技能大赛的不断开展与深入，职业学校对文化课程越来越重视，但是技能大赛的重点是对各种技能的考查，虽然文化课的重视程度有所提高，但是与专业课的地位差距仍然很大。文化课教师的收入低，技能大赛的各项奖金等又增加了专业教师的收入。另外，很多职业学校重专业轻文化，给予文化课的课时很少，导致很多教师和学生认为文化课不重要，不利于文化课教师个人魅力的培养。

因此，中职学校要平等地对待文化课和专业课，给予文化课足够的重视，在物质支持、精神鼓励等各个方面给予文化课教师支持，带动他们的积极性。

（二）文化课教师以身作则，发挥榜样作用

教师要想塑造个人魅力，需要提高自身的人格，用自己的优秀品质、良好的习惯去影响学生，使学生能够在长期的熏陶下不断地完善自我。学生在教师潜移默化的影响下，进行自我反省，并把教师良好的行为习惯作为自己做事的准则，这样能够最大限度地促进学生健康成长。

因此，教师要以身作则，在教学中以认真、负责的态度面对学生，对学生提出的问题要仔细、耐心地进行讲解，认真备课，把这种对待学习的严谨态度传递给学生，使学生感悟到教师的个人魅力，从而更加热爱学习。在生活中，教师也要做好榜样工作，诚实守信、乐于帮助他人，有积极向上的态度，帮助学生树立正确的人

生观、价值观、世界观。

具有高尚的品质，对待学习、对待生活都认真负责，这样的教师是最具有个人魅力的。因此，在中职学校中，文化课教师要顺应技能大赛的要求，主动学习，提高自己的技能，培养自己的综合素质，以良好的行为习惯、态度、观念等影响学生。

（三）开展团队之间的合作交流

教师塑造个人魅力，离不开团队的合作。在技能大赛开展的背景下，很多是专业教师在进行准备工作，而文化教师参与的积极性很低，在教学过程中各自为政，不和其他教师进行交流沟通，这样的做法非常不利于文化教师个人魅力的塑造。

因此，文化课教师应该注意团队合作，积极与其他专业教师进行学术上的沟通，对学生参加技能大赛面临的问题进行商讨与分析，真正把集体教研付诸实践，在团队合作交流的过程中提升自我、塑造自我魅力。

（四）转变教学方式，提高创新能力

教师在塑造个人魅力的时候要积极采取多种方式进行教学方法的转变。在文化课堂上单纯对知识进行讲解是远远不够的，教师可以结合相关专业技能的讲解，提升教学的质量。教师可以借助多种手段，借助网络媒体等，拓宽教学资源，增加教学的趣味性。文化课教师的个人魅力可以通过个性化的教学风格、独特的教学方式来获得。文化课教师可以结合课本内容的知识结构，根据学生的不同学习情况，不断摸索教学内容，进行教学思路的改革、教学手段的创新。

作为中职学校文化课教师，需要有一定的创新能力，不断与时俱进，激发学生的创新思维，进行教育创新。文化课教师有效地指导学生的学习，使学生在技能大赛中积极面对，这样能很好地提升创新能力。

（五）培养敬业精神

教师的人格魅力离不开敬业精神。在文化课教学中，文化课教师不仅要会教能教，还要善教。会教能教是指文化课教师自身要对所讲的知识理论把握准确，只有自身具备了一定的知识水平才能更好地教导学生。善教，就是指教师能够积极地面对教学中出现的问题，对不同的学生有不同的教学方式，能够有效地做到因材施教。

中职学校的文化课教师在进行个人魅力塑造的时候，要对课程、对学生高度负责，始终保持敬业精神。主动关注学生，考虑他们的学习状况与心理状况，这样才能让学生保持对文化课的热情，更好地提高他们的文化成绩。保持乐观向上的态度，不断地追求教学的质量和水平，这对教师个人魅力的塑造也有积极的推动作用。

五、结束语

技能大赛是近几年来职业学校一项主要的教学实践活动，是职业学校教育改革的重大举措之一，它的开展与深入，对于教师的教学能力与创新能力的提高有积极的促进作用。

虽然现阶段我国中职学校的教育工作得到了很大的发展，但是在教学的过程中也存在着许多不可忽视的问题，其中最突出的就是文化课与专业课的不平衡，比如，文化课教师对文化课不重视、文化课教师的专业知识匮乏、很多人对文化课教师的认可度低、文化课教师的教学方式不合理等，这些问题的存在严重影响着文化课教师个人魅力的塑造，影响着文化教师的教学水平，不利于学生综合素质的提高。

因此，必须要认真对待这些问题、分析问题，了解文化课教师塑造个人魅力的重要性，采取多种措施，积极地提升教师的综合素质，以更好地塑造个人魅力。

要想塑造文化教师的个人魅力，首先要保障文化教师的社会地位，转变观念，提高对文化教师的尊重意识，其次是教师自身要以身作则，发挥好榜样的作用，使学生在潜移默化中接受教师的积极影响。教师个人魅力的塑造还需要积极与其他专业教师交流沟通，开展团队合作；也需要转变教学方式，提高创新能力。技能大赛的主题思想就是对专业知识的考核和对创新能力的检验，教师采取多种方式进行创新，对于塑造个人魅力有着积极的推动作用。最后还要提高文化课教师的敬业精神，在课堂上积极主动地关注学生，以学生为本。

【作者简介】

郭海君，广西物资学校高级讲师。研究方向：职业学校德育及人文素养教育教学。

基于中职学生顶岗实习精准化安全管理模式的构建
——以广西物资学校为例

卢 平 杨佩婷

【摘要】中职生实习安全问题不容忽视，本文以广西物资学校为研究个案，借助问卷调查等方法，总结出该校在原有顶岗实习安全管理模式下出现校企衔接不够、教师参与度较低、班主任主动性差、学生安全知识欠缺等问题，提出将顶岗实习管理效果检测、问题处理加入管理模式，完善安全管理体系设计及管理办法，构建精准化中职生顶岗实习安全管理模式。

【关键词】中职生；学生实习；安全管理

2016年教育部在《职业学校学生顶岗实习管理规定》中提出："学校组织学生顶岗实习应当遵守相关法律法规，并依据相关法律法规制定具体的管理办法并报主管的教育行政部门和行业部门备案。"顶岗实习作为当前中职院校的教学方式之一已经实施多年，但各中职院校在实习操作中依然面临困难和矛盾，特别是实习生的安全管理问题，已经成为制约中职院校人才培养和教学改革发展的大问题，急需解决。

中职学生实习安全管理问题的产生因素很多，常见的有师生安全意识不强、学校管理制度不健全、教师管理方式落后等，这些因素都可能导致学生在实习过程中产生事故。本文在广西物资学校原有安全管理模式的基础上，通过调查问卷的方式，找到当前管理模式存在的问题，以图进一步健全该模式，构建新的精准化安全管理模式。

一、广西物资学校学生实习安全管理现状分析

广西物资学校是广西壮族自治区直属全日制中等职业学校，其"校企合作，工学结合、顶岗实习"的人才培养模式取得了一定成绩，是一所具有代表性的中职学校，故本文选择其为案例进行研究，先介绍其概况，后分析其实习安全管理情况。

（一）广西物资学校现状

广西物资学校创建于1979年，校舍等建筑总面积近10万平方米，教学设备总值超过7 000万元，在校生近万人。该校有以财经商贸、交通运输、加工制造、信

息技术、土木水利为支柱的5大类15个专业（方向），有中央财政支持的专业实训基地1个，自治区示范性校内实训基地4个、校外实训基地1个，共53个专业实训室，并与多家企业达成顶岗实习协议。学院在职业教育上取得了辉煌成果，能满足学生的实习锻炼需求。

（二）广西物资学校现有实习安全管理体系

广西物资学校的实习管理发展具有学校特色，其坚持教育需要与市场需求结合，希望达到发挥学生潜能的目标。要实现这一目标，学生实习的环境十分重要，想要形成一个相对优秀的环境，其必须拥有一个合理的安全管理模式。广西物资学校经过多年的发展，探索了学生生产实习的教学模式，研究了如何统筹协调实践教学的各个环节，坚持做好学生安全管理，确保学生实习成功。

在顶岗实习期间，学校招生就业处及学工处与企业之间建立经常性联系渠道，采取"实习+安全"的管理措施，将安全管理提升到与顶岗实习同等重要的位置上，确保安全管理常抓不懈，安全管理的具体措施如下。

1. 实习前安全管理措施

（1）在学生离校之前，必须签订由学生家长、学生本人及学校三方同意的顶岗实习安全协议书。在返校时，必须交回实习单位相关的证明及材料。

（2）在学生离校前，教务处、学生工作处、各教研室必须认真做好职业指导课的教育教学工作，解决学生在实习过程中将要遇到的一些疑问和认识，以预防为主。

（3）凡参加实习的学生均应参加各级安全教育与培训，强化学生的安全意识、提升学生的安全素养，并在经过考核合格后，方可上岗实习。

2. 实习中安全管理措施

（1）实习指导教师必须把实习学生进行分组，确定组长及负责人，建立汇报制度，教育学生，发现问题及时向学校汇报。

（2）实习学生班主任必须定期了解学生实习变动情况，其中包括联系方式是否变更、实习地址是否变更、实习岗位是否变更、实习内容有无安全风险、实习学生心理动态及思想动态等，并定期将情况形成报告报至学生工作处。

3. 实习后安全管理措施

（1）顶岗实习完成后，须指导教师填写鉴定评语，后交班主任、辅导员处汇总，交教学管理科存档。

（2）学校建立学生顶岗实习安全管理校企联动机制，并根据联动机制的要求，致力于联合机构的建立、人员的配置与职责分配等方面的建设，力求整合学校与企业双方的力量，强化对学生顶岗实习期间的安全管理。

二、实习安全管理过程中存在的问题与原因分析

（一）实习安全管理现状调查设计

本文采用网络调查问卷方式，利用问卷星形成问卷，最终确定有效答卷306份。

1. 调查对象的基本情况结构分析（如表1所示）

表1　调查对象基本情况

项目	性别		年级	
类别	男	女	2016级	2017级
人数	191	115	263	43
比例/%	62.4	37.6	86.1	13.9

根据表1，样本调查对象的基本情况分性别构成与年级构成两大部分。从性别构成看，男性为191人，占据比例是62.4%；女性为115人，占据比例是37.6%。再从年级构成这一层面分析，2016级的学生是263人，比例是86.1%；2017级的学生是43人，比例是13.9%。

（二）现行实习安全管理模式中存在的问题

1. 校企衔接度不够

对于"实习生工作中遇到问题你首先想到的求助对象？"这一问题，有14.38%的学生选择"指导教师"，9.15%的学生选择"班主任"，而高达59.8%的学生选择"企业相关人员"。这说明企业与学校之间的衔接不足，学校没有成为学生在实习过程中主要的求助对象，因此很难良好地履行安全管理责任，如表2所示。

表2　顶岗实习安全管理中校企衔接度认知统计

选项	人数	比例/%
指导老师	44	14.38
家长	11	3.59
企业相关人员	183	59.8
班主任	28	9.15
同学、朋友	40	13.07

2. 教师参与度较低

就"学校是否派驻教师在实习地进行实习指导工作？"这一问题，选择"老师只是带队来，安置后就走了"及"自行去实习单位，没有老师带队也没有老师在实习地指导学习"选项的学生分别占18.95%与42.48%，这说明样本顶岗实习安全管理中教师参与度较低，全程跟队的比例只有38.56%，据此而言，需要强化教师在学生顶岗实习安全管理中的责任心，使之始终进行常态化与规范性的发展，如表3所示。

表3 教师在顶岗实习安全管理中履职调查统计

选项	人数	比例/%
全程跟队	118	38.56
老师只是带队来,安置后就走了	58	18.95
自行去实习单位,没有老师带队也没有老师在实习地指导实习	130	42.48

3. 班主任主动性差

就"实习期间,你认为是否需要与班主任老师联络沟通?"这一问题,认为自己"需要偶尔联系"与"不需要联系"的学生分别占66.34%与6.21%,"需要密切保持联系"的仅为27.45%。从上面的数据而言,实习中的班主任在处理危害学生安全事件时处于被动地位,如果提升班主任在处理安全事件中的主动性,就会有效维护顶岗实习中学生的合法权益,如表4所示。

表4 班主任在安全管理中的作用认知调查统计

选项	人数	比例/%
需要保持密切联系	84	27.45
需要偶尔联系	203	66.34
不需要联系	19	6.21

4. 学生安全知识欠缺

本次调查问卷共给学生设计了15道安全知识题,涉及消防、交通、实习操作、自然灾害等方面,就"检查燃气用具是否漏气时,通常采用( )来寻找漏气点"调查结果统计分析,只有46.73%的学生能正确回答该题,高达50.98%的学生认为闻气味可以判断漏气点,由此可知,在日常生活安全部分学生知识欠缺,如表5所示。

表5 学生安全知识调查统计

选项	人数	比例/%
用火试	7	2.29
肥皂水	143	46.73
闻气味	156	50.98

三、构建实习精准化安全管理模式

中职生实习的全过程可以分为三个阶段,实习前、实习中和实习后。依据上述调查结果及广西物资学校原实习安全管理模式,将在原管理模式上增加管理效果检测、管理问题处理环节,改变管理环节内容,完善管理流程,解决出现的问题,构建一个精准化安全管理模式,实现学生实习期间安全管理工作效益的最大化。

(一)加入效果检测,健全管理体系

1. 实习前安全教育效果检测

顶岗实习前的安全教育,要使学生有从"学生"到"员工"的身份转变意识,

同时还应树立"边学边实践"的观念，掌握不同于在校生活的生产、生活安全知识，了解企业管理及劳动法律法规。学校可以利用传统考试或线上问答的模式检测实习前的安全教育效果，以保证学生对实习内容、工作岗位及生活环境有清醒认知，从而解决学生安全知识欠缺、安全意识不足的问题。

2. 实习期间校企管理效果检测

学生在企业顶岗实习期间既是"学生"也是"员工"，因此受学校与企业的联合管理，同时，中职学生多是未成年人，他们的实习也受到家长的监督。学生生活工作在企业，企业是他们的直接管理者，但学校应该是联合管理中的引导者。学校可以通过与学生、企业签订各类协议，明确各方所需承担的安全责任，加强学校、企业、学生、家长的多方联系，通过电话调查、实地检查等方式检测校企联合管理效果，解决校企衔接不足问题。

3. 实习后教师管理效果检测

中职学校为保障学生实习安全、保证实习效果，会在企业中安排驻岗指导老师实时收集学生信息，解决学生在工作、生活中遇到的具体问题，代表学校与企业沟通并配合企业进行学生管理，而班主任则是学校与家长的沟通桥梁，因此教师是安全管理的关键。在确定教师工作职责及制定相关制度后，学校可以通过检查教师工作日志、检查学生实习报告、听取教师工作汇报及企业反馈等对教师管理效果进行检测，解决教师在安全管理中参与度低及主动性差的问题。

（二）加入问题处理，完善管理体系

科学合理的安全管理体系需要不断完善，从学校角度来说，实习安全管理模式也遵循不断细化的构建过程，一般是在原有模式上不断发现问题、解决问题而后将解决方法加入管理模式。在管理模式中加入问题处理环节，对每一个管理环节出现的问题进行反思及总结，从学校、企业、学生等各方面对存在问题进行归类，提出合理解决方式，可以将安全管理体系向可行化、有效化推进，同时也可以解决安全管理形式化发展问题。问题处理环节的加入，无疑能更快更好地完善安全管理体系。

（三）改进后安全管理模式

将一个实习管理周期设定为实习前、实习中、实习后三大阶段，前两个阶段设安全教育、安全管理、效果检测和问题处理四个环节，实习后设效果检测和问题处理两个环节，建立中职生实习精准化安全管理模式。

【实习前安全管理】

1. 实习前安全教育

（1）在学生离校前，教务处负责做好实习学生法律、维权方面的职业安全教育，学生工作处负责做好实习学生生活、学习方面的生活安全教育，各教研室做好岗位操作的专业安全教育，解决学生在实习过程中可能遇到的疑问和问题，以预防为主。

（2）凡参加实习的学生均应参加各级安全教育与培训，强化学生的安全意识、提升学生的安全素养，并在考核合格后，方可实习。

2. 实习前安全管理

在学生离校之前，必须签订由学生家长、学生本人及学校三方同意的顶岗实习安全协议书。在返校时，必须交回实习单位相关的证明及材料。

3. 实习前安全管理效果检测

（1）实习学生安全教育后，需进行一次问卷测试，以测试是否达到应有的教育效果，如未达到效果需要补充教育。

（2）实习学生交回材料后，需进行材料完整性、正确性的确认，如果相关证明及材料不全，则在材料补齐、更改前不能上岗实习。

4. 实习前安全管理问题处理

（1）总结和分析安全教育检测结果，提升不足之处的教育比重及时长，适当更改教育方式。

（2）材料回收欠缺之处形成可供参考的标准化规范。

（3）其他不足之处，总结成经验教训，形成管理制度中的条例。

【实习中安全管理】

1. 实习中安全教育

企业在实习学生上岗前必须组织岗前安全培训，上岗后必须派遣相关经验人员进行指导并解决学生操作过程中可能遇到的安全问题。

2. 实习中安全管理

（1）学校必须定期联系企业，了解学生实习现状，对企业所接收到的学生反馈信息进行整理，统筹处理学校、家长、老师、企业、其他学生所获得的所有信息，确保实习学生实习现状信息的完整和真实，最终达到精准管理的目的。

（2）实习指导教师必须将实习学生进行分组，确定组长及负责人，建立汇报制度，发现问题及时向学校汇报。

（3）实习学生班主任必须积极联系企业，了解学生实习变动情况，关心学生实习日常生活，确定学生联系方式是否变更、实习地址是否变更、实习岗位是否变更、实习内容有无安全风险、实习学生心理动态及思想动态等，并定期将情况形成报告报至学生工作处。

3. 实习中安全管理效果检测

（1）在学生落实实习企业、明确实习岗位之后，学校与实习企业共同制订实习计划和实习要求。落实校内指导教师制度，跟踪学生在岗期间的工作、学习情况，落实班主任责任制度,学校需要定期检测学生信息的准确性及完整性。

(2)学校定期到实习企业实地检查企业安全管理责任落实情况,对落实不到位的企业提出整改意见,并监督整改。

4. 实习中安全管理问题处理

(1)结合学校和实习单位的实际情况,建立科学合理的评价体系,在学生顶岗实习结束后对其实习企业、指导教师、班主任表现进行考核,建立奖惩制度。

(2)其他不足之处,总结成经验教训,形成管理制度中的条例。

【实习后安全管理】

1. 实习后安全管理效果检测

(1)顶岗实习学生的实习完成后,需实习企业、实习指导教师填写鉴定评语,后交班主任、辅导员处汇总,交教学管理科存档。

(2)顶岗实习驻岗教师在实习结束后,需要上交驻岗期间的工作日志、工作总结、企业意见等材料至学校,由学校审核材料真实性及完整性,根据考核细则对驻岗教师进行考核。

(3)实习学生班主任在实习结束后,需要上交学生实习期间的工作日志、工作总结、家长意见等材料至学校,由学校审核材料直接性及完整性,根据考核细则对班主任进行考核。

2. 实习后安全管理问题处理

对实习期间安全管理模式运行出现的问题进行分析总结,对顶岗实习安全管理中校企联动机制、人员配置、职责分配、管理制度等方面的建设进行完善,力求整合学校与企业双方的力量,加强对学生顶岗实习期间的安全管理。

四、结语

中职院校的根本任务是为社会培养有素质、有技能的专门人才,顶岗实习则是人才培育过程中不可缺失的重要环节。从实习安全管理角度看,中职院校普遍存在教育不足、管理不严、衔接不够的问题,本文在以广西物资学校实习安全管理工作为例,对原有的安全管理模式内容进行丰富和精细化,以实习前安全管理、实习中安全管理、实习后安全管理为一个实习管理周期,构建精准化的、可行的中职学生安全管理模式。

【作者简介】

卢平,广西物资学校学生工作处主任,讲师。研究方向:德育建设与实施、学生管理、班主任管理。

杨佩婷,广西物资学校学生工作处干事。研究方向:学生安全工作。

浅谈中职学校如何通过学生社团培育学生职业精神

韦 鲲

【摘要】目前国家大力倡导培养技术综合型人才，中职学校有很好的发展前景。学生社团不但是学生展现自我才华的舞台，也是中职学校针对中职生职业精神中存在的问题进行整改、培育学生职业精神的平台。本文以社团为例，浅谈如何培育学生职业精神。

【关键词】职业精神；学生社团；中职学校

随着我国经济社会的飞速发展，职场对人才的要求也在发生变化，从重学历到重能力、重职业道德，人才规格内涵日益丰富，职业忠诚、责任感、热情与创新、团队协作和职业规范等职业道德，成为用人单位选人用人的重要标准。学生社团是校园文化生活中重要的组成部分，为学生的活动搭建了舞台，让同学们有更好的发展空间。中职学校通过学生社团培育学生职业精神，具有积极作用和效果。

一、职业精神的含义

一般来说，职业是指参与社会分工，用专业技能和知识创造物质或精神财富，获取合理报酬，丰富社会物质或精神生活的一项工作，并以此作为主要生活来源的社会活动。人们在一定的职业生活中能动地表现自己，就形成了一定的职业精神。职业精神是由下列要素构成：职业理想、职业态度、职业责任、职业技能、职业纪律、职业良心、职业信誉、职业作风等。

二、目前中职学校在培育职业精神时存在的问题

（1）学生职业精神淡薄，缺乏责任感。中职学生综合素质普遍不高，表现在：缺乏吃苦耐劳的精神，没有明确的目标，得过且过的现象普遍存在；平时缺乏自律能力，遵守纪律意识不强，对职业规范认识不足；凡事喜欢追求自我，缺乏团队意识，缺乏社会责任感，缺乏奉献精神。

（2）中职学校欠缺职业精神教育。目前，职业学校普遍重视学生技能的培养，以比赛成绩来衡量教学效果，而忽视职业精神的培养。第一，职业道德的教育没有落到实处，虽然开设了课程，但是相比专业课程，缺乏有效的教育手段，很难调动

学生的兴趣，无法触动学生的内心。第二，缺乏对学生团队意识、团队精神的培养，不能在校内校外的各种活动中有效地、有机地融入团队教育。第三，对学生的责任感培养不够，没有很好地唤起学生的责任心，学生都抱着事不关己高高挂起的心态。第四，没有转变学生被动消极做事的观念，学生很多时候都是推一下动一下，学校没能很好地培养学生的主人翁意识。

三、通过学生社团培育学生职业精神培育的途径

在某种程度上来说，职业精神比专业知识更加重要。技能可以培训，而职业精神的养成要受很多因素的影响，如环境、生活习惯等。所以中职学校可以利用社团来加强对学生职业精神的养成，具体可以采用以下措施。

1. 通过学生社团为学生提供展现自我的舞台

社团活动内容是社团活动持久发展的主要表现形式，社团活动应以内容的实践性、创新性、广博性为生命力。丰富的社团会给学生带来兴趣，而兴趣是最好的老师，有了兴趣学生就会加入相应的社团，在社团里做他们喜欢的事情，就会激发他们的热情，而热情是工作中最好的一种状态。热情能带来积极向上的态度，能使自己的工作效率提高，能影响和带动其他人的工作效率。在社团中，学校要培养学生的主动性和积极性，高效完成老师和学校交办的任务，在学校组织的各类招新、训练、交流、展演的过程中不断发现问题、讨论问题、解决问题，像主人翁一样爱护社团，关心社团的发展，自觉维护社团的利益，创造属于自己的社团文化，在社团中体验到家的感觉，并在学校组织的社团文化艺术展中得到大家的认可，在这些过程中体验到一些社会知识和社会职业精神。特别是一些志愿者类的社团组织的志愿活动，能让学生体会到不光要关注自己，还要关注别人，要学会爱自己更要学会关爱社会，把自己的爱心传递下去，在爱心的奉献中成就不平凡的人生。

2. 通过学生社团培养学生责任感和团队意识

责任感和团队意识是职业精神的重要内容，无论做什么事情都要承担一定的责任。在社团活动中，不少学生经历了从普通学生到社团成员、从社团成员成长为社团领导人的过程，这就是培养责任心的过程，没有一定的责任心是无法完成社团各类事务的。一个人有强烈的责任心、使命感，往往会在不起眼的日常工作和小事中体现出来，做好这些小事，一个人的责任感就会慢慢培养起来。而团队精神体现在热爱社团，把社团的利益放在第一位，同时能正确处理社团成员之间的竞争与合作关系。要知道，现在个人英雄主义是行不通的，大家劲往一处使，互相支持与帮助，进行团队合作才能出成绩，这和社会工作环境是一样的。学生社团给中职生提供走向社会的机会，中职生能够在参加这些活动项目的过程中，不断培养职业人格，提升职业能力，加强职业精神。

3. 通过学生社团培养学生乐于奉献的精神

中职学校应鼓励学生多参与学校社团活动，来增强中职生的集体荣誉感、无私奉献感和正直感。奉献是一种真诚自愿的付出行为，是一种崇高的精神境界，是美好的人生追求。它是企业和单位用人的一个重要标准，能促使员工全力以赴地去工作，不计较个人得失，兢兢业业，为企业和单位做出贡献。学校社团多为公益性质的，虽然这类社团工作内容多且繁杂，没有报酬，但正因为如此，积极参与公益类社团活动才是服务社会、奉献社会的好形式。通过活动让学生明白，人生的意义不在于索取，而在于奉献。中职生通过社团组织的各类公益活动不断为他人、集体、国家和社会做出奉献，能体会到人生光彩，实现自身价值。

四、结束语

中职学校在近年取得了飞速的发展，为社会输送了大量技术性人才，为国家建设做出了巨大贡献。中职学校在人才培养的过程中，要使学生既能动手又能动脑，既有理论知识又有实践技能，同时掌握职业精神。中职学校应充分发挥学生社团的作用，通过学生社团培养学生的职业精神，让学生德才兼备。

【作者简介】

韦鲲，中级经济师，广西物资学校学工处副主任。研究方向：学生管理工作、思政课研究。

基于提升职业学校教师专业素质的实践探析

梁凤梅

【摘要】"职教二十条"指出,职业教育的发展是经济发展的需要,提升教师队伍建设是推进中等职业学校质量提升和专业建设发展的关键。中等职业学校教师可以通过参加各类教学比赛、指导学生参加各类技能比赛、深入企业挂职实践、积极参加各类培训和学习等途径,提升自己的职业素养。

【关键字】中等职业学校;教师;专业素质;提升

职业教育的发展是经济发展的需要,而中等职业学校的教师作为职业教育的掌舵者,除必须具备丰富的理论知识,还要有扎实的实践动手能力。随着职业教育的快速发展,中等职业学校教师队伍的人数和素质成为制约职业教育发展的因素,因此教师专业素质的提升是当前许多中等职业学校迫切需要解决的问题。本文结合我校实际情况,就中等职业学校教师素质提升途径进行积极的探索。

一、提升中等职业学校教师专业素质的基本要求

教育部关于《中等职业学校教师专业标准(试行)》的文件中提到,中等职业学校教师是履行中等职业学校教育教学工作职责的专业人员,要经过系统的培养与培训,具有良好的职业道德,掌握系统的专业知识和专业技能。这些"双师型"教师既要具备普通教师的职业素质,又要具备相关行业人员的职业素质;既能实施理论教学与技能训练,也能指导学生实训实习,身体力行"做中教,做中学"。

二、提升教师专业素质的有效途径

教师作为一种以人育人的职业,对自身的专业素质有很高的要求,因此教师专业素质提升的过程其实就是教师专业发展逐步完善的过程。我们可以通过以下途径提升教师的专业素养。

1. 参加各类教学比赛

职业教育系统每年都会举办各种类型的教学大赛,如随着信息化不断发展而热门起来的全国职业院校信息化大赛、全国职业院校"创新杯"教师信息化教学设计和说课大赛;学校内部也举办了"攻玉杯"论文大赛、白板字基本功大赛等。这些

比赛都需要教师亲自参加，无论是对教师的仪容仪表、胆识、教案、教学设计、多媒体设备运用手段还是教师的实际操作能力等，都是一次展示的机会。通过这样的比赛，可以加强教师理论知识的学习，提高教师的实际操作技能水平。通过与同类学校优秀教师的切磋和交流，吸取到别人的经验，促进自身能力的提升，同时教师在层层角逐中努力拼搏会极大地提高工作热情。

2. 指导学生参加各类技能比赛

通过职业教育的学生，与高中学生不一样的地方是学生的动手能力更强，所以每一年都会举办各种各样的学生职业技能大赛，参加这些比赛的学生都有对应的指导教师，教师在指导的过程中，自身的理论知识刚好也得以实践。而技能大赛的各种综合知识的应用对教师的专业素质提出了更高的要求，因此主办方有时会对教师进行指导，所以对于教师来说，指导学生参加比赛也是一个自己收获知识的机会。并且教师作为带队教师带领学生参加比赛时，也可以了解同类学校该专业的技能水平，还可以和同类学校的教师沟通、交流，把别人好的方面运用到自己的教学上，从而获得更加显著的学习效果。而指导学生参加比赛的经验，也可以展示给未来所教的学生，提高学生学习本专业知识的兴趣。

3. 深入企业挂职实践

教师既要掌握理论知识，也要深入企业，锻炼实际动手能力，了解行业发展方向。中等职业学校教师可以利用寒暑假到与本专业相关的企业去挂职，锻炼和培养专业技能。如学校会计专业教师可到会计公司跟随会计人员做账；市场营销专业教师到某品牌的公司销售部与店员实地销售；汽修专业的教师则到修理厂跟随师傅进行修车；汽车营销专业教师则在某品牌汽车4S店跟随服务人员进行汽车售后服务工作等。通过一两个月的实践，教师可以了解到该行业当前的发展状况、工作流程、工作注意事项、最新发展方向等。回到学校，再把在企业所获得的东西融入教学，传授给学生，让学生能够与时俱进，及时了解本专业的前沿知识。企业挂职的经历可以让教师不定时地审视自己的教学内容，从而及时更改教学计划、教学方法。通过这样的方式，教师自己的理论知识也能够得到很好的应用。

4. 积极参加各类培训和学习

教师应积极参加学校内外的各类培训，积极进行继续教育，如校内进行的各种教学业务培训、省级的素质提高班、省级区级的骨干教师培养等。这些培训，既能强化教师的理论知识，也能提高教师的专业技能。教师在培训结束后，通过认真填写培训总结，把学到的新知识、新理念、新方法融入教学，从而更好地指导学生。通过各种类型的培训，教师可以学到新的知识和新的理念，还可以和其他学校优秀的教师进行交流和探讨，提高自己的教学水平。

三、提升职业学校教师素质的关键

目前，我国职业教育发展迅速，中等职业学校教师的数量和品质已经慢慢成为制约职业教育发展的重要因素，各个中等职业学校应该根据学校不同阶段的发展需求和教师自身的发展需要，把教师的专业素质提升作为学校的重点工作之一。鼓励教师积极参加各类教学竞赛和指导学生参加技能大赛，设定详细的奖励规则，给予一定的奖励，这样既能激发教师积极参加比赛的热情，也能让学校教师队伍呈现奋发向上的局面；主动联系与学校各专业相关的企业公司，确定教师下企业挂职的工作方案，明确教师下企业的目的和要完成的工作任务，并通过补贴一定数量的费用，激发教师的积极性；鼓励教师积极开展课题研究、学位提升、继续教育培训，而学校则给予一定的经费补贴，鼓励教师积极参与。

四、结语

中等职业学校教师素质提升是一项长期的活动，只有不断学习，才能跟上现在知识和技能更新的速度，如果教师长期不学习，自己原有的知识就会老化，原有的技能就会过时，这样培养出来的人才将不能适应时代的发展。对于学校来说，教师的素质水平决定着学校的专业建设水平，只有不断地进行高素质专业教师队伍的建设，才可以让学校提升核心竞争力，推动学校发展。

【作者简介】

梁凤梅，讲师、中级"双师型"教师，广西物资学校教务处副主任。研究领域：计算机应用、教育信息化。

中职学生实习安全管理方式探析

钟 燕 蒙慧敏

【摘要】 在中职教育教学中，学生实习是其重要的组成部分，也是深化人才培养模式改革的重要途径。学生通过实习，可以初步接触社会，锻炼社交能力。但是，由于学生缺乏实战经验，在实习过程中存在很多安全隐患，为了保证中职生实习期的安全，加强学生安全管理尤为重要。对此，本文首先对中职学生实习存在的安全问题进行分析，然后系统提出实习安全管理的预防对策。

【关键词】 中职；学生；实习；安全隐患

实习是中职学校职业教育的重要环节之一。为了让学生能够将所学到的理论知识、专业技能应用到实际工作中，中职学校通过校企合作的方式，为学生提供实习的工作机会，从而让学生在真实的工作体验中不断提高自身的工作能力。但是，在实习过程中潜藏着各类安全隐患，如果发生安全事故，不仅使企业遭受经济损失，也对学校与企业之间的合作造成严重影响。为了保障实习生的权益，做好安全隐患预警工作，中职学校需要加强实习的安全管理工作，这对于促进中职学校学生实习安全有序地开展起到很大的促进作用。

一、中职学生实习存在的安全问题

实习是通过校企合作的方式为学生提供真实的工作机会，但一味地追求教学结果，忽视加强中职学生实习的安全管理，导致当前很多中职生在实习过程中发生不同程度的安全事故问题，究其原因主要从如下四方面进行分析。

（一）企业安全管理规范不一致

当前，中职学生实习工作归结为四个途径：一是开展企业订单培养人才，即以班级为单位到校企合作的企业实习；二是用人单位到学校招聘；三是就业办公室直接给学生安排实习单位；四是家长自行安排实习单位。由于实习单位过度分散，各个企业在安全管理规范上不尽相同，学校对中职生实习安全管理难度加大。据调查，企业培训实习学生上岗的方式大多数是依靠企业的资源优势和依托校企合作模式，在安全管理方面存在漏洞，有些企业为了实现利益最大化，把学生当成廉价劳动力，出现只使用而不教育的现象。

（二）安全事故多样复杂

由于学生实习的岗位种类较多，对安全教育的要求更高。然后，内容枯燥、形式单一的安全教育方式使得学生无法适应安全事故复杂化的趋势。在中职学生实习过程中，安全事故隐患无处不在，根据时间进行划分，可以将安全事故问题分成以下两类。

1. 工作时间内的安全事故问题

（1）实习企业制定的劳动保障条件不完善而引发的安全事故。

（2）在工作过程中因违规操作如电、汽、机械、化学品等，造成的工伤事故。

（3）由于实习单位劳动强度大，学生不能正确对待企业主管的批评教育，与同事发生冲突，不能及时到得到心理疏导，引发打架斗殴等危害安全的事故。

（4）学生在工作期间突发的各种疾病等。

2. 工作时间外的安全事故问题

（1）学生在乘车、行路途中发生的意外交通事故。

（2）学生在业余时间外出购物、上网、娱乐及去有安全隐患的公共场所而造成的人身财产安全问题、食品安全问题。

由此可见，实习岗位的多样性和安全事故隐患的复杂性，导致中职学校缺乏系统的安全管理制度和规范。

（三）实习安全事故缺乏良好的预警功能

中职学校对实习生的了解，通常都是根据企业反馈，但在获取真实调查数据上，中职学校的安全管理方式略显薄弱。学校往往是构建紧急事故应急处理机制，一旦学生发生安全事故，处置机制响应较为积极，警示教育做得较为完善，但前置的安全技能培训较为缺乏，即使已经开展安全教育，方式方法也多为说教式、灌输式，缺乏趣味性，无法激发学生学习的积极性和主动性，还会引发抵触心理。安全教育未能与课堂教学相融合，导致学生只注重专业技能的培养，忽视安全素养的提升。进而难以对学生实习全过程进行精准的把控，更不能对实习安全事故隐患做出及时的预警提醒，无法做到防患于未然。

（四）实习安全事故责任归属不清

由于中职学生实习时年龄较小，未能签订相关劳动合同，获得相关保障，部分企业把学生当成廉价劳动力，缺乏对学生的教育与培养，也给学校安全管理带来极大隐患。通常学生实习过程中，一旦出现安全事故，很多家长和企业会将责任归给学校，但是学校认为学生是在企业中出现的安全事故，责任应该由企业负责。实习安全事故责任归属不清，学校和企业相互推诿，导致实习的安全管理落实不到位。

通过以上分析，我们可以了解到学生在实习过程中的现状及存在的安全隐患，便可以更好地服务于学生，减少学生在实习过程中安全问题出现的概率。

二、中职学生实习安全管理的预防对策

中职学生实习过程会存在很多安全问题，为了确保学生的实习安全性，中职学校需要在实习前做好安全教育工作、实习中做好安全服务工作、做好安全事故预警工作、明确事故责任归属，严格交接制度，将安全管理贯彻整个实习的始终，从而更好地规范实习学生的行为，做到实习零事故。

（一）建立健全实习安全动态管理机制

中职学生实习安全管理需要学校和企业加强合作，制定齐抓共管的联动制度，建立健全实习安全动态管理机制，只有这样才能更好地为学生的安全实习提供保障。一是中职学校要对实习的企业以安全为目标进行严格的审查，派教师对合作企业的环境、安全保障等进行实地考察，综合分析研判，为学生选择管理安全更为规范的企业，确保学生实习的安全；二是由于实习学生作为企业非劳动关系人员，无法享受工伤保险、医疗保险等社会保障，对此，中职学校要大力推行学生实习保险，化解一旦出现意外带来的伤害风险和矛盾纠纷，保障实习学生的权益，解决学校和企业的后顾之忧；三是学校要与实习企业建立应急联动机制，共同制定学生实习事故应急预案，一旦发生学生安全事故问题，学校和企业立即启动意外事故处理机制，采取最有效的措施保证学生及时得到救治，同时协助企业做好索赔及安抚家长的工作。维护好学生与学校的权益，避免矛盾激化。

（二）加强实习安全教育工作

因实习的多样性和安全事故隐患的复杂性，不同程度的安全隐患会潜藏在实习中，对此，学校要在实习前，加强实习安全教育，培养学生安全意识。一方面，中职学校要制定实习管理操作规范和措施，编制图文并茂、便于随身携带的"学生实习安全手册"，建立实习学生联络的微信群，针对实习的特点进行地毯式、网状化的安全规范管理；另一方面，学生在校期间，学校要抓安全教育，可以从以下几个方面开展。

（1）学生入学期间，学校可以通过讲座、视频、广播等形式开展安全教育，培养学生的安全意识。教育内容通常包括防骗、防火、防盗、自救、交通、食品、财物等方面的安全防范措施。以班级为单位，利用各种节假日组织学生定期开展关于网络传销防范、刷单兼职防范、黑中介、皮包公司的辨别防范等主题的安全教育主

题班会,以此来加强学生的安全意识,提高学生在实习和日常生活中的安全防范能力。

(2)在不改变学校教学计划的前提下,要发挥课堂主渠道作用,全方位渗透安全教育,在专业课教学中融入安全教育。教师在教学中应该主动收集关于本专业的安全教育资料,也可以在课堂中随机开展实习安全事故、安全技能、消防、交通、食品卫生等方面的安全应急演练活动,学生在随机的考验下,学会处理安全事故的方法,强化学生的安全意识,消除安全隐患。

(3)通过组织学生开展安全知识竞赛,有效提高学生的学习热情。知识竞赛的内容应涵盖校园安全、交通安全、消防安全、饮食卫生安全、防灾减灾与地震安全、生命与心理卫生安全、防汛、防毒、防暴、防欺凌、传染病防控及网络信息安全等贴近学生学习生活的问题。通过竞赛驱动学生主动学习安全知识,进一步增强学生自身的安全意识和安全防范能力,绷紧安全之弦,有利于维持校园的安全与稳定,营造更加美好的校园环境,从而促进学生健康成长。

(三)实现实习安全管理模式的信息化和数字化

随着信息技术和大数据技术的不断发展,构建信息化、数字化的实习安全管理模式已经成为学校加强学生实习安全管理的重要方法。实习安全管理离不开云计算、移动互联网和可视化分析技术的支持。对此,各大中职院校在加强实习安全管理上,可以充分发挥这三类技术的优势,结合传统的安全管理模式,利用大数据技术推进可视化 IBM 平台和智能预警平台的建立。学校通过可视化 IBM 平台可以记录和集成实习单位的安全管理信息,为日后学生安全工作提供可靠的支撑材料,还可以对中职生实习情况有更为直观的了解,掌握实习岗位的安全要点;通过平台的反馈功能,可以有效避免学生安全监管不自觉情况的发生,尽可能全方位地掌控实习现场的安全状况;智能预警平台利用云计算技术和大数据技术,收集、统计和分析学生实习期间的工作情况、生活情况等相关信息,并对异常状态学生及时预警提醒,为后期实习指导老师把握实习生思想和心理变化规律,有针对性地做好服务和辅导工作打下基础。

(四)落实实习安全管理责任制

在中职学生实习安全管理中,中职学校要事先与企业达成共识,共同签署安全协议,落实实习安全管理责任制,明确安全责任的主体,严格交接制度。学生从学校到实习企业途中发生安全事故,责任方为学校;当学生已交接到实习企业后,企业则是安全事故管理的责任方;如果学生不遵守实习的安全管理规范,没有按协议规定不辞而别,学生个人安全不但自负,学校还要对其视情节程度进行处分,严重者开除学籍,从而让实习安全管理有制度可循,提高安全管理水平。

在中职学生实习的安全管理上,首先学生的实习安全并非单纯学校一方责任,而需要学校、企业、学生三方力量的共同参与,形成齐抓共管的联动机制,准确把握中职生实习安全实际情况,为中职学校学生实习的安全管理提供可行的模式;其次,要对学生进行安全教育工作,让安全教育在潜移默化中深入到中职生内心;然后,通过利用移动互联网和云计算数据可视化分析技术结合传统的安全管理模式进行研究,实现学生在实习全过程的精准实时定位,并对存在异常状况的学生及时进行预警和提醒;最后,学校和企业还要落实实习安全管理责任制,严格交接制度,为学生营造一个安全有序的实习环境,促进中职教育的可持续发展。

【作者简介】

钟燕,广西物资学校讲师。研究方向:音乐教育教学教改。

蒙慧敏,广西物资学校高级讲师。研究方向:语文教学教改。

构建"健学""雅教"的中职班级管理新模式

陈 欣

【摘要】 为了构建让学生全面发展、健康成长的中职教育平台,更好地发挥班级管理的作用,根据我校德育教育提出的"立德树人"的教育内涵,2014级国际商务班以"关注中职成长,让每一朵花儿都自然绽放"为核心理念,提炼出符合班级特点的"健学""雅教"的班级管理新模式。主要通过常规教育活动、特色主题活动两大教育形式帮助学生认识生命、了解生命,培养良好的品性。在常规教育活动中通过构建"雅学"的管理模式,激活学生的潜能和兴趣,形成良好习惯;通过构建"健教"的教育模式,把学生培养成外表优雅、谈吐文雅、举止典雅、气质高雅的儒雅学子;通过丰富多彩的班级主题特色活动,帮助学生提升自我,树立正确的价值观,认识生命成长的过程,体会生命的美好。

【关键字】 中职班级管理;中职德育;立德树人;健学雅教

一、扎实有效的常规教育活动

(一)"健学"——培养学生良好的品性

"健学"包含关注习惯养成、关注个体差异、关注自然禀赋。

1. 关注习惯养成

叶圣陶说:"教育,就是培养良好的习惯。"良好生活和学习习惯的养成会让学生受益终生,会对学生的人生产生积极的影响。

2014年9月,学生们刚上一年级,根据2014级国际商务班的具体情况,我从以下方面培养学生良好的学习和生活习惯:①培养学生规划时间的习惯;②培养学生收拾、整理物品的习惯;③培养学生阅读的习惯;④培养学生按时、认真完成课程任务的习惯;⑤培养学生承担班级、宿舍打扫整理工作的习惯;⑥培养学生的礼貌习惯。

为了落实以上项目,我根据学生年龄段特点制定了"好习惯星"评价表,分为一年级上学期、一年级下学期、二年级上学期、二年级下学期,分别如表1、表2、表3、表4所示。

表1 一年级上学期"好习惯星"评价表

2014 国际商务班"好习惯星"评价表			
姓名： 时间： 年 月 日 （星期 ）			
序号	项目	表现	评价（"√"）
1	起床	___时___分	好 中 差
2	早读	认真读书___分	好 中 差
3	午休	用___分钟	好 中 差
4	晚自习	认真自习___分	好 中 差
5	睡觉（23:00以后）	___时___分	好 中 差
6	课外阅读	___时___分至___时___分 书名《 》	好 中 差
7	宿舍内务整理		好 中 差
8	文明礼貌		好 中 差
9	班级、校园"好人好事"	班级：___件 校园：___件	好 中 差
总评： 优、中、差（"√"） 宿舍长签字：			
填表说明：7、8项的表现留空，也可作为表现不好的说明，有6项以上"好"（不能有"差"）总评为"优"，"中""差"等级宿舍长自己定夺			

表2 一年级下学期"好习惯星"评价表

2014 国际商务班"好习惯星"评价表			
姓名： 时间： 年 月 日 （星期 ）			
序号	项目	表现	评价（"√"）
1	起床	___时___分	好 中 差
2	早读	认真读书___分	好 中 差
3	午休	用___分钟	好 中 差
4	晚自习	认真自习___分	好 中 差
5	睡觉（23:00以前）	___时___分	好 中 差
6	班级、校园活动策划担当	活动名称：	好 中 差
7	课外阅读	___时___分至___时___分 书名《 》	好 中 差
8	宿舍内务整理		好 中 差
9	文明礼貌		好 中 差
10	班级、校园"好人好事"	班级：___件 校园：___件	好 中 差
总评： 优、中、差（"√"） 宿舍长签字：			
填表说明：8、9项的表现留空，也可作为表现不好的说明，有6项以上"好"（不能有"差"）总评为"优"，"中""差"等级宿舍长自己定夺			

表3 二年级上学期"好习惯星"评价表

2014 国际商务班至 2015 秋学期"好习惯星"评价表			
姓名：	时间：	年 月 日 （星期 ）	
序号	项目	表现	评价（"√"）
1	起床	___时___分	好 中 差
2	早读	认真读书___分	好 中 差
3	午休	用___分钟	好 中 差
4	晚自习	认真自习___分	好 中 差
5	睡觉（23:00 以前）	___时___分	好 中 差
6	课程任务	自觉、认真、规定时间内完成	好 中 差
7	班级、校园活动策划担当	活动名称：	好 中 差
8	课外阅读	___时___分至___时___分 书名《 》	好 中 差
9	宿舍内务整理		好 中 差
10	文明礼貌		好 中 差
11	班级、校园"好人好事"	班级：___件 校园：___件	好 中 差
总评： 优、中、差（√）		宿舍长签字：	
填表说明：9、10项的表现留空，也可作为表现不好的说明，有6项以上"好"（不能有"差"）总评为"优"，"中""差"等级宿舍长自己定夺			

表4 二年级下学期"雅学"星评价表

2014 国际商务班至 2016 春学期"雅学星"评价表			
姓名：	时间：	年 月 日 （星期 ）	
序号	项目	表现	评价（"√"）
1	阅读	___时___分至___时___分 书名《 》	好 中 差
2	完成课程任务	用（ ）时（ ）分	好 中 差
3	诵读经典	（ ）分钟	好 中 差
4	读英语	（ ）分钟	好 中 差
5	技能练习	（ ）分钟	好 中 差
总评： 优、中、差（√）		宿舍长签字：	
填表说明：（1）完成课程任务一项需认真、在规定时间内完成才能得"好"；（2）有2项"差"总评即为"差"。			

"好习惯星"评价表由宿舍长每天为宿舍成员填写，5天都得到优等的学生给他们印一个"好习惯星"的章，得4个印章就可以获得一块"好习惯星"的奖牌，获得4块奖牌的学生可获得"好习惯星"奖杯。而"好习惯星"评价表的具体要求也随着年段的增长而不断提高。经过两年的习惯培养，学生们良好的学习、生活习惯初步形成：原来在家做事拖拖拉拉、磨磨蹭蹭的学生，动作变快了；原来不爱阅读的学生，喜欢阅读了；原来在家从不做家务的学生，渐渐学会做力所能及的家务……在家校双方的齐抓共管下，几乎每个学期，90%以上的学生能得到至少获得一块"好习惯星"奖牌。对于学生们来说，那是一种莫大的荣耀，也是一份自我认知和成长的肯定。二年级是学生学习的一个重要转折点，新一轮的好习惯养成教育聚焦到"雅学"星的评比上。

除了在平时学习过程中进行"好习惯星"评价，寒假我也有所侧重地对学生的假期生活、学习习惯进行具体规划，让学生在假期里合理安排作息时间，有计划、认真地完成作业，还要求学生除了外出旅游的时候外每天坚持阅读，坚持体育锻炼，坚持经典诵读，帮家里做力所能及的家务，让学生们在假期里松弛有度，开心快乐玩耍的同时不忘保持学习、生活的好习惯。具体如表5、表6所示。

表5　一年级寒假"好习惯星"评价表

2014国际商务班至2015年寒假"好习惯星"评价表			
姓名：　　　时间：　　　年　月　日　（星期　）			
序号	项目	表现	评价（"√"）
1	体育锻炼40分钟以上	做_____运动	好　中　差
2	起床	___时___分	好　中　差
3	认真练习英语40分钟以上	用_____分钟	好　中　差
4	有良好的作息	早上不赖床、晚上不晚睡，看电视、玩游戏有节制	好　中　差
5	听从家长的教诲		好　中　差
6	课外阅读	___时___分至___时___分 书名《　　　　　　》	好　中　差
7	文明礼貌		好　中　差
8	做家务	做_____家务	好　中　差
总评：优、中、差（√）　　　　　家长签字：			
填表说明：总评"优"的条件是有5项以上"好"且5、8必须得"好"，其余项不能有"差"。"中""差"等级家长自己定夺。			

表6 二年级寒假"好习惯星"评价表

2014国际商务班至2016年寒假"好习惯星"评价表			
姓名： 时间： 年 月 日 （星期 ）			
序号	项目	表现	评价（"√"）
1	体育锻炼40分钟以上	做_____运动	好 中 差
2	起床	___时___分	好 中 差
3	认真练习英语40分钟以上	用_____分钟	好 中 差
4	有良好的作息	早上不赖床、晚上不晚睡，看电视，玩游戏有节制	好 中 差
5	听从家长的教诲		好 中 差
6	课外阅读	___时___分至___时___分 书名《　　　　　》	好 中 差
7	文明礼貌		好 中 差
8	做家务	做_____家务	好 中 差
总评：优、中、差（√"）		家长签字：	
填表说明：总评"优"的条件是有5项以上"好"且5、8必须得"好"，其余项不能有"差"。"中""差"等级家长自己定夺。			

截至2016年4月，我们班共为学生颁发了113块"好习惯星"金奖奖牌，46块寒假"好习惯星"奖牌，25个"好习惯星"特等奖奖杯（有的学生得了两个），充分肯定了学生们在好习惯培养上取得的成绩。

2. 关注个体差异

每个学生在性格和心智上存在差异，需要特别关爱。教师必须充分尊重差异，充分发掘每个人身上隐藏的巨大潜力，充分尊重每一个学生、信任每一个学生，帮助不同个性的学生。在中职教育教学中关注学生能力的差异，针对同一个问题，让不同的学生设定不同的学习目标，使每个学生都能"跳一跳，摘到果子"。

（1）在"好习惯星"的评比过程中，关注学生的个性差异。对于学习能力和自制能力差一些的学生，让他们"跳一跳就能够得着"，每个星期如果不能得5个"优"就累计得"优"的天数，达到10个"优"也能得到一个"好习惯星"印章，从而让每个学生树立信心，有积极进取的愿望，帮助学生不断进步，让学习和生活习惯越来越好。

（2）在学习评价方面，不搞"一刀切"，学生之间不进行横向比较，每人只跟自己比，看是否有了进步，进步程度有多大。在课堂发言和作业的评价上，不采用同一标准。对于学习有困难的学生，只要认真对待作业，尽力做好自己的事，就算质量比不上优秀学生的，也一样可以得到"顶呱呱"印章，同样可以获得"最佳表现奖"和"课堂之星"。这样一来,每一个学生都确定了自己的奋斗目标,向自己挑战,不断向前迈进。他们体验到了成功的乐趣,增强了主动学习的信心。

(3)进行多元化的评价,帮助学生树立信心,全面发展。我班根据自身特点设立了"好习惯星""课堂之星""阅读大王""每周一星"(才艺星、书写星、文明星、体育星、安全星、思维创意星、实践星等)的奖项,张扬了学生的个性,激发了学生们不断进取的热情。

3. 关注自然禀赋

英国著名作家莎士比亚曾说过:"学问必须合乎自己的兴趣,方才可以得益。"拥有良好的兴趣爱好,对学生一生的发展都有重要而深远的影响。兴趣和爱好可以成为一种向上的精神支柱,学生会感受到生活的充实和人世间的美好,从而热爱生活,珍惜时光。良好的兴趣爱好既能增加学生生活的乐趣,又能陶冶学生的情操,培养坚韧不拔的毅力。

学生的兴趣爱好和特长很多,我们成立了主持人队(男生4人、女生8人)、舞蹈队(爵士舞3人、民族舞7人、现代舞1人、鬼步舞1人)、声乐队(5人)、板报队(8人),还有学排球、学篮球的。这些学生每周定期参加学校和部门的培训,取得了不俗的成绩。

(二)"雅教"——用心培养儒雅学子

"雅教"包括三个方面内容:以"雅"的环境影响人、以雅言雅行感化人、以"雅"的课程熏陶人。

1. 以"雅"的环境影响人

充分发挥班级墙壁文化的熏陶作用。我班通过精心规划布局,让每一面墙壁都能说话,都能育人。教室黑板上方贴"文雅""儒雅""典雅""优雅"的字画,后面黑板上方贴"笔墨纸砚"立体画,下方墙面贴国学和传统文化的宣传画,墙上挂"修德""启智"的书法作品,整个教室充满着浓浓的国学和民族的气息,让学生们抬头就可看到儒雅文化,转身就能学到儒雅知识。教室前面和后面墙的布置如图1所示。

图1 教室前面和后面墙的布置

2. 以雅言雅行感化人

（1）发挥班会课的主阵地作用。班会课是向学生进行思想教育的重要途径，我班充分发挥其作用，精心安排、精心准备，把每节课上好，教育学生什么是"健"，什么是"雅"。

（2）发挥书香班级的作用。营造读书氛围，鼓励学生以书为友，爱读书，会读书，读好书，促使学生养成良好的读书习惯，提高审美情趣，让浓浓的书香伴随学生的健康成长。我班设立了图书角、读书长廊，还确定阅读计划和奖励措施，开展了系列读书活动，形成了形式多样、全员参与，兼有多种方式的评价机制，让整个班级洋溢着浓郁的书香气息。

（3）发挥读书活动的作用。读书活动本身就是语文学科极其重要的学习活动，读书活动与语文学科真正地整合在一起，让读书活动促进学科教学，让学科教学引导读书活动的有效开展。除注重培养学生的读书兴趣，养成良好的读书习惯外，还注重学生综合素质的发展和提高。为切实使读书成为同学们的习惯，我们开展"4010阅读"活动，即每天必读40分钟，与同学、班主任交流读书体会10分钟。为鼓励那些在活动中表现优秀的同学，评选其为"阅读大王"，并为他们发喜报和奖品。班里有20多位学生获此殊荣，活动效果令人欣慰。

3. 以"雅"的课程熏陶人

国学经典诵读是培养学生具有高尚人格、塑造良好行为习惯、提高人文素养的一个重要途径。诵读国学经典能够让学生的心智得到开发，使学生的道德、文化、智力等方面得到全方面的提升，在生活中养成孝顺父母、懂礼貌、知礼仪、有教养的良好习惯，使学生的生活品位和人生内涵得到提升。

诵读国学经典是我班学生每天的"小课程"。每个早晨，全班学生在班里进行国学经典诵读，晚上晚自习结束前把当天的内容和同桌互相背诵。我们还以小队为单位进行了国学经典诵读比赛。在两年时间里学生们已经背完了《三字经》《弟子规》，现在正在背诵《幼学琼林》。大部分学生能把《三字经》《弟子规》背得滚瓜烂熟，获得了荣誉证书。

二、丰富多彩的特色主题活动

（一）校园体验性活动

1. 参加2015年春学期、2016年春学期的资助知识竞赛

在自治区开展的各校资助知识竞赛中，同学们认真了解国家资助政策，学习资助相关知识，培养感恩之心。在这过程中，他们了解了国家对于中职教育事业的重视与扶持，感受到了社会与老师对自己的关心与爱护，也懂得了心怀感恩，树立了

成功成才的努力方向。

2. 校园嘉年华操办"音乐西餐厅"

在2015年跨年校园嘉年华活动中,我班的"律动风铃音乐西餐厅"以独特的经营方式在校园掀起了一场小旋风。我和班委精心策划,提出了许多不同的创意和美食,使活动更加丰富多彩。全班同学积极热情地参加了活动,学生们分为了八个工作小分队,每个成员尽职尽责,认真主动、按时按质地完成了本职工作,履行了应尽的职责并且相互帮助。

（二）参加社会实践活动

社会实践活动是走向社会、走向自然的户外活动,它对学生意志的锻炼、品格的形成,有着课堂上无法达到的效果,可以扩大视野,增长知识。

（1）参观"美丽南方",让学生了解向日葵生长的过程,懂得什么叫美的感受,什么叫生命的力量。

（2）参观动物园,让学生了解动物特点、生活习性,与动物、与自然友好相处。

（三）参加各种比赛,表现自我,展现风采

组织学生参加各级各类的活动和比赛,参加学校运动会、节日文艺表演、书画比赛等活动,且都获得优异成绩。

学生们在这些丰富多彩的主题活动中屡屡获得荣誉,增强了自信,培养了合作、分享、善良、感恩、积极进取等良好个性品质,为培养"健雅"学子迈上了新的台阶。

总之,通过建构这样一个"健学""雅教"的班级管理新模式,营造出一个温馨和谐、健康向上的活力班级。学生们在这里充满自信、幸福快乐地成长着,我相信,这一朵生命之花,一定会在百花园里自然绽放,开出绚丽多彩的花朵!

【作者简介】

陈欣,讲师,中级双师,广西物资学校德育教师,法学学士。研究方向：中职教育、思政教育。

中职学生的心理援助需求与现状探析
——以广西物资学校为例

邓小燕　郭亚男

【摘要】 为了解中职学生的心理援助需求及当前心理援助的现状，笔者通过调研及群体调查问卷的方式，了解到我校学生总体对心理援助工作的接纳度较高，自主寻求心理援助的群体逐步增大。但心理援助工作拓展的方式还需加强，需要重视对全体师生的心理健康教育，努力提高我校受助学生的心理健康水平，以满足他们多方位的心理援助需求。

【关键词】 心理援助；心理健康需求

为了解我校学生对心理帮扶的需求及我校相关工作现状，为积极探索和拓展我校心理援助的有效途径，我校心理咨询中心的老师对广西物资学校 2015 级、2016 级近千名学生采用不记名调查问卷法、个别谈话和行为观察、自评和他评的方法进行了比较全面的调查研究（根据心理工作要求，为被调查者学生保密，维护其个人隐私权，体现心理健康调查的原则性）。

结果表明，我校学生对心理援助工作的总体接纳度较高，自主寻求心理援助的群体逐步增大。但心理援助工作拓展的方式还需加强，在不同性别、不同分类群体、不同项目上，可针对不同情况继续完善我校心理咨询中心引领心理援助工作、加强对专业教师的师资培训、学习并引进不同类型的心理援助技术、开展多种形式的心理援助方式、重视对全体师生的心理健康教育、鼓励开展心理健康教育研究等措施，努力提高我校受助学生的心理健康水平。

一、心理援助

心理援助指为某个人或集体提供心理上的支持和帮助。心理援助目前包括心理健康知识普及、心理普查、心理调适、心理咨询、心理干预、心理疏导等内容。

二、心理援助需求

心理援助需求即个体或群体在一定环境中的心理上的个性或者共性的需求。

三、学生心理援助需求反馈的内容

（1）渴望了解并有人能协助安全探索心理问题的原因。

数据分析：针对问题"A.你认为学生的心理问题可能会有哪些？"，62.13%的受调查学生选择了内心容易自卑；51.49%选择了渴望交往与内心孤独的矛盾；42.82%选择了害怕失败；39.36%选择了好强心与内心需要的冲突；14.23%选择了其他（比如责任感、愧疚感、抑郁感、焦虑感过大）。

针对问题"B.你认为学校心理咨询中心的咨询师能有效对个体的心理问题的根源进行探索吗？"，68.4%的受调查学生选择了能；17.9%认为不能；13.7%不确定。

（2）渴望心理困扰能在多方面获得理解和探讨。

数据分析：针对问题"你认为造成上述心理问题的最主要原因是什么？"，71.41%的受调查学生选择了家庭经济困难的影响；29.08%选择了社会、学校资助（福利）制度的弊端；46.16%选择了学习、生活环境的影响；67.08%选择了自身的心理承受、适应能力；9.65%选择了其他。

（3）渴望在接受心理援助的过程中，个人隐私和尊严被保护。

数据分析：针对问题"A.假如你觉察心理有问题，你会去心理咨询中心寻求帮助吗？"，57.7%的受调查学生选择了会；22.08%选择了不会；40.22%选择了不好说。

针对问题"B.你怕同学或老师知道你接受了心理援助吗？"，58.2%的受调查学生选择了害怕；36.8%选择了不害怕；41.7%选择了无所谓。

针对问题"C.你会担心心理咨询师跟班主任透露自己接受心理援助吗？"，42.2%的受调查学生选择了担心；56.2%选择了不担心，相信他们会保密；4.6%选择了无所谓。

（4）渴望在心理援助过程中有更宽广的社会支持系统给予关爱。

数据分析：针对问题"A.如果你愿意接受心理援助，你希望谁能陪伴和支持你？"，72.1%选择了父母，39.5%选择了班主任；60.9%选择了朋友；58.6%选择了同学；14.1%选择了亲戚。

针对问题"B.你认为什么原因可能会导致你拒绝接受心理援助？"50.6%选择了父母不理解；30.3%选择了自身病耻感；40.2%选择了同学们的言论；10.2%选择了老师难信任；37.8%选择了社会的舆论。

（5）渴望在学校能获得专业的心理咨询服务。

数据分析：针对问题"你认为哪种心理援助方式对受助学生能产生积极影响？"，51.11%的同学选择了去心理健康咨询中心个询接待；57.43%选择了心理健康教育课的引导；42.95%选择了观看或参加心理情景剧比赛；35.89%选择了心理团体活动辅导或主题讲座；20.67%选择了"525心理健康节"宣传活动；14.98%选择了其他。

（6）渴望在学校能多途径获得自身心理品质的提升。

数据分析：针对问题"你曾通过学校哪些途径获得过心理援助？"，40.72%选择了心理健康咨询中心；55.32%选择了接待心理健康教育课程；25.87%选择了资助知识竞赛心理团体辅导、讲座活动；13.24%选择了"525心理健康节"宣传活动；38.86%选择了心理情景剧比赛。

（7）渴望心理健康课程能普及并提升心理帮助的作用。

数据分析：针对问题"你认为心理健康课程对你的心理帮助起到什么作用？"，20.17%选择了非常大；32.92%选择了比较大；40.59%选择了一般；6.31%选择了没用。

（8）渴望有更多的适合不同个体选择的心理援助方式。

数据分析：针对问题"A. 你认为解决学生心理问题的办法有哪些？"，60.4%的学生选择了学校进行单独的心理约谈、疏导；41.58%选择了举办有关贫困生心理健康的主题沙龙、团辅；58.9%选择了参加心理健康课程学习；25.62%选择了采取学生干部帮扶制度；5.89%选择了借助社团活动提升学生心理活力；6.93%选择了其他。

针对问题"B. 你参加过学校与心理实习老师共同举办的心理团辅导活动吗？对你有帮助吗？"，15.22%的学生选择了参加过，有很大帮助；35.77%选择了参加过，有点帮助；8.42%选择了参加过，没有帮助；40.59%选择了没参加过，不了解。

针对问题"C. 关于学校举办的心理情景剧比赛，你的感受是？"，15.97%的学生选择了参加表演，内心触动，解决了内心的困惑；35.27%选择了观看表演，某些节目和想法正是自己内心的困惑，收获颇多；29.7%选择了没看过，不了解；14.11%选择了看过，印象不深；4.95%选择了这种心理援助方式特别有效。

（9）渴望自身回馈社会能力和他人信任值同步提高。

数据分析：针对问题"你倾向选择哪种感恩国家或他人资助的回馈方式？"，34.53%的学生选择了自强自立；61.01%选择了乐于助人；4.46%选择了不用白不用。

（10）渴望经济资助和心理资助获得同步满足。

数据分析：针对问题"你希望获得学校提供哪些心理援助？"，59.41%的学生选择了专业的心理咨询；52.85%选择了丰富的社团活动；38.37%选择了心理主题知识讲座；34.41%选择了心理功能室的使用；43.81%选择了勤工俭学的机会；42.08%选择了助人的机会；30.82%选择了多样化的心理团辅活动；24.63%选择了参与心理情景剧表演。

四、我校心理援助现状

（1）心理健康教育课程全面铺开，确保每个学生都能接受至少一个学期的由获得国家心理咨询师认证的专业心理健康教育教师承担的心理健康知识普及课程。同时依据学生在校心理发展规律，为了确保对学生进行预防性的心理援助，我校目前的心理健康课程基本保证在第一学年全部完成。

（2）心理健康咨询中心通过新生心理普查、筛查以及约谈，提供专业的心理咨询服务、心理中心值班服务、心理援助知识培训、心理团体辅导活动、心理与艺术或运动结合等手段，逐步扩大心理援助的渗透力量，惠及更多的受助学生。

（3）因为我校持国家认证的心理咨询师很少，与服务的学生数量不匹配。他们工作繁重，除了进行心理健康知识的普及课程，还要进行全校新生的普查约谈、心理咨询工作、危机干预处理等，大量的日常工作占据了大部分时间，所以在开拓其他领域的心理援助方式时只能以小团体方式进行，还需要开拓更利于大面积受助群体的新方式。

五、探究建议

（1）继续全面开设心理健康课程，强化心理健康教育环境，提高全校师生心理资助的重要性，促进学生综合素质的全面提升；有针对性地加强具有共性的学生进行团体咨询。

（2）继续调整与完善心理教师工作模式，保证其有时间和精力开展个体心理咨询，减少学生心理危机事件发生的可能性。

（3）利用信息化手段，在现有的学生心理档案基础上进一步完善，可包括智力发展、资助情况、学习情况、心理援助情况等各方面情况。

（4）增加专业师资力量，加强渗入式心理健康知识的创新工作，巩固开办了两届的心理情景剧大赛和"525心理健康节"宣传活动等，形成校园文化传统，并在此基础上开拓更多、更有效的学生心理援助方式。

（5）进一步建立健全我校的心理健康教育和心理援助形式，不断完善我校心理健康教育工作体制。可尝试"以心理健康教育课程为重头、各类团辅形式为主干、心理咨询为尾翼"的三位一体的心理援助模式，全面开展适合我校受助学生需求的多样化、渗入化、群体化的心理健康教育工作。

【作者简介】

邓小燕，广西物资学校讲师。研究方向：心理健康教育、历史。

郭亚楠，研究生学历，广西物资学校，中级职称。研究方向：心理健康教育。

中职生顶岗实习管理对策和心理干预

李云超

【摘要】 在中职院校内,顶岗实习是非常重要的教学环节,其具有较强的实践性,能够强化中职学生的综合能力,为日后创业、就业打下坚实基础。本文首先介绍心理干预对顶岗实习管理的重要性,之后从两方面提出针对中职生的顶岗实习管理对策以及心理干预策略。

【关键词】 中职学生;顶岗实习;心理问题

现阶段,国内中职院校为了提高学生的综合能力,充分借鉴国内外成功教学经验,开设在线课堂、生产学习以及顶岗实习等多种实践性教学活动。中职生在完成基本的学业之后,根据所学专业和知识的掌握程度,由学校统一安排实习地点,开始带薪实习的社会实践活动。开展顶岗实习活动,可以有效地提高学生的社会实践技能,也是国内大多数中职院校非常重视的实践教学途径。国家从2005年开始,逐步推行一系列职业院校教育改革政策,明确规定中职院校的在校学生必须在最后一年完成到企业的顶岗实习活动。这些政策充分地体现了国家对中职院校开展顶岗实习活动的重视,也表现了顶岗实习在人才教育培养过程中的不可替代性和重要地位。

一、中职生顶岗实习管理中心理干预的重要性

首先,在中职学生开展顶岗实习活动中进行心理干预工作,能够培养良好的心理素质,心理危机并不可怕,可怕的是找不到产生的原因,通过心理干预,为学生提供解决心理危机的措施。其次,开展教育并不是培养只懂理论知识的劳动者,而是打造出符合社会生产模式、具有技术创新能力的一线劳动者,让学生充分认识到顶岗实习的重要性。最后,这是学生全面发展的需求,也是中职院校完善健全心理健康理论和社会实践体系的重要途径。在新的教育形势下,通过心理干预帮助学生摆脱心理困扰,让健康的心理促进学生的协调发展,提高其对知识的掌握,进一步提高中职学生创造美、欣赏美的能力,养成良好的行为习惯,为日后的就业打下坚实基础。

二、中职生顶岗实习管理对策

1. 加强对顶岗实习的宣传与对学生的教育力度

在开展顶岗实习之前，学校和教师需要做好准备工作，积极激发学生的参与热情，将工作落实到每一个学生和家长的身上，让他们了解到顶岗实习活动的重要性，充分理解学校的管理方式。开展顶岗实习是职业教学改革和发展的重要途径，从思想和行动上对学生进行转变，让他们明白需要做什么，该怎么做，清楚自身的职责。在实习之前，学校和教师要为学生树立正确的价值观和就业意识，并不是离开学校就代表了自由，虽然进入到企业，但是教学活动依然在进行，只是形式上有所改变。做好角色改变的心理准备，从同学关系转化为同事关系，教师变成了领导，所以要处理好同事之间的关系，认真努力工作。让学生明白立足社会靠自身的能力，不断学习知识和技能，培养敬业精神和吃苦耐劳精神。

2. 加强顶岗实习期间的教育管理

首先，制定顶岗实习制度，健全实习考核体系。科学合理的管理体系，能够对学生在实习期间的行为进行规范。学校和企业属于双重管理，所以，考核体系要从两个层次出发，并且要保障考核的公平公正，最大限度地激励学生认真工作，从而高质量地完成实习活动。因为环境发生转变，实习过程中会出现各种问题，学校应该尽可能地提供服务，帮助学生打破困境，给予适当的指导和帮助。

其次，教师要加强对实习学生的监管力度。如条件允许，教师可与学生共同入驻企业，一方面帮助学生解决日常的工作问题，另一方面强化与企业的沟通交流，充分了解学生的实习情况。结合网络教学平台和现场管理，对学生的行为状态及时掌握，防止突发性事件的发生，保障学生的实习安全性和稳定性。

最后，强化心理指导。帮助学生调节心理状态，做好引领工作，让学生对自身的长处和优点充分分析。

此外，还要不断地对学生进行激励，重点培养和挖掘实习典范，让他们与学生面对面交流，进而激发学生实习的主动性和积极性。

三、中职生顶岗实习管理的心理干预策略

1. 刚性干预策略

刚性干预指的是强制性地对实习学生进行心理调查，对发现存在心理问题的学生及时进行引导、交流，做好防范工作。首先，加大对实习学生心理健康问题的重视，可以设立心理干预小组，联合心理咨询机构和实习企业，协调配合，针对性地了解学生的心理状况。其次，定期开展心理普查工作，完善预警体系，构建动态数据库。此类工作可以与就业实习互相配合开展，从实习初期到实习结束，分几个阶段统一

进行测量,并且与实习任务挂钩,利用网络技术对测量数据进行分析,再落实到学生个体分别咨询引导。最后,做好危机评价工作。经过心理治疗和引导的学生,虽然问题得到缓解,但是其自身的心理防线依旧比较脆弱,所以实习企业和学校都应该最大程度地为学生提供良好的生活氛围,帮助其建立完善的心理支撑系统,采取合理的方式进行二次调查,分析其心理变化并做出总结,对实习阶段的心理状况完成评价工作。

2. 柔性干预策略

柔性干预就是利用学校的宣传组织为学生营造良好的氛围,降低其心理恐惧,使学生受到感染和熏陶,从而减少心理危机发生的概率。其一,打造积极向上的校园文化,为实习学生做好心理引导工作。逐渐强化校园文化建设,培养学生乐观向上、积极进取的优秀品质。其二,将实习活动融入学校主体活动,提高学生的心理素质。结合实习时间,合理地规划主题活动,与学生返校时间完美契合,让学生在活动中畅所欲言,以"感恩""珍爱生命"等为主题,让学生获得感染熏陶,起到洗涤心灵的效果。其三,将辅导员、带队实习教师和企业人员串联成线,充分发挥其在心理干预工作中的作用。相互交流沟通,及时了解学生的心理动态,掌握全面的实习情况,形成一体化的沟通体系,利用积极乐观的氛围在潜移默化中提高学生的心理素质。

四、结语

总而言之,顶岗实习是中职院校提高学习效率和质量的重要途径,也是提高学生就业能力的有效环节。为了保障实习活动的圆满完成,学校和企业之间要强化交流合作,时刻掌握学生的行为方式,制定合理的实习管理体系,全面提高实习效率。同时,也要注重学生的心理建设,从刚性干预和柔性干预两方面深度分析,帮助学生提高心理素质,采取开展心理健康课程、强化校园文化、加大对学生心理健康的重视程度等多种措施,做到"刚""柔"并济,对心理危机爆发的学生进行及时有效的治疗和阻控,构建完善的心理干预体系,提高学生的综合素质,使其成为全面发展的高素质人才。

【作者简介】

李云超,广西物资学校高级讲师,工学学士。研究方向:汽车商务领域。

浅谈中职学校班主任德育工作存在的问题和有效开展

苏 穗

【摘要】 当前国家正全力推动职业教育的发展，对中职学生德育培养高度重视，使德育教育成为培养中职学生的重要方面。班主任是班级学生工作的主要负责人和德育工作的骨干力量。如何对中职学校德育工作进行创新和突破。如何发挥班主任德育教育的主战场作用，目前中职学校班主任德育工作有哪些问题，有哪些进行德育工作的新途径，以上是本文探讨的问题。

【关键词】 班主任德育工作

一、当前班主任德育工作实施状况

（一）班主任德育理念滞后，方式简单，方法传统保守

尽管每年中职学校为班主任培训交流学习投入了相应的资金，但外出学习培训的机会较少，部分班主任不能将教育学、心理学、传统文化等学科知识综合运用于指导德育工作。现今中职学校班主任德育工作中使用率最高的方法仍是传统的说服、榜样示范、各类主题班会。以我校为例，据实际调查，85%的班主任在学生犯错误时选择的教育方式是批评教育。中职学生反复犯错误是经常发生的事情，班主任往往根据日常观察学生情况片面批评学生，用校规和条例"框"住学生，将德育方法过于简化，学生没有表达自己想法的机会，与班主任距离疏远。

中职班主任要按照学工处要求传达当前国家道德教育政策，组织德育活动，设计统一的主题班会。我校班主任例会由学工处组织每周一晚一次，总结学生生活、学习各方面表现，下发各班纪律情况检查表，再由班主任回班级开班会传达班主任例会的精神内容。据反馈，学生通常机械完成，或抄其他同学的答案。班主任的思想没有上升到精神层面的教育，致使很多主题班会流于形式，班主任反而成为活动的主体，学生缺少独立思考的机会。另外，德育活动开展的场所几乎都是在教室内，收获德育知识的途径较单一。

（二）德育内容未能全面，甚至脱离学生今后就业和生活实际需要

中职生自身的纪律问题比如卫生纪律、课堂纪律、班级纪律等，使中职学校的班主任讲纪律教育多于德育教育，其次，不少学校较少考虑学生自身发展的需要，

脱离学生的生活实际，致使学生不愿意参与德育教育活动，班主任也忽视心理健康、法律等内容的教育和人格行为养成的教育。此外，除了每周安排的德育课程外，主要的德育活动是班主任组织的主题班会，全校每周班会的德育主题相同。我校班主任对学生进行德育教育内容偏重于学校指定安排的安全教育和爱国主义教育。对培养中职学生的学习、创新创业、职业心理能力等方面的教育太少。

而事实是，一方面，很多中职学生存在不同程度的心理行为问题，如厌学、作弊等。班主任对学生的心理辅导及教育重视程度不够。我校心理教育工作集中由学工部门下的信息咨询室工作人员承担。班主任观察到学生异常后，通常是报备上级学工，再由其引导学生到心理咨询室。另一方面，大部分中职学生在毕业之后会选择就业。班主任应结合企业要求，推进职业德育理念，为学生今后更好的就业打下基础。

（三）班主任德育工作成效低，实效性不强

中职班主任除了自身的教学以外，大部分的时间在围绕所带班级学生进行管理，但日常管理耗尽时间和精力，效果却常常并不如意。德育工作的长期性和反复性，决定其并不能快速见效。加上中职生问题学生素质参差不齐，新的时期有新的变化，班主任培训的知识往往跟不上变化，有时盲目应付。学校的德育活动吸引力不够，很多学生迫于学校的纪律被动参与活动，失去参与活动的积极性。日积月累，德育活动的主体逐渐由学生变成班主任，班主任承受着很大的心理压力，得不到更多的支持，达不到预期目标，成就感也很低。

二、实行多样化的班主任德育教育工作方式

（一）加强理论培训的力度，形成运用德育模式解决问题的思路

班主任德育得以有效实施的前提是自身具备丰富德育理论知识，更新教育理念，心理学方面的知识尤为重要，班主任要深入了解当今媒体环境下青少年心理发展规律。教育家第斯多惠说过："要是自己还没有发展、培养和教育好，他就不能发展、培养和教育别人。"学校应重视培训学习，比如，组织班主任学习前沿的德育理论和技能、德育管理相关知识，鼓励班主任参加各类培训、会议和论坛，了解国内外先进的德育模式，针对中职生不同问题，应用经过实践有效的不同模式来解决，这样不仅体现出班主任德育方式和方法的科学性，且能更快找到解决途径，如：体谅德育模式能使学生自己从生活中发现问题同时从自身反省，学会谅解和关心帮助身边的人从而提升自己的价值；社会模仿模式能使学生通过榜样力量而发生质变；情感教育模式创设多样化情境感受以爱的力量达到道德教育目的，等等。班主任在交流的时候应该从学生当前的想法出发，清晰辨明他们的人格特性，经过考虑后梳理出适合沟通的谈话内容，在一个舒适的环境中自然交流，班主任要尽可能传递想要表达的信息，并逐步达到将想要表达的情感转移到学生身上，与学生的情感共鸣，

共情方才能让学生态度得到转变。例如，中职校规中有不允许学生吸烟和染发的条文，班主任很难杜绝，因现今社会吸烟和染发已经很常见。班主任运用说服理论前，首先应意识到学生屡教不改的原因，学生可能并不认为吸烟（染发）是违反道德的事情，枯燥的说明其坏处不起作用，而利用媒体中有影响力的各类宣传影片能日渐改变学生观念，使之意识到吸烟健康的危害和对环境的影响；此外，班主任可以成立监督小组，运用多种奖惩手段，帮助有吸烟习惯的学生改掉不良习惯，与吸烟的同学共同制定一个期限，在这个日期内没有吸烟就进行奖励，反之惩罚。对于染发的女生，女性班主任以平等的身份交流，学生就更容易接受。首先让其进行自身分析，染发是否漂亮、新颖，班主任更多的是进行鼓励而不是训斥，让其自信；并适时让女生懂得，女人在不同阶段有不同的美，学生应是青春洋溢的朝气美，且基于经济能力，购买低质量的染发品使发质，变得更差，同时让学生看相关的视频等，帮助认清事情的结果。充分运用理论模式，将理论应用到德育实施过程中，在应对中职生各类突发问题危机时不忙乱，也为班主任长期存在的障碍找到教育逐渐渗透的切入路径。

（二）形成德育显隐结合的多元化方式，重视隐性德育的渗透

教育家约翰·杜威将学习结果分为两类，一类是有意识的、明确的学习任务获得的知识，一种是在学习知识过程中无意不自觉获得的理想、情感、兴趣、意志等。杜威将伴随所学内容及学习本身养成的某种情感、态度学习称为"附带学习"。比如，一个中职生在学习专业课程时，养成对待自己专业学习的某种态度（如喜欢或不喜欢），即是附带学习。杜威强调，附带学习比正式学习更为根本、更为重要。杜威的"附带学习"涉及了隐性课程的问题，我们把它运用到德育中来，即有了显性方式和隐性渗透的方式。比如，现行德育体系中的各种德育活动，班主任定时主持的主题班会活动属于显性德育课，但一些非专门性的、未被看作德育活动却具有品德养成性的活动，如宿舍文化生活、教室环境布置、各种庆典等，走出课堂到社会实践，这类活动便属隐性德育教育。再比如，校舍建筑、校纪校规、课堂规则、校风班风、校园文化、师生关系等学校的物质环境、制度环境及人际心理环境，都对学生心理发展产生潜在影响。班主任应在工作范围内充分采用显性和隐性两种方式，扩宽德育渠道。

1. 建设班级环境

班集体的组建人员及班风潜移默化地影响学生的成长。例如汽车维修专业的班级德育环境的布置，班主任可以在班级墙上粘贴相关本行业的工具图片和本行业服务精神、工作态度的标语、格言，并配合班级一角放置常用的工具，便于专业课教师上课实物展示和时刻提醒学生勤于务实。可以制作德育评价表，时刻督促学生。根据专业设置打造班级环境，既可以督促学生学习，也可以打造良好的专业氛围。

中职学校班规的制定要适合各行业学生学习行为的特点，可行性强。班级干部的选择应民主，不仅让班级学生信服，且能配合班主任和学校的管理。重要的是主要骨干的选出和激励鼓励措施。班主任应该注意有效的组织班级干部之间的配合，让每一名班级干部都能够发挥自身作用，并在奖励评优上予以倾斜，并设计班级人物风采的背景墙，依据学校活动更换主题，鼓励学生积极参与，强化对班集体的责任感。

2. 德育形式多元化

灵活采用多种形式的德育活动代替固化的主题班会和社团活动，方能引导中职学生参与到活动中来。比如，针对一个突出的道德问题或事件用心筛选有教育意义的短视频、电影，观影后及时组织学生现场进行讨论发言，交流分享观后感或全班同学写感言看法，从而达到提高道德认识、培养道德情感的目的；在班级中布置舒适的氛围，以个人、小组为单位组织学生对当前热议的道德现象进行辩论赛等，让学生在比赛中锻炼自己胆量和口才，通过比赛将道德知识内化于心，并提升个人社会责任意识和班级活动参与的积极性；周末带领学生走进敬老院，走进街道帮助环卫工人工作体会生活的不易；孔子文化周，联系广西道德协会组织学生穿上汉服体验传统文化；实习周带学生走进校企，让学生观摩一线岗位上工作人员的工作，体会劳动的艰辛和工匠精神的不易，请企业管理人员讲解工作人员具备的素质，让学生不拘于书本上的知识，提升学习今后工作所应具备的认知，并逐渐形成坚定的道德品质态度。回校后班主任可以让学生通过模拟工作的场景，贴合企业岗位需求，以企业要求的素质培养学生诚实守信、爱岗敬业的精神。总之，班主任应学会在上级支持下，将德育工作从班级内走出去，融合到社会实践中，积极与社区、义工组织进行联系，让所有学生参与到社会实践的体验中培养学生的德育认识和情感。

3. 重视创新、创业精神教育，培养合作精神

学生的道德培养涉及学生各方面，不仅是中职学生的学习，还包括生活、工作、人际关系处理等多个角度。班主任建立起自己所带历届毕业生的联系，熟知他们的基本工作情况，定期邀请创业、就业积极或邀请升学成功的毕业生回到班级进行经验分享，用往届毕业生的成功案例鼓励班级学生认真学好相关专业的专业技能，形成专业能力，积极参加实践，培养学生创新、创业的精神。通过交流让中职学生看到榜样的力量，有信心进行创新创业，同时明白在通往成功的路上会遇到很多困难和问题，要有不畏艰苦的精神，才能实现理想。例如，在会计专业中有市场营销课、仓储相关课程，可以与创新创业课与专业课相结合，通过与教师沟通，在实训中重视培养学生的责任意识、团队意识，并让学生模拟实训的实践中真正使自己的想法得以运用，与自己、同伴制定实训竞赛目标，在相互监督中完成工作，磨炼培养学生的意志。最后，班主任要将实训中表现优秀的学生团队作为榜样进行表彰和奖励，并让成绩优秀者发表实践经验总结。这些创业实践经验会让学生体会创业，从中发现竞争和团队合作成功的乐趣。

4. 重视家访，家校紧密结合

在我校中职班主任交流中，班主任反映，德育工作中的一个常见现象是家长不配合，很多中职生在父母面前的表现和在校时不同，所以当学生真正出现问题时，家长第一反应不是相信学生在校的糟糕表现，而是误认为班主任没管好班级。这其中的原因是班主任很少向家长反馈学生的在校情况，导致家长不了解学生在校表现。班主任的德育工作离不开家长的配合。对问题突出的学生应积极与家长联系沟通，了解在家庭教育中家长的态度和对孩子成长的期望，让家长配合班主任。班主任在家访中能了解学生家庭环境和成长空间，更易得到学生信任；同时，班主任在家访时可告知家长如何在成长的关键期与孩子相处和教育，并讲述家庭环境对孩子成长的重要性，家长同样应注意自身言行，成为孩子学习的榜样，配合监督、纠正在校的学习和行为习惯，对不良行为进行批评教育。班主任在学生入学报到注册时，要登记家庭住址、家长姓名、电话号码等，为便于进行家访做准备。班主任与家长适时互访，可掌握学生的学习、生活、思想动态等变化情况，有效督导学生，使学生在教师的关心、家庭的爱护中健康成长。在中职学校，班主任的家访工作是缺失较重的一环，当然这和方方面面因素有关，但也有班主任做过多次家访，与家长建立起相互尊重和体谅的关系，最终得到家长的支持，和家长建立起深厚的友谊。

5. 借助新媒体优势拓宽德育渠道

互联网+时代的到来，无疑对中职院校的班主任提出了更高的要求，要求他们利用网络媒介因势利导，将互联网与德育教育紧密结合起来，以培养学生的德育素养、构建师生交流桥梁、创造学习氛围，这也是当今班主任亟待解决的难题。网络媒介的运用和普及使学生成为舆论评价与发布的主体，这可谓是一种前所未有的态势。班主任可以利用新媒体开展德育工作，如借QQ、微信、微博等各种即时通信工具和网络交流平台与学生进行沟通，了解学生在学习和生活中存在的各种问题，积极主动做好学生疏导工作，对各种违纪现象和不文明行为尽可能在初期解决，并定期播放各类生活教育的短视频，运用学生熟悉的生活事例作为多样化的素材开展德育教育，丰富思想道德教育的内容，改变传统教育单调的状态，把枯燥、抽象的教育内容转化为适合中职生年龄阶段的生动、形象的直观教育，从而丰富德育活动的组织途径。当然，班主任应做好监督管理工作，如利用班级微信群和QQ群搭建师生交流平台时，对发布庸俗信息、扰乱班风的不文明行为要严厉批评，营造和谐干净的班级网络沟通环境和积极向上的班级舆论氛围，实现教育手段多样化、现代化。

【作者简介】

苏穗，助理研究员，广西物资学校基础教研室英语教师。研究方向：英语、信息技术、德育。

浅谈中职集体宿舍卫生管理策略

梁品寅

【摘要】学生宿舍卫生是学校管理质量的重要指标,宿舍卫生反映了在校学生的生活状态,是学校形象的重要组成部分,管理好宿舍卫生对文明校园具有重要的意义。目前,广西物资学校学生宿舍卫生由辅导员团队管理。辅导员团队是学校特有的针对学生宿舍区的卫生和纪律进行管理的职业化团队。团队成立时间短,专业化程度不足,但经过整个团队一年的努力也总结出了许多有效经验。本文将分析现阶段学生宿舍卫生管理存在的问题,提出解决策略。

【关键词】德育教育;宿舍管理;卫生;策略

一、卫生管理现状分析

(一)卫生情况两极分化严重

广西物资学校是"2+1"学制,即学生开始的两年在校内学习理论知识,三年级出校实习。在卫生情况上,二年级学生宿舍卫生整体比一年级差,甚至部分二年级学生到了第二学期,不再整理宿舍。其次,女生宿舍卫生整体状况好于男生宿舍,主要是因为女生更加注意个人卫生。最后,即使是同一个年级,最优秀的宿舍卫生情况和最差的宿舍卫生也是两极分化,而优秀的宿舍往往都有一个经常去宿舍检查的班主任。卫生情况两极分化,反映出班主任宿舍卫生工作的参与度。

(二)整改工作难进行

宿舍卫生的整改工作主要是利用午休时间,对宿舍卫生差的学生进行教育和纠正。因为教育工作由辅导员开展,整改后的宿舍,在短期内确实有较好的改进,但是一段时间之后,宿舍卫生又会回到原来状态。甚至存在部分学生在教育后,依旧没有整改现象。总结原因包括三点:第一,在大部分学生眼里,班主任的权利更大,整改时,缺少班主任的参与,效果会下降许多;第二,辅导员在整改之后的跟进时间较短,或者没有进行持续跟进,缺少后续指导;第三,集体宿舍内,不同学生对卫生问题的重视程度不一致,缺少长期的卫生意识教育。

（三）管理办法单一

在卫生管理这一块，目前的管理办法主要是采取惩罚式管理，即只会针对宿舍卫生差的宿舍进行惩罚，而优秀宿舍和普通宿舍基本不会受到关注。这就导致了两个问题。一方面，优秀的宿舍，没有得到正向、积极的鼓励，卫生状况逐渐下降到普通宿舍的水平。而普通宿舍，缺少努力做好的动力，再加上缺少班主任的监督，可能卫生情况会逐渐变差。另一方面，卫生差的宿舍可能只是部分学生未把卫生做好，而惩罚对象却是整个宿舍的学生，这种办法就显得不合情理。因此，在处罚卫生差的宿舍时要实事求是，落实责任，减少学生的抵触心理。充分利用卫生好的宿舍带动卫生差的宿舍提高整改效果，有利于降低卫生管理的阻力，带动学生的积极性和主动性。

（四）评分工作混乱

第一，目前，辅导员团队使用的评分表依旧是之前的评分表格，评分项目多，评分内容详细，扣分范围细；而辅导员团队在人手不足的情况下，难以进行详细、严密的评分。而且，过细的评分，导致学生在整理内务时，顾此失彼。烦琐的打分细节，使得打分难度增加，不同辅导员的评分尺度不一样，最后得出的分数也不一样，这样会导致学生或班主任不理解。第二，宿舍长管理群管理混乱。成员未备注、部分宿舍长未加入群里、建群目的不明确，导致许多通知不能及时传达给学生。第三，大部分宿舍长并不清楚工作职责，同样的问题反复强调，还是有新的人会来询问，使得工作内容重复，效率低。

这四个现状是相互联系、相互影响的，是阻碍工作开展的重要原因。管理办法单一导致宿舍整改工作难进行；评分工作混乱形成两极分化的情况。因此，解决策略要整合四个现象，比较权衡，对症下药。

二、解决办法和策略

（一）完善评分标准

根据目前的实际情况，重新制定评分标准。标准制定坚持两个方向，第一，兼顾细节和效率，简化评分范围。新的评分标准，依旧关注卫生细节，但是在分值上进行更改。旧评分值比较细分，例如：鞋子摆放不整齐，扣分区域为"2~5"，新的评分标准，进行简化。每一个不合格项目，直接扣5分。第二，不同年级、不同性别的宿舍评分标准不一样。一年级更加注重细节，培养新生的良好习惯。二年级注重整体，注重学生的意识和态度。由于女生更加注重卫生、服从管理，女生宿舍评分标准可适当提高，相应的奖励也应该更多。而男生宿舍评分标准可适当降低，相应奖励减少。评分标准不仅涵盖基本卫生，还要涉及宿舍安全方面，一些容易致使宿舍起火的安全隐患，更应该体现到评分标准之中，时刻警示学生注意用火、用电安全。新的学生宿舍评分细则如表 1 所示。

表 1 学生宿舍评分细则

项目	评分规则	备注
不锁门	扣 100 分	
水电未关	扣 100 分	
违规充电	扣 100 分	
走廊脏	扣 15 分	
地板卫生	扣 15 分	
床上凌乱	一张床扣 10 分	
乱挂衣服	一张床扣 5 分	二年级宿舍扣 3~5 分
鞋子乱摆放	一双鞋扣 5 分	
行李乱摆放	扣 15 分	
日用品乱摆放	扣 15 分	女生宿舍专用
卫生间不干净	扣 15 分	
垃圾未处理	扣 15 分	
烟头	扣 100 分	

（二）完善整改办法

为解决目前整改时间短、方法单一、后续动作匮乏、针对性不明显、效果不明显等问题，可以从以下几个方面入手。第一，充分利用午休、晚休时间对宿舍卫生差的学生进行卫生整改，不仅教育学生如何整理宿舍卫生，还要提高学生注重宿舍公共卫生的意识，这样才能治标又治本。第二，合理借助班主任的力量，提高整改的质量。班主任是和学生接触时间最多的人，学生也更加敬畏并信任班主任，有班主任的参与，学生会更加重视整改。第三，整改工作要实事求是，责任到人。宿舍卫生不合格，要找到问题的来源，公共卫生责任归当天值日生，个别床位卫生不达标，责任归个人。在整顿过程中要搞清楚是宿舍卫生知识未传达到位还是个别学生卫生意识差。只有找到问题的根本点，才能有效地解决掉卫生差的问题。第四，制定完善的整改方案，既要考虑到个别学生的情况，还要考虑到整个宿舍的情况。精确到每一个环节，每一个小问题，持续对卫生差的个人和宿舍进行整改，使之达到卫生标准。具体整改流程如图 1 所示。

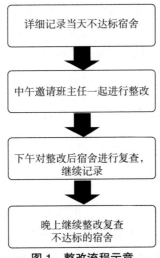

图 1 整改流程示意

第五，整改中还要把控好时间进度。设置好整改的时间跨度，不能中午整改了，下午不再复查，或者过了几周之后又重新整改，这种不彻底的整改动作不仅不能将整改效果体现出来，还有可能会导致纪律管理工作难以开展。整改过程既要连贯也要及时，以利于培养学生认真、关注细节的优良品质。

（三）引入奖励制度提高学生积极性

平衡惩罚式管理需要充分结合学生心理，引入奖励制度。正向刺激和负向刺激双管齐下，有利于进一步提高辅导员卫生管理的水平。旧的管理方式——卫生差就进行严厉的整改，而卫生好的宿舍只会在评比文明班级时占一小部分的分值，对学生的激励确实是不够的。因此，制定奖励制度时要做到以下几点：第一，奖励既有物质上的鼓励也有精神上的鼓舞。中职学生的年龄大部分介于15~17岁之间，个体的思想一部分是成熟的，另一部分又是幼稚的。在物质追求上倾向于实际、实用，物质奖励应该是贴近宿舍区的生活用品，比如洗衣粉、垃圾袋、杯子等。精神方面，可以通过发锦旗、奖状等公开表彰的方式鼓舞学生，还可以增加免检宿舍项目，连续一个月都优秀的宿舍给予一周的免检权利。第二，奖励集体、个人双结合。奖励制度包括两个奖项："星级宿舍奖"和"内务标兵奖"，以点带面，优秀带动落后，推动积极的、温馨的宿舍区文化。

（四）完善工作办法

针对评分工作混乱、工作职责不清晰、缺少监管等问题，要从制度上完善工作办法。完善办法包括三个方面。第一，完善培训制度。辅导员团队缺少系统化的培训，导致辅导员对工作不熟悉，对工作要求不清晰，因此，制定系列标准化的培训制度，明确职责，有利于减少因为培训不到位而造成的工作问题。第二，增强对宿舍长的管理工作，充分利用宿舍长的力量协助管理。宿舍卫生不能仅仅依靠辅导员的监督，宿舍长是辅导员和学生之间沟通的桥梁，重要的通知和管理章程，需要宿舍长完整地通知到宿舍的同学。建立好宿舍长管理群，及时解决宿舍长的问题，才能获得宿舍长的认可，对开展卫生的管理工作有着极大的意义。第三，完善监管制度。辅导员的工作时间相对固定，类似于行政班的性质，每天的工作内容都是重复的，工作时间一长，老师也会感到疲惫，这样的情况下往往会形成工作懈怠的情况。解决这种"懒政"行为，需要做好工作记录。辅导员所做的每一件事，都应该按照一定的书写格式进行记录。一方面有利于下一位接班的工作人员及时了解工作，另一方面也能起到监督的作用。除此之外，可以通过调整工作绩效的方式，以多劳多得、少劳少得的原则进行绩效的考核，调动辅导员团队的积极性。

总之，解决目前卫生管理效果不明显的问题，要以管理制度为根本，以辅导员团队工作的内容为重点。通过重新制定评分标准、增加奖励制度、完善整改流程、制定工作规章制度等方式开展工作。

【作者简介】

梁品寅，广西物资学校学生辅导员。

职业院校经济法律教材编写的合理性分析

梁 杰

【摘要】 经济法律作为职业院校财经类专业的核心课程，举足轻重。但长期以来由于缺乏职业院校经济法律教材编撰理论，加上市场功利主义引导，职业院校经济法律教材合适性不足、体系混乱、逻辑不清晰。笔者从职业院校教育实用性着手，通过对经济法律的命名、经济法律内容的辨析与选择，提出编撰经济法律教材的基本逻辑思路，以求经济法律教材在职业院校实现真正的实用性和趣味性。

【关键词】 经济法律；法律部门；教材内容实用性

职业院校教育的培养目标是"以服务为宗旨，以就业为导向，培养操作型、技能型人才"，我们据此确定相应的经济法律作为职业院校财经类专业的核心课程，而教学的基本载体源于教材，因此教材是否体现实用性显得很重要。经济法律作为职业院校财经类专业的核心课程，长期以来编撰教材理论陈旧，没有注意教材编撰应以职业院校学生为本位，加之功利主义的引导，市场上难有合适的经济法律教材，因此，审视并编撰新体系的职业院校经济法律教材，意义深远。

一、从"经济法"命名到"经济法律理论与实务"名称的选择

（1）在职业院校财经类的专业中，一般都将"经济法"列入专业核心课程，比如安广法主编的《经济法基础知识》，内容包括经济法概述、物权法概述、企业法律制度、公司法律制度、企业破产法律制度、合同法律制度、担保法律制度、金融法律制度、市场管理法律制度、知识产权法律制度、证券法律制度、票据法律制度、对外贸易法律制度、劳动法律制度和经济纠纷处理法律制度；王靖主编的《经济法基础》（第五版），内容包括经济法概论、公司法律制度、市场秩序管理法、合同法律制度、工业产权法律制度、税收法律制度、会计法律制度、劳动保障法律制度和经济的仲裁与诉讼；王遂起主编的《经济法基础》，内容包括经济法概述、经济法律关系、财产所有权法律制度、公司法律制度、企业法律制度、外商投资企业法律制度、企业破产法律制度、合同法律制度、市场管理法律制度、工业产权法律制度、会计审计统计法律制度、金融法、财政税收法律制度、仲裁法与经济司法法律制度。从三种教材呈现的内容，我们可以判断，目前大多职业院校经济法律教材使

用"经济法"这一名称，但是其涉及的内容参差不齐，从而导致课程编排体系逻辑混乱，不利于职业院校学生对我国法律部门理论的认知。

（2）法理学研究过法律部门及其划分标准，大多数学者认为，法律规范所调整的社会关系和调整方法是划分法律部门的标准，据此当代中国法律体系主要分为七个法律部分：宪法及宪法相关法、民商法、行政法、经济法、社会法、刑法、诉讼与非诉讼法。这里要强调：①民商法是规范社会民商事活动的基础性法律。民法是指调整平等主体的公民与公民之间、法人与法人之间、公民与法人之间财产关系和人身关系的法律规范的总和；商法是调整公民、法人之间商事关系和商事行为的法律规范的总和。民商法强调双方法律地位的平等，是横向的法律关系。目前民法主要为《民法典》；商法主要有《公司法》《合伙企业法》《证券法》《商业银行法》等。②经济法是调整国家从社会整体利益出发对经济活动实行干预、管理或调控所产生的社会关系的法律规范的总和，其强调的是国家干预经济和宏观调控关系，是纵向法律关系，主要包括《预算法》《审计法》《会计法》《价格法》《信托法》等。③社会法是调整劳动关系、社会保障和社会福利关系的法律规范的总和，它主要是保障劳动者、失业者、丧失劳动能力的人和其他需要扶助的人的权益的法律，主要包括《劳动法》《未成年保护法》等。④诉讼与非诉讼法是调整因诉讼活动和非诉讼活动而产生的社会关系的法律规范的总和，包括民事诉讼、行政诉讼、刑事诉讼和仲裁等方面的法律，其主要是调控程序合理性，保障实体权利正当化实现，主要包括《民事诉讼法》《行政诉讼法》《刑事诉讼法》《仲裁法》等。

（3）结合上述辨析至少得出：①职业院校经济法律课程在内容编排上基本涉及了民商法、经济法、社会法和诉讼与非诉讼法的范畴，并非仅仅是"经济法"的内容。②职业院校经济法律冠名"经济法"是为了追逐时代性、经济性，吸引眼球，内容编排上并不符合法理学对于法律的基本划分，这种划分不必要，也容易造成逻辑混乱。③职业院校教育强调实务，教育本身就是培养学生的自觉实践能力，而非研究能力，经济法律仅仅强调"经济法基础知识"，理论性过强，本末倒置。④有学者尝试不使用"经济法"冠名，比如李军昭主编的《商贸规则与法律实务》，但是其重心却在规则上，较多陈述国际法规则，理论抽象而不切实际。⑤强调本课程主要适用于财经类专业学生，而且是专业核心课程，如果仅仅冠名"法律综合"或"法学综合"等，不仅与公共课程中的"职业道德与法律"或"法律基础"等混淆，而且没有体现财经类专业特色。⑥如果在"经济法"一词前冠以"营销""会计"等专业性质词汇，即"营销经济法"或"会计经济法"，不仅有杜撰法律的嫌疑，而且毫无逻辑根据，混淆视听。⑦兼顾财经类专业特点，符合内容编排上的合理性，同时注意职业院校教育的本位，冠名本课程"经济法律理论与实务"是合理的。首先这里的"经济法律"区别于"经济法"，只要符合经济交易、运行、调控等的法律都被囊括；其次，强调"理论与实务"，既注重对知识的陈述，也重视实际的操作，真正使职业院校学生懂得运用知识解决实际问题。再次，财经类专业对经济法律虽各有所侧重，但"经济法律理论与实务"基本概括，便于各财经类专业根据专业特色有所侧重。最后，符合法理学关于法律的理论研究，逻辑体系完整。

二、《经济法律理论与实务》教材内容安排

（1）我们可以厘清这样的思路：①包括安广法、王靖、王遂起等主编的经济法律，反映目前职业院校编撰此学科内容的基本逻辑方式，都力求实用且贴近生活，比如都选择《合同法》《劳动法》《公司法》等。但是李军昭主编的《商贸规则与法律实务》却有些意外，例如第一章经济全球化与世界贸易组织、第二章海关制度与关税措施、第三章非关税措施、第四章贸易术语、第十章政府采购法、第十二章海商法等，这几章难以适应职业院校教育现状。②经济法律基本上针对财经类专业，王遂起将经济法律关系列为一章来陈述是否因冠名"经济法基础"而精心设计。③在处理内容的过程中，教材结构体系缺乏创新，未很好突出运用，关注热点。很多内容在陈述上基本是对法条的罗列，枯燥难懂。教材基本配有适当案例，却难贴近职业院校学生生活。知识点的陈述用语欠规范，表述存在错误。④配套的实训教程严重缺乏，或者有也仅限于案例的抽象描述，而且实训教程与理论课程很难配套，基本上是理论教参。⑤编排本课程时，是否兼顾职业院校学生职业资格考试的必要，比如会计师（初级）考试集中在《劳动法》《税法》《税收征收管理法》等，虽然有专门培训教材，但提前熟悉有益于其强化学习。

（2）在处理教材编撰方向时，我们牢牢把握：职业院校经济法律教材必须朝着体现职业岗位性与实践应用能力的方向发展，切实反映中国特色社会主义法治理论的核心精神。①力求体现最新的立法成果，总结最新立法经验，突出一个"新"字，比如《物权法》《侵权责任法》《劳动合同法》等，在选择编撰时，最新立法理论及最新司法实践案例融入教材显得必要。②在精选案例时，选择职业院校学生日常发生的案例或者从学生中提炼切实可行的背景编写案例，比如在编写《合同法》时，可以从职业院校学生综合经贸实训中找到切合的例子，既以学生为本位，从学生角度编撰教材，又通俗易懂、与时俱进，反映职业教育的性质，而且操作方便、简洁、直观。③编写应突出"准确、精炼、有吸引力"的特点。在内容上力求科学、准确地阐述经济法律理论，选材上重点突出，在核心知识点上应详细阐述。在文字上，力求语言精练、简洁、通俗易懂，避免抄法条但用词须精准。对问题的概述，简明得体，层次清晰，有理论有实践，二者有机结合，逻辑清晰，便于学生阅读，教师易于讲授。④风格新颖，图文并茂。第一，课文采用宋、楷两种不同字体。宋体字

用于正文，楷体字用于展示辅助文字，主次分明，互为补充，有利于学生的逻辑思维和材料与观点相统一的能力培养。第二，课文增加漫画、插图、图表，与文字融为一体，增添课文的生动性，有助于调动学生的学习兴趣和学生非智力因素。第三，课文在相关部分提供资料卡、小知识、名言，既使教材的重要观点得到强化，又使观点得到权威性的佐证，增强观点的信度。编排独具匠心，形散而神聚。教材各课均由引语、正文、辅助文、设问小栏目、图片、阅读与思考、理解测试等部分构成，每部分采用不同的字体、不同的表现形式，使之形成有规矩的构成格式。同时，每个独立部分既有其独特的功能，又服务于全课的中心，使学生更容易领会中心主题和深刻内涵。

（3）在兼顾理论性和实用性统一的基础上，笔者对《经济法律理论与实务》教材精选内容：第一章经济法律概述，主要陈述法的历史发展、当代中国法律部门、经济法律关系等知识，使职业院校学生从总体上了解法律的基本原理，懂得法的发展历程；第二章物权法律制度，介绍我国物权的基本原理，包括所有权、用益物权和担保物权等；第三章知识产权法律制度，简述商标法、专利法、著作权法等；第四章合同法律制度，主要陈述合同法总则原理，包括要约与承诺、合同的履行、违约责任；第五章票据法律制度，主要是关于汇票、支票、本票的理论理解；第六章侵权责任法律制度，反映最新立法状况，对于经济活动很重要；第七章公司法律制度，主要陈述有限责任公司和股份有限公司的设立及其相关理论；第八章企业法律制度，包括个人独资企业法、合伙企业法、国有企业法、外商投资企业法等；第九章企业破产法律制度，简述企业破产程序，包括破产界限与破产案件的受理、债权人会议与重整和解程序，破产宣告与清算等；第十章市场秩序管理法律制度，涉及反不正当竞争法、消费者权益保护法、产品质量法等；第十一章税收法律制度，包括所得税制度、流转税制度的描述和基本计算方法以及税收征收管理法等；第十二章会计与审计法律制度，即对会计法和审计法的讲解；第十三章金融法律制度，包括证券法、保险法、商业银行法、外汇管理法等；第十四章劳动与社会保障法律制度，讲述劳动法、劳动合同及社会保险、社会保障制度等；第十五章经济纠纷处理法律制度，主要是经济仲裁和经济诉讼制度。这样的安排是合乎逻辑的。第二章到第六章是以平等主体之间的法律关系为对象，从物的静态到动态、权利运行到权利保护的过程，层次清晰、体系完整，符合实用性的特点；第七章到第十三章强调纵向的法律关系，从经济主体即公司企业到经济主体的市场运行，而后是国家的宏观调控法律，包括税收、会计、审计和金融等，逻辑清晰、符合规律；第十四章从保护劳动者的角度，协调与用人单位的关系，最终体现以人为本的教程编撰精神。第十五章是程序法律，是对经济纠纷解决方式的概括。因此，整个教材体系可以归结为：总述—横向法律关系—纵向法律关系—劳动保障关系—程序法；内容完整，结构严谨，突出实用性。

但是在涉及专业相关性时，笔者认为难以面面俱到，因此选择性教学非常重要。比如，会计专业的学生应该将重点放在第十一章、第十二章、第十三章，突出学习宏观调控方面的法律法规，这符合其岗位性质，同时也与职业技能考试呼应。

（4）我们不能穷尽对所有知识的罗列，在编写教材具体章节时，应从职业院校学生角度思考，强调实用性，突出趣味性，反映时代性。笔者认为，至少包括这几个方面的要素：①章前学习目标、知识要点、引例，②章中"知识热点""知识误区""知识辨析""案例解读""材料阅读""想一想""法条索引"等，主要涉及法学热点问题、容易出现错误的知识、相似知识的区别、简单案例实战、适当法条解读等，③章后小结、练习（判断题、选择题、问答题）、案例分析、实训题，实训题参照李军昭主编的《商贸规则与法律实务》，④编排上注意图文并茂；增强趣味性。

三、结语

在经济法律教材的重新编写中，我们应更多关注生活的实践，重视学生创新能力的培养，体现生活性、趣味性、多样性、层次性、典型性、有效性，使学生在使用教材的过程中，既诱发其兴趣，又能学到实际可以运用的知识，体现职业院校教育岗位培训性质，这样的教材编写工作，任重道远。

【作者简介】

梁杰，高级讲师、高级双师，广西物流学院商学院负责人。研究方向：民商法学、职业教育。

我国新能源汽车产业发展现状及对策研究

侯 骏

【摘要】 随着社会经济的增长和人口数量的持续增加,汽车市场需求旺盛的同时也面临着能源短缺与环境问题的巨大压力,不可否认,能源问题与环境污染已经成为制约社会经济发展和影响人民群众生活质量的大问题,目前我国的主要发展方向是以建设节能环保的绿色型经济为首要目标,新能源汽车产业的兴起也正是顺应时代发展需要的重大变革。

【关键词】 新能源汽车;对策研究

能源是人类文明和经济建设的重要物质基础,我国是当今世界最大的发展中国家,同时也是目前世界排名第一的能源生产国和消费国,面对日益突出的环境污染与能源短缺矛盾,为了保护子孙后代的自然资源不至于枯竭,开发和利用新能源就成国家经济可持续发展的重要战略目标之一;新能源汽车产业的研究和推广是我国十二五规划中七大战略性新兴产业之一,也是国家政策和资金重点扶持的产业,通过新能源与汽车工业技术的结合,建设节能高效型社会,开拓新的经济增长领域,对促进生态保护和优化经济结构都有重要的现实意义;相对发达国家而言,我国的新能源汽车虽然起步稍晚,但近几年在国家新能源汽车推广应用财政补贴政策的利好下,新能源汽车产业有了较快的发展,但新能源汽车的技术与性能还有较大的进步空间,相关的配套设施不够完善,新能源汽车被广大人民群众接受和认可的程度也还不够深,这些都成为制约新能源汽车发展的问题,本文就我国新能源汽车产业目前的发展现状进行分析,并针对问题提出相应对策,以供参考。

一、我国新能源汽车产业的发展现状及问题

1. 科技创新力度不足,核心技术人才缺乏

虽然我国在新能源汽车领域的研发及生产已经有十多年的经验累积,现在也有越来越多的企业加入新能源汽车制造的大军之中,但相对比制造技术更为先进的发达国家还有较大的差距,主要体现在电池的存储及耐用性方面、汽车驱动装置、关键零部件的制造以及汽车整体的安全性方面都还不足,严重缺乏掌握核心技术人才和高端的管理人才,在汽车性能、构造、安全保障等方面的技术研发上后劲不足;

以纯电动汽车为例，主要的动力配置锂电池相当于人体心脏的供血功能，但由于受技术水平的制约，一直存在安全性、稳定性、耐受性等方面的问题，其使用寿命不长以及在充电过程中可能发生自燃事故及其他安全隐患，无形中削弱了消费者的购买欲，这些都阻碍了我国新能源汽车产业的发展脚步。

2. 公众对新能源汽车的认知与接受度不够

尽管我国人口众多，依赖汽车出行的市场需求巨大，但多数民众对新能源汽车持观望态度，在问卷调查中发现，多数三四线城市人们的乘用车首选的依然是燃料汽车，一方面是由于三四线城市的经济发展水平无法与一线城市相提并论，二是其环保意识还未上升到一定的高度，且由于三四线城市工业化程度不如一线城市高，空气污染的影响相对较弱，三是经济不够发达的城市没有上牌限制，但最最主要原因就在于同等价位下，燃油汽车的功能配置更有优势，且新能源汽车的财政补贴已经进入后补贴时代，对于多数老百姓而言，看得见的实惠才是真的实惠；并且在已知的经验中，燃油汽车没有续航里程和维护保养难的问题；在维修上燃油汽车在4S店或是汽车修理厂能解决大部分的问题，而新能源汽车则不然，返厂维修会花费更多的时间，这些都给新能源汽车的普及造成了困难。

3. 新能源汽车的配套设施不完善，维护成本高

充电时间长与续航里程短一直是阻碍新能源汽车发展的因素之一，燃料汽车不会有续航方面的担忧，目前虽然我国的新能源汽车生产规模在不断扩大，下线数量也屡创新高，但充电基础设施与新能源汽车的比例严重不协调，多数纯电动的新能源汽车只适合在人流密集的发达城市使用，设施和经济不发达的三四线城市消费者难免会有充不到电的担忧，且新能源汽车充电时间都较长，会与使用时间发生矛盾；再由于新能源汽车普及化程度不高，维护保养也是问题，多数新能源汽车出现问题都需要返厂维修，无形中也降低了消费者的购买欲望。

二、有效推动新能源汽车发展的策略

1. 大力引进人才，科学创新

高素质的人才是保证新能源汽车质量的关键所在，新时期下我国的汽车企业更加要注重对人才的引进与培养，为适应经济和新时代行业发展的大趋势，首先要加大科技人才和专业管理人才的引进力度，突破科研瓶颈；二是要在管理制度上积极创新，引用现代化的管理方式，优先管理流程，提高执行力及工作效率，制定科学明确的考核体系和标准，并统一考核思想，推行多角度的绩效考核，以提高员工的生产积极性；三是建立科技攻关激励机制，鼓励和奖励在技术、管理、改革等方面创新创效、建议献策的人员；四是在技术上进行创新，对关键零部件进行研发，对

生产设备与工艺流程进行改造升级,提高动力电池的使用周期,在传统技术的基础上完成新工艺与新技术的研发、试制、测试及投入,为新能源汽车产业的发展夯实基础。

2. 加强技术攻关,增强新能源汽车安全性能

新能源汽车之所以不被广大受众所接纳的原因之一就是大众对其安全性能的信心不足,因此,新能源汽车想要取得长足的发展必然加强技术攻关,破解安全性能技术瓶颈,进一步增强市场信心。首先要加强动力方面的技术攻关,作为新电源汽车动力方面的主力军,需要着重在汽车电池上下功夫,一是要加快对锂电池性能及使用寿命的研究;二是要加强对充电技术的研究,以破解现阶段汽车电池充电慢的不利局面;第三是要联合相关部门制定完善的电池回收利用体系,毕竟,新能源的出发点和目的都是为了更好地保护环境;其次要结合信息化时代背景下汽车市场发展的需要加强对永磁电机技术的研究,并进一步提升电机的数字化信息水平;同时还要着重针对电动汽车存在的安全隐患,逐个技术攻关并一一破解,大力推动电动汽车动力电池系统的评价力度,动力电池下线后,整车装车前,必须对动力电池系统进行全面深入的测试考核评价,及时发现问题,并将安全隐患消除在萌芽状态;二是加强对纯电动汽车的安全性和碰撞测试,尤其要强化车载可充电储能系统、电解液泄漏、电压安全、触电保护、绝缘性能、电能安全等电气安全的全面测试;三是落实并强化电动汽车企业在各个环节的质量主体责任,保障下线产品的稳定性、可靠性和安全性。

3. 争取政策扶持,增强市场认可,加快基础配套设备建设

新能源汽车作为新兴的产业技术,其发展离不开市场的认可,要想让新能源汽车获得更多的关注,下沉到各个城市,首先要加强新能源汽车的宣传力度,使之获得更广泛的关注,打消公众对新能源汽车稳定性与可靠性的疑虑;其次要明确财政补贴的力度,以深圳为例,政府为扶持新能源汽车产业,一是将所有市内公交线路用车全部更换为纯电动或油电混合的新能源汽车,形成了较好的示范性效应;二是给予新能源汽车生产企业如比亚迪相应的优惠贷款政策和零部件进口关税优惠政策,鼓励企业扩大生产规模;三是对于私人购买乘用型新能源汽车可不受小汽车增量指标的限制直接上牌,并给予一定的财政补贴;四是科学规划相应的配套设施如充电桩的用地范围,并与加油站、高速公路、学校、医院以及新建的社区楼盘等联手布局,从密度与广度上提高充电效率,免除使用者的后顾之忧,为新能源汽车产业的发展奠定坚实基础。

三、结束语

在国家号召全面建设社会主义小康社会的进程中，生态型城市已经成为新时期的城市发展方向与要求，良好的生态环境是实现可持续发展的先决条件，能源的可持续发展决定着经济社会是否能健康持续发展，加快新能源汽车产业的发展是重要的战略选择，也是落实科学发展观、建设资源节约型社会的重要手段，通过国家扶持与企业持续创新，在技术、设备与维护配套等各个方面不断进行完善与提升，利用新能源汽车产业的节能潜力来解决我国的能源问题，从而更好地实现能源的可持续发展，同时满足保护环境和社会经济发展的需要，更有力地保证资源、环境、经济、社会与人类发展的良性循环。

【作者简介】

侯骏，贵州师范大学理学院电子信息科学与技术专业毕业，大学本科，理学学士。研究方向：电子信息技术、汽车电子控制系统、计算机云技术。

"新零售"环境下农产品销售途径的探究

黄坤忠

【摘要】 自 2016 年"新零售"的提出，零售行业对这一概念高度重视，这种创新的网上与实体店与物流一体化的营销理念为农产品的销售提供了途径。本文首先阐述了"新零售"概念的由来、内涵和特征，然后对我国农产品销售的现状进行分析，接着对我国农产品在"新零售"环境下的销售途径进行了探讨，得出结论：线上与离线实体店同步发展，深度结合，以消费者为中心，提供全面的服务，树立属于自己的农产品品牌方能打开农产品销售的大门。

【关键词】 新零售；农产品；销售途径

一、"新零售"概念的由来及内涵特征

（一）"新零售"概念的由来

在当今社会，科学与经济的发展推动着零售行业的不断进步。2016 年 10 月 13 日，在云栖大会上"新零售"的概念被提出。这一概念的提出深深地影响着传统实体行业的发展。在未来的 10 年至 20 年，线上平台和离线实体店以及物流配送三者必须进行完美的结合才能满足消费者的需求。只有实现线上、离线和物流的有机组合，才是真正的"新零售"，这表明传统实体零售和电子商务正从对立走向一体化，这种"新零售"模式将会是农产品零售业发展的新方向。

（二）"新零售"的内涵及特征

"新零售"是指以先进的科学理念为指导，带给消费者更真实体验的活动。"新零售"改良了我国传统零售业和网络零售业自身的不足，解决了消费者体验不足的问题。一开始，"新零售"的内涵并没有明确的解释。杜睿云等提出，新型零售是企业以互联网为基础，整合了大数据、人工智能等技术，促进商品的生产、流通、形成新的零售新模式。在未来发展中，新零售通过业务结构的重组，创新地整合线上、离线和产品流通，形成商品分销和支付一体化的交易模式，将网上服务和离线渠道有机结合在一起的营销新模式，是整个行业都十分认可的。

二、我国农产品经营现状

我国作为一个农业大国，国民经济的基础是农业。经过长期发展，我国农业生

产水平以及农产品流通能力稳步增长，农产品生产在规模、质量以及市场建设等方面都有了进一步的改善，但是，我国农产品生产经营总体上处于相对落后的阶段。

首先，我国农业规模相对分散。具体表现在生产区域不集中，未能使用智能化、专业化的生产设备。在产品流通上也存在环节烦琐的现象，主要以家庭为单位进行个体户种植。因此，农产品的品种、质量标准并不统一。对产品的统一销售造成了很大的困扰。目前，关于农产品的生产与流通，主要以以下四种模式为主：农户与农户、公司与农户、市场与农户、公司与基地。在农产品销售过程中，流通较为烦琐，增加了出售成本。

其次，在快速发展的经济环境下，农产品市场建设得到进一步完善，但依旧存在经营模式陈旧，农民对农产品发展模式整体认识水平不高等问题。他们还处于片面追求销量与价格的阶段，缺乏宣传特色农产品的意识，未打造出属于自己的农产品品牌。他们对农产品没有一个整体的认识，缺乏农产品的品牌、质量、售后服务和优惠待遇的宣传意识。在加工技术上普遍还是比较落后的，农产品的出口主要以粗加工为主，有的甚至是不加工。这些问题的出现都直接影响着农产品的发展潜力与市场竞争力。

最后，在农村地区各方面的条件相对落后，市场建设也不例外，一部分地区甚至没有网络，所以网络销售普及率不高，农民进行网络零售的能力不强，不能通过网络营销手段进行农产品推广，降低了网络零售活动的质量，制约了农产品的销售。其次，在物流配送过程中，农产品的配送要求比较苛刻。作为生鲜类的农产品，在运输过程中损耗严重，很难保证产品的新鲜感。这些客观原因影响着农产品的发展。此外，部分地区的交通落后，难以开展网上零售。我国农产品流通的保护技术还处于起步阶段。农产品网络销售的发展要紧跟"新零售"脚步，因为农产品的网络销售缺少国家标准、品质参差不齐，部分商家利用这一特点制造伪劣产品，消费者难以找到自己想要的产品。其次，高额的物流成本和高耗损率使得农产品难以赚钱。跟以往的线上销售相比，"新零售"采用了线上与离线实体店的相互结合的模式应成为农产品零售的主要模式。

三、"新零售"环境下农产品销售途径探究的必要性

（一）农产品品牌化成为发展趋势

在农产品销售发展并不景气的情况下，农产品供需矛盾已成为农产品销售的主要矛盾。步入21世纪，在经济大环境的发展下，人们的消费方式发生了很大的变动，消费结构不再是单一的衣、食、住、行，享受型消费和发展型消费占据了主要地位。人们心理也发生了巨大的变化，更倾向于追求高品质、个性化、定制化的消费体验。消费观念的转变对农产品零售产生了很大的影响。适应消费者需求是农产品营销模

式的必由之路。在未来,个性化、品牌化、小而美的农产品更为人们所接收。

（二）农产品销售竞争越来越剧烈

从原始的销售到线上零售,再到"新零售"概念的提出,农产品销售竞争日趋激烈。以前,农产品的竞争以价格竞争为主。网络零售出现后,由于网络零售的进入和退出门槛很低,因此招来大量商家的进入,导致竞争变得更加激烈。随着"新零售"的提出,整个行业又进行了一次新的重组,在原有的基础上又加大了竞争力度。此时,企业合作将尤为重要,产品销售渠道、平台运营、供应链服务的拓展将为农产品的流通提供重要保障。

（三）信息技术与数据技术的驱动

"互联网+"推动着信息技术的快速发展,智能手机、WIFI技术等已经深入到各家各户,云计算、大数据等高新技术也慢慢进入人们的视野。在数据技术的不断发展下,一个叫"新零售"的词出现在人们的生活中。它的出现完善了相关的系统与体系,改变了人们的消费方式。"新零售"以顾客为核心,依托大数据为指导方向,将生产、加工、流通高度结合的这种线上、离线与物流三者相结合的模式将会成为主流。在科技的快速发展下,市场对农产品的定位提出了更高的要求,这些改变都在要求我们必须探究出一条符合农产品销售的新道路。

四、"新零售"环境下农产品销售途径的探究

（一）线上离线深度融合,共同发展

网络零售加入门槛低,进入与退出基本不受限制,这就造成了大量人群的涌入,导致了平台的混乱,因此,建立统一的农产品线上零售平台将带动线上销售与离线渠道的发展。离线销售的加入满足了消费者的购买体验,能很好地抓住消费者的喜好。农产品线下销售模式与传统零售模式基本相同,即"农户+农户、公司+农户、市场+农户、公司+基地"四种基本形式,其中前三种形式可以用来开辟线下销售的发展模式。利用优质线下互动体验效果,引导消费者进行线上消费,从而打造出自身的农产品品牌。

离线渠道有自己的优势,当然也会有自身的不足之处。由于流通环节的复杂性,离线渠道面临着成本高、风险大等问题。要解决这个问题,就得进行线上平台与离线销售的无缝融合。利用线上平台的资源为离线销售提供渠道,最终达到资源共享。同时离线销售也为线上提供了客户资源,弥补了消费者线上体验不足的问题,线上与离线资源的战略合作为农产品的销售创造了有利条件。

在以往的零售模式中,离线零售和在线平台之间的关系非常简单,仅是物质补充或相互协助的关系,在线平台为离线销售提供了资源共享,离线零售为在线平台

带来了真实的体验感受。但是，这些所谓的合作均为浅层的合作，而非深层次的战略合作。表面上的合作并不能促进农产品的销售，相反，两者的结合还会造成成本的急剧上升。因此，在"新零售"的环境下要达到利益最大化必须坚持在线与离线的相互结合。

在各行业的高度合作下，农产品的线上与离线发展也应走与其他平台合作发展之路。利用现有的销售渠道，实现在线和离线农产品的结合，彻底开辟在线和离线农产品的发展途径，进一步拓展虚拟平台与实体店的集成。

（二）以消费者为中心，提供全方位服务

首先，质量是非常关键的。农产品质量的好坏直接影响顾客的消费体验。所以，生产出高质量的绿色健康食品已成为当务之急。农产品的质量得到保证后，应当着手打造属于自己的品牌，改变陈旧的营销观念，满足客户的多维需求。同时，大力宣传特色农产品，通过引导消费者亲身体验、品味、观光等吸引顾客。

其次，开展复合式的营销推广。将宣传主力放在文化营销、体验营销上，保证农产品的品牌打造能顺利进行。通过对品牌文化和产品文化的大力宣传，吸引消费者的关注，从而刺激消费者的购买欲望，给消费者带来良好的消费体验，同时也进一步提升了品牌价值。在虚假信息泛滥的互联网时代，消费者越来越重视真实的体验，只有亲身体验得出的结果才能被人们所认可，因此体验销售在离线销售中有着不可替代的地位。

最后，通过增加农产品销售的相关服务来满足当前消费者越来越高的消费需求。当前的消费者更注重享受性、娱乐性的需求。因此，农产品的销售发展应考虑往农业观光、农业旅游等方面发展。农产品作为一种高损耗产品，在运输和售后方面有着很高的要求。因此，有必要扩大物流配送模式，加强各大物流企业之间的合作，有效利用先进的仓储制冷技术，保证了农产品的新鲜度。其中，离线渠道的发展可以弥补物流配送问题，简单高效的流通环节，极大地满足了消费者的需求，同时提高离线与售后服务的结合，保证综合服务型销售的顺利发展。

五、结论

"新零售"理念为农产品销售途径指明了方向。随着科技与社会的不断发展以及生活观念的转变，农产品销售途径的探究势在必行。农产品销售唯有保证线上离线同步发展，深化融合，以消费者为中心，提供全方位的服务，打造出属于自己的农产品品牌方能打开农产品销售大门。

【作者简介】

黄坤忠，学生辅导员，助理讲师，大学本科学历。研究方向：农产品在新媒体环境下的销售途径。

中小物流企业资源整合的思考
——以南宁市为例

邹 阳

近几年来,由于物流产业发展迅速,物流市场上的各种竞争也越来越严重,所以导致在物流市场份额中占有大部分比重的中小型物流企业正将面临发展的难关,然而,在日益激烈的竞争趋势之时,这也将有利于我国物流产业的健康发展,为了我国国民经济快速增长打下了重要的基础。在这篇文章中,它首先阐述了我国发展物流产业的意义,并收集大量的相关资料,然后再由我国物流产业的发展状况和所存在的问题进行分析的基础上,分析了物流企业主要的物流资源整合模式等,找出物流产业的优势劣势,并提出了一些对物流产业建设的对策与建议,以此来提高国民经济条件,就以南宁市来说。

【关键词】物流资源整合模式;物流产业;国民经济条件

一、绪论

(一)研究背景

相对于发达国家中一直相对来说比较成熟的物流产业链而言,面对着比自己强大无数倍的国外物流企业,我国的物流产业尚且处于一个起步阶段——无论规模还是技术水平都和发达国家成熟的物流产业存在着一段比较大距离。

首先,我国物流企业大多受经营规模限制,物流管理较为分散,配送方式过于单一;且各个企业之间都是各自为政的现象,整体缺乏国外企业的那种规划感。效率不高而且费用很大,导致了物流产业整体收益不好,竞争能力不足。

其次,我国物流企业的底子所配套的设施投入严重不够,自动化的设施水平跟不上脚步。从仓储、运输,到配送,各个环节还是以手工作业为主,很难形成有效的优化。从而造成了组织效率低、管理水平差、配送成本高、客户满意度差、盈利少等不良现象,严重影响了物流行业整体发展。

除外,物流产业低素质的人也有不少的存在,这其中就制约了其本身的发展。就业市场上能够达到国际水准的物流人才不多,专门的教育系统和培训机构严重不足，整体从事物流行业的人员层次偏低等问题也从本质上减缓了物流产业的发展。

（二）研究意义

当前，我们国家的物流资源主要分布在工商企业和各种类型的物流企业之中，整体品质相对于国际标准来说还有所欠缺，管理层次水平也相比不如，同时又显得结构性过多。这就推动了两个不同方面的产生，一是各种物流企业的下层次的竞争加重，资源不能得到充分的合理利用；二是物流需求企业不能得到十分有效的第三方物流，这就导致他们必须经营自己并不擅长的物流业务，从而难以专心自己的核心。在这种情况下，对于物流资源整合的研究就显得势在必行了。本文考虑利用信息技术来提高物流效率，改善目前中小物流企业所面对的恶劣环境，从而摆脱困境，为企业经营提议改良的对策提升其竞争力，达到促进行业的良好发展和优化整合物流资源的目的。

（三）研究内容

本文主要研究南宁物流产业的创新发展的策略。通过查找物流产业的资料与实际的深入市场调查，了解南宁物流产业发展中会遇到的各种问题，南宁物流产业可发展的机会，分析南宁物流产业的如何才能快速有效的发展。

（四）研究方法

本文在研究的过程中采用的方法主要有：资料文献法、理论和实际相结合的方法。

（1）资料文献法。通过收集国内外相关物流产业发展的资料，充分的了解物流产业的资料。

（2）理论和实际相结合的方法。在理论分析的基础上，结合南宁物流企业的自身情况进行探讨，针对企业提出了多种差异化经营战略，令顾客达到满意的服务，以适合企业经营发展。

（五）研究思路

文章主要通过我所在的城市——南宁市为例子，由小见大，通过它来了解物流产业的发展对我国经济发展的影响，并以此来查找现在社会整个物流产业所存在的问题，从而分析物流企业的资源管理模式。为解决这些问题提出一些建设性的建议和所采取的某些措施，以此来提高国民的经济条件。

二、物流资源基本研究状态

要研究中小型物流企业资源的整合问题，首先要整体把握我国的物流资源现状所普遍存在的问题,这个问题将在本章进行分析。同时,本章以南宁市的物流产业为研究的对象,通过实际调查和查阅资料的方式,对后面提出的决策与对策进行论证。

(一)物流资源整合的概述

物流资源整合就是为适应不断变化的市场环境的需要,在科学合理的制度安排下,借助现代科技特别是计算机网络技术的力量,以培养企业核心竞争力为主要目标,将企业有限的物流资源与社会分散的物流资源进行无缝化链接的一种动态管理运作体系。

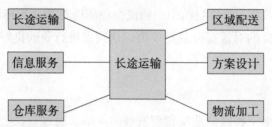

1. 物流资源整合基本特点

客户需求不断扩大,根据客户不同的的要求,促使物流企业参加到客户的采购、生产、运输等活动中,成为客户供应链中密不可分的重要组成部分。

经营风险将会不断地增加,如果要在有限的时间内既保证质量的确定又想要降低物流的运作成本,这就会促使物流企业既要追求保质保量的服务,又要不断降低运作成本,这样沉重的压力将会把企业运营的风险最大化。

物流方式的新的变化必将会使销售方式的发生改变,要求物流服务必须周全,同时更加省钱,提供更加多的升值服务。物流企业发展的需要依靠着信息技术,信息技术是发展的基础工具,信息技术不断提高,将对公司活动的效率的提升有着不容忽视的作用。

2. 物流资源整合研究

对于物流资源整合的研究主要有三个方面:(1)从政府的角度整合全国的物流资源,改善物流企业与设施;(2)从物流需求企业的角度整合企业的物流资源,对于自身企业进行物流资源的优化,对企业内部进行调整,通过外包和对外承接业务的方式充分利用自身企业物流资源,从而提高物流效率;(3)从物流企业的角度进行物流资源的整合,物流企业对于社会上的较为分散物流资源进行优化调整,为了物流需求者或者需求公司提供最好的解决方案,实现物流外包。这次的研究对象是第三个方面。

董千里、国强、江红提出,第三方物流需要提升整合力。他们认为:信息技术是提升整合力的基础；动态联盟是提升整合力的形式；虚拟经营是提升整合力的策略。

李严锋、马士华提出了供应链环境下第三方物流的资源整合对策：（1）构建物流价值网。（2）通过战略联盟、虚拟经营的方式整合社会资源。（3）中国现有物流网络资源丰富，利用管理水平低，缺乏有效的管理角色，社会集约整合能力弱，有实力的物流企业完全可以采用委托代理的形式，运用自己成熟的物流管理经验和技术，对资源进行整合，实现低成本扩张。

董千里提出，区域综合物流信息平台是整合社会物流资源的重要手段。

姜大立、王丰、王洪提出，要以利益为出发点进行物流资源配置。

从以上研究可以看得出来，在我国物流产业发展的现实状况下，必须进行物流资源的整合。

3. 物流资源整合状况分析

中国大部分的企业在物流资源整合过程中的所遇到的问题主要有以下几个方面：

（1）大部分物流企业整体规模比较小，根本无法得到一定规模的收益。（2）物流企业自身内部协调性差劲，企业内部物流相关部门各自为政，资源利用率低，整体表现不好。（3）信息系统落后，企业的内部信息系统以及工具的落后让企业无法及时处理相对应的物流信息问题。（4）上下游企业之间合作不足，无法达到企业所在的供应链整体价值最大化。（5）企业缺少动态适应性，企业物流资源整合重视内部整合而重视外部整合使企业外部环境不能够彼此协作。（6）企业制度安排不合适。

（二）我国物流资源基本情况

我国的物流资源主要有两个来源，一方面是工商企业自身内部拥有的物流资源，一是物流企业自身内部拥有的物流资源。这两方面的物流资源呈现出以下特点：

1. 工商企业具有许多的物流资源，而且使用第三方物流比较多，如果转换物流模式的话将会非常麻烦，但只是采用自身的资源的话并不能够建立起满足所有需要的最佳物流供应链。

由于收到传统经营模式和固定思维方式的影响，我国许多企业特别是国有大型企业都拥有巨大的物流资源，所以我国企业使用第三方物流比较多。尽管大多数企业都更愿意采用第三方物流这种模式，但是，由于第三方物流并不是这些企业的主要的营业运行业务，他们向来不重视自身所拥有的物流资源，也不知道如何利用这些资源，而且，这些资源早在建国的时候就存在，这些资源存在着设施设备陈旧，公司管理落后，人才缺失等弊病。所以他们会成为企业的负担，企业不可能为自己的提供全程供应链服务而仅仅靠着这些资源，竞争将会越来越激烈。

2. 物流企业具有的物流资源结构性过剩，并且东零西落，企业管理水平缺乏手段。没有一家物流企业都能够保证提供工商企业所需要的优异全程物流服务。

我国第三方物流企业崛起的时间不长,那些企业大部分是从传统的仓储、运输企业转型而来,在人员管理的水平、先进技术和力量的把握以及对客户的服务质量上还没有一定水平的提高,真正强大的物流企业屈指可数。他们拥有的物流资源存在两方面的特点:一是结构性过剩,尽管简单的运输力量、仓库储存能力都表现出求过于供,但真正能满足企业比较高水平需求的供给的数量还是较少的;二是过于分散,全国有70多万家物流企业,物流网点、设施、设备和人才基本都是分散在经营规模比较小,市场占有率不够高的的物流企业中。这种物流资源的特点使得物流资源整合成为我们国家物流市场的急迫需求。目前,自身比较强的物流企业已经开始了收购、重组工作,虽然为了整合物流资源起到了一部分的作用,但是第三方物流企业的现实状况以及它们本来的特点又决定了不可能由它们来选择和整合最好物流资源,为工商企业全程提供供应链的物流服务。

三、南宁市物流资源现状分析

为了更准确把握我国物流资源的现状,对我国物流资源现状存在问题的分析,可以由小见大,具体到某个城市,下面以笔者所在的南宁市为例子。

(一)南宁市物流企业概况

南宁市物流服务类型主要有三大类,即运输业务、仓储服务业务、其他的配送、流通加工、包装、物流信息服务等业务。其最主要的物流服务方式是运输业务,它在南宁物流业务中所占的物流总量高达50%左右;其次是仓储服务业务,占30%左右;其他的配送、流通加工、包装、物流信息服务等业务仅占总量的20%。

在南宁从事运输物流服务业务的企业中,主要有翁氏八达物流、先飞达物流、德邦物流、中外运物流等等,其中翁氏八达物流和南宁先飞达物流公司是本土企业,是广西典型的从事公路零担货物运输的企业,它在南宁公路零担货物运输总营业额占在广西本土公路零担货物运输企业中的10%,具有一定的代表性。而新进入南宁的德邦物流公司、远程物流公司所占的市场份额就相对较大,都为20%左右,而中外运南宁公司作为我国的龙头物流企业,历来以仓储业务为主,它所占份额最多,为25%左右。

(二)南宁市物流资源存在问题分析

1. 物流企业发展与市场需求不符合

南宁市现在的物流市场主要表现为企业集中度不高、企业小且散、条块分割的现状。突出这现象的原因主要是南宁市只有几家物流企业的规模较大;其他的物流企业大部分都规模较小并且它们的地理位置都分布得不集中。规模小的企业都体现实力弱、信誉差等特点且大都以多数经营货运为生。

物流企业所提供的物流服务主要体现在运输业务、仓储业务和市内配送这几方面，其所占的比例分别为 51.67%、28.33% 和 20%，还有它们的服务项目相对单一。能够提供增值性物流服务的只有少部分的物流企业，如代结货款、包装、代理报关、流通加工等比例都在 20% 以下，且客户满意度还比较低。

物流企业软硬件技术方面十分落后。自动化的设施水平跟不上脚步，大多数还停滞在半自动化操作水平上，在建材市场的附近还存在板车、三轮车等落后运输设备，许多在附近新建立起来的物流园区在园区内部自己使用着自动化设施的企业较少，而且先进的自动化设施和技术在物流市场不够流行，物流技术不够一致。

2. 物流基础设施规划建设不够科学

广西经济基础整体不够雄厚，并没有支撑大型物流园区的产业，而南宁市已经建立起了许多家有一定规模的物流园区，例如：南宁保税物流中心、南宁华南城商贸物流中心、广西玉柴物流园区、金桥物流园区、普洛斯物流园区、南宁五象物流园区、安吉物流园区等。这些物流园区规模不相同、功能有所区别，其中是有一些功能齐全，规模比较大，并且基础物流设施较为先进的园区，但是从规划的角度来说明，这些物流园区缺少统一的规划布局，并没有按照南宁市所颁布的规划措施来进行规划，功能定位、服务范围不够清晰明白，而且园区之间没有相互协调好。物流的基础设施建设应该选择正好符合基本建设的设施，不要铺张浪费，并且，南宁市物流基建设施兼容性不够好，对于交通道路的压力很重，影响着南宁物流产业的发展。

3. 专业型的物流人才缺失

物流产业不断前进发展的重要基础就是人才。目前，南宁市物流企业的中高层管理人员大多数是属于变换行业之后的经验型人才，并没有多少物流管理的专业能力，实践的经验也不够成熟，并且基础层面的物流人员学历不够高，这些现实状况导致了物流企业的人员整体不够合适，企业发展的方向目标不清晰，基础层面的物流人员呼应不高。在教育方面，南宁基本每一所普通的高校都开设有物流专业，一方面教学质量的不够高，而且效果不明显，不太合适本地物流企业的发展；另一方面，本地物流企业对物流专业型人才了解不够充足，导致物流低层次人才剩余太多，高层次人才缺乏。而物流企业并不够重视员工的在职培训，也没有建立起一套比较完善的人才培养系统。这些方面都在一定程度上影响了南宁市物流产业，限制了发展水平。

4. 没有相应的监察管理政策

南宁市颁布实施了很多对于物流产业发展的有利的政策，还有各方面的优惠措施,但是没有相对应的监察管理政策。目前,南宁市存在很多不好的现象,例如:物流市场有着恶性竞争,一部分交通的道路存在着乱收费的现象,物流的公共设施被恶意破坏等,这些情况并没有相关部门来进行管理。在物流产业发展中,应该设置相对应的处罚机制,管理物流产业良好发展。

四、对策

(一)加强物流基础设施规划的科学性,确保物流产业持续健康发展

政府一定要做好充足的市场调查和科学论证,结合本地实际对南宁市的物流基础设施科学规划、合理布局,才会有更好的发展。将南宁市打造成中国—东盟商贸物流平台,需要快速建立起专业的物流管理机构,管理好全市场物流企业才能冲破条块分割的局面,实行资源的整合。统一调节好交通、商业、外经贸、物资、海关、港口、铁路、民航等有关部门高速运转,能够防止反复建设。

(二)加强对于物流人才的培养,为物流产业快速发展打下坚实的基础

现代物流业的信息化、集约化、综合化,对于物流型人才的专业素质提出更加严格的标准,考虑更多的是除了专业技能外其他许多个性方面的素质,现在物流型人才十分受欢迎,尤其是兼具外语特长的物流人才更是受到企业的追捧。要想真正的改变物流现代化的现状就要从提高人民的综合素质水平和改变传统的观念,并引进先进的物流运作方式,只有这样才能从根本上解决南宁物流产业的现状,最终将南宁的物流产业真正发展为支柱产业。

(三)加大对流通基础设施的投资与建设,加强对物流市场的监管

目前,南宁市的流通基础设施不完善是制约物流业发展的瓶颈之一,物流业要获得长久的发展,必须要有适应其成长的环境,一方面要加大政府投资,尽力加强公共基础设施建设的速度,另一方面要激励社会资金积极投入去进行基础设施的建设,创造对于物流发展良好的硬件条件;加强政府监管,建立平等守信的市场机制,搭建综合物流服务信息平台,构建现代化的物流发展软环境,打造批市场信用度高、竞争力强、经营规模大、技术装备和管理水平先进的现代物流企业,努力营造诚实守信的社会文化氛围。

(四)促进第三方物流的发展,提高社会物流活动的效率

第三方物流是现代物流业发展的趋势,是社会物流合理化的重要途径,与传统运输行业相比,第三方物流可以有效地提高物资效率、节约仓储的费用、减少运输途中费用的支出,第三方物流企业具有提供物流计划、系统设计、物流管理等一整

套物流服务的能力,能为客户给出十分恰当合适的物流解决方案,然而,其前提是企业能实时监控并设计流程,从而保证时间因素的价值性,南宁可以借鉴国内发达地区城市的发展经验,在改善物流基础设施时,重点建立统一的、开放式的信息平台的,有利于第三方物流的发展。

南宁市地区物流企业的发展已经卓有成效,将来想要实行整个行业更加高层次的提升将离不开实行企业物流的资源整合。目前,政府和企业都觉得在发展物流重要性的背景下,通过完善物流基础设施、实行更为科学的管理制度、合理有效的整合物流运营资源、信息资源等方式,物流企业会有更大的发展。

五、结语

到目前为止,我国第三方物流市场还是以中小型物流企业为主,第三方物流还是处于刚刚起步的状态。以南宁市为例,通过对于物流产业的分析,我国物流产业的竞争十分激烈,第三方物流企业需要自己找到合适自身企业的发展战略,才能在这激烈的物流市场中取得成功,赢得市场,同时将会带动我国物流企业高层次的发展,实现我国国民经济的快速发展。

【作者简介】

邹阳,广西物资学校学生工作处辅导员。研究方向:学生管理。

浅析新型零售模式对传统物流行业的影响

刘禹璐

【摘要】 随着社会经济的发展，物流在社会生活中扮演着越来越重要的角色。特别是在近几年，电商行业在全国全面铺开，消费范围不断扩大，产生的经济效益日渐趋向于团体化、社区化。线上线下资源逐渐整合，对我国传统的销售模式造成了很大的冲击，在传统营销基础上建立起来的物流已经慢慢赶不上现在商业的发展速度了，必须要寻求改变和突破才能顺应新零售的崛起和爆发。

【关键词】 新零售；新物流；供应链

近十年以来，电子商务这个名词绝对可以称得上是中国经济一个重要的名词，B2C 和 B2B 的商业模式在很大程度上改变了中国人民的生产、生活方式。在一片繁华的大好形势之下，电子商务发展的瓶颈期却已经悄然来临。线上线下融合得更加紧密，电子商务平台的作用逐渐弱化，终将被取代和消失。伴随着电子商务发展的物流行业，特别是快递行业也开始唇亡齿寒，根据《中国即时物流行业报告》显示，当前我国电商市场快递发展已进入新常态，2010—2018 年上半年快递行业增长速度已从 50% 降至 27.5%。这也意味着现有的电子商务发展模式已经不在适合新型的社会消费方式。

十年的发展让电子商务的弊端浮出水面，无论线上购物多么方面便捷，消费者的购物体验感却始终无法提高。现有的以生产和销售为中心的供应链运行方式决定了客户消费只能凭借软文广告或者消费经验进行，这也催生了网络卖货主播这类新型职业的诞生，但是无论如何，线上购物始终缺乏线下购物可以提供的可视性、可听性、可触性、可感性、可用性等直观属性，因此线上购物体验感始终不及线下购物是不争的事实。由于线上购物不满意带来的退货困难不仅进一步降低了购物体验的满意程度，也造成了公共运输资源的浪费。另外，在我国居民人均可支配收入不断提高的情况下，人们对购物的关注点已经不再仅仅局限于价格低廉等线上电商曾经引以为傲的优势方面，而是愈发注重对消费过程中的高品质、异质化、体验式消费的追求。

目前，中国的科技技术发展加快，移动互联网迅猛普及，网络连接速度从 2G、3G、4G 进化到 5G，手机等移动设备早已成为人手必备的设备，成为个人移动的商务触点。大数据和人工智能时代的到来也从根本上促进了新零售的到来。在

2016年的云栖大会上,马云首次提出"未来的十年、二十年,没有电子商务这一说,只有新零售。"即个人、企业以互联网为依托,通过运用大数据、人工智能等先进技术手段并运用心理学知识,对商品的生产、流通与销售过程进行升级改造,进而重塑业态结构与生态圈,并对线上服务、线下体验以及现代物流进行深度融合的零售新模式。2018年5月31日,"2018全球智慧物流峰会"上明确了要在行业中营造出与"新零售"相互匹配的"新物流"。

所谓的"新物流"是相对于传统物流而存在的,是一种为了匹配"新零售"而发展起来的更加广泛、先进、创新的物流形式。"新物流"是在传统物流的基础上建立起来的。本质上与传统物流是一脉相承的,是取其精华、去其糟粕并且寻求合理的突破和转变,填补自身缺陷,让物流行业焕发生机,成为新时代下支撑国民经济的重要力量。

一、智慧物流

物流行业一直都有"第三利润源"的说法,国内外的众多学者和实践者都为减低物流成本做出了不懈的努力,也取得了很好的成效。但是目前的中国线上零售模式配备的物流模式为"全国仓网+标准快递"及"城市仓+落地配",虽然已经大量的使用机械设备辅助工作,但是仍然以人力为主。当前经济的发展决定着中国的人力资源成本正在逐步提高,物流成本不降反升,边际利润变薄,"新物流"注定要从以人力劳动为主的劳动密集型向技术密集型转变,传统模式向现代智能模式转变。"新物流"必须依托互联网生存,基于物联网大数据的智慧物流将是现代物流的发展方向。人工智能、物联网、云计算、区块链等先进的信息技术可以帮助物流行业深挖物流潜能,合理计算物流数据和制定物流动线,调配资源,在实现降低物流成本、提高效率的同时,满足"新零售"所要求的物流智能化、系统化、网络化和电子化。

二、供应链延伸

消费者对购物的选择方式很重要,是选择线上购物线下体验,还是线上选择线下购物,都是消费者对购物的价值体验最大化的过程。"新零售"强调以消费者为中心的出发点,要求传统模式下的"场—货—人"商业模式向新型的"人—货—场"商业模式转变。那么对应的,供应链的重心也应该由原来的生产转向消费,特别是需要重新构造之前一直被忽略的消费末端,利用社交经济、社区经济、粉丝经济的强大消费动力引导供应链打破线上线下的壁垒,打造一个能全面覆盖客户、物流、支付、服务等数字一体化到零售商品的全方面"新零售"引导下的供应链。

三、信息反应灵敏

"新零售"下的物流模式必须要加强信息的收集、分析、提取和决策。以消费者为侧重点的"新零售"需要预测消费者的消费需求,并以此数据为根据引导生产制造,为消费者提供多样化的产品和服务来满足不断变化的市场个性化需求。在大数据技术背景下,物流就是整个供应链的眼睛和前哨兵,每个消费区域的消费惯性、消费特点、消费理念都能过通过大数据分析反馈给线上零售,线上零售必须具备极强的数据抓取和分析能力,提取出有效信息进行销售预测、库存估计、调拨控制,从而优化前端采购、生产、终端消费需求等所有供应链环节,满足"新零售"快速、敏捷、高效、准确的服务标准。

四、末端经济的拓展

在"新零售"的观念里,有一句话是"得末端者得天下"。由此可见,物流末端对于"新零售"来说有多么重要。"新零售"重视客户体验,注重培养与客户的长期合作关系,这必然需要在最大限度上满足客户的需求,物流末端能很好地承担这个角色。未来物流末端的关键点是区域门店,这些门店的职能将会由销售转变为临时中转。客户从线上交易平台订货之后,线上交易平台会指挥离客户最近的门店备货,并且派遣快递人员去门店取货完成配送,这样就能保证在极短的时间之内实现即时配送,"网上购物、楼下发货"是"新零售"的理想状态。这种新模式取消了中间存储仓库,直接将供应商与消费者连接起来,可以极大地削减人工成本和提高配送速度。当然,区域门店需要强大的数据和信息系统来处理线上零散订单信息和快速执行订单物流配送,线上交易平台需要依靠大数据等技术运算帮助其精准预测末端门店的货物预备储量,可以说,线上线下的精准配合才是"新零售""新物流"得以实现发展的关键。

"新零售"已经安稳度过了适应期,正迈着坚定的步伐向我们走来。各种数据显示,现在的电子商务平台会慢慢地被取代,线上贸易和线下销售将会融合在一起,我们熟悉的商业模式即将迎来天翻地覆的变化。事实上,我们现在已经在享受着"新零售"和"新物流"带来的便利。盒马鲜生门店正在全国高速扩张;天猫和菜鸟资源整合,推出了"定时送"服务;阿里巴巴集团一直致力于改变线下购物方式,先后跟银泰、苏宁、三江、百联等传统零售商达成合作协议;邻趣、人人快送、达达、闪送等便民的即时配送也不断地出现。

【作者简介】
刘禹璐,讲师。研究方向:物流服务与管理及相关教学。